Schwarz
Gabriele

Zu diesem Buch

Wie kann Massenmord zur Alltagsroutine werden? Im Sommer 1942 wurde ein Bataillon der Hamburger Polizeireserve, etwa 500 Männer, die zu alt zum Dienst in der Wehrmacht waren, nach Polen zu einem Sonderauftrag gebracht. Dort wurde ihnen eröffnet, daß sie die jüdische Bevölkerung in polnischen Dörfern aufspüren, die noch arbeitsfähigen Männern für den Lagereinsatz auszusondern, die übrigen – Alte, Kranke, Frauen und Kinder – auf der Stelle zu erschießen hätten. Vor ihrem Einsatz machte der Kommandant den Leuten das Angebot, wer sich dieser Aufgabe nicht gewachsen fühle, könne sein Gewehr abgeben und würde dann zu einer anderen Aufgabe eingesetzt. Nur etwa 12 Männer von fast 500 traten vor. In ganz Polen und Rußland wüteten in der Folgezeit diese Polizeibataillone, erschossen Zigtausende von Menschen und brachten weitere Zigtausende in Konzentrationslager. Durch minuziöse Auswertung aller verfügbaren Daten versucht der Autor nicht zu erklären, aber doch Gründe und beeinflussende Umstände dafür zu finden, wie «ganz normale Männer» zu Massenmördern gemacht werden konnten.

Der Autor

Christopher R. Browning ist Professor für Geschichte an der Universität Tacoma, Washington.

CHRISTOPHER R. BROWNING

Ganz normale Männer

DAS RESERVE-POLIZEIBATAILLON 101 UND DIE «ENDLÖSUNG» IN POLEN

Deutsch von Jürgen Peter Krause

ROWOHLT

Die Originalausgabe erschien 1992 unter dem Titel «Ordinary Men: Reserve Police Battalion 101 and the Final Solution in Poland» bei HarperCollins Publishers, Inc./Aaron Asher Books, New York

Ein Aufsatz unter dem Titel «One Day in Józefów: Initiation to Mass Murder», der z. T. auf diesem Buch basiert, ist enthalten in Peter Hayes (Hg.), «Lessons and Legacies: The Meaning of the Holocaust in a Changing World», Chicago, Northwestern University Press, 1991

15.–19. Tausend Januar 1997

Veröffentlicht im Rowohlt Taschenbuch Verlag GmbH, Reinbek bei Hamburg, April 1996

Umschlaggestaltung Ingrid Albrecht
Gesamtherstellung Clausen & Bosse, Leck
Printed in Germany
1690-ISBN 3 499 19968 8

Inhalt

Raul Hilberg gewidmet

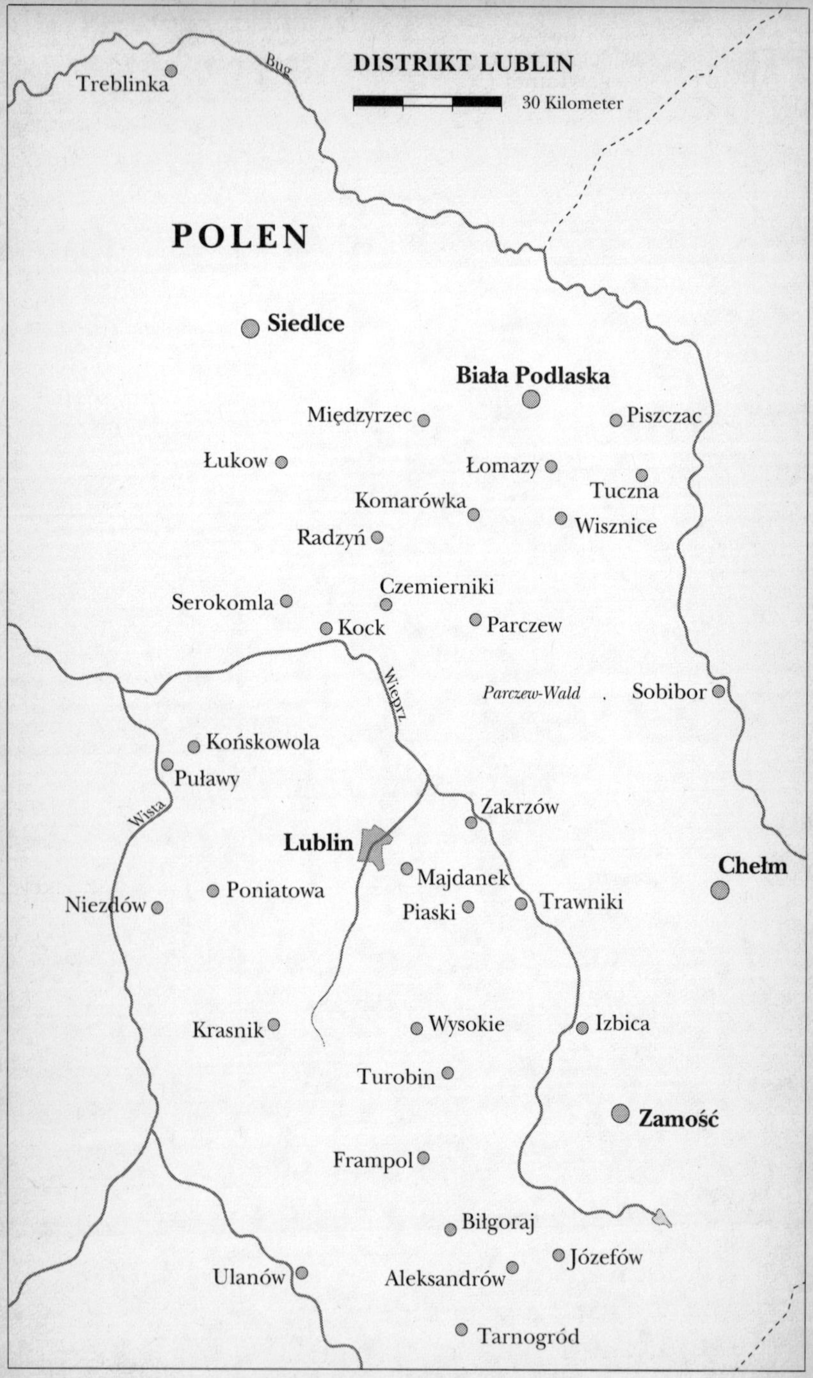
DISTRIKT LUBLIN
30 Kilometer
Treblinka
Bug
POLEN
Siedlce
Biała Podlaska
Międzyrzec
Piszczac
Łukow
Łomazy
Tuczna
Komarówka
Wisznice
Radzyń
Czemierniki
Serokomla
Parczew
Kock
Wieprz
Parczew-Wald
Sobibor
Końskowola
Puławy
Wista
Zakrzów
Lublin
Chełm
Majdanek
Poniatowa
Trawniki
Niezdów
Piaski
Krasnik
Wysokie
Izbica
Turobin
Zamość
Frampol
Biłgoraj
Józefów
Ulanów
Aleksandrów
Tarnogród

SCHWEDEN
Riga
Lettland
Ostsee
Memel
Litauen
Reichskommissariat Ostland
Gdańsk (Danzig)
Königsberg
Suwałki
Ostpreußen
DEUTSCHES REICH
Białystok
Bydgoszcz (Bromberg)
Wisła
Treblinka
Poznań (Posen)
Bug
Warschau
Distrikt Warschau
Łukow
Chełmno (Kulmhof)
Oder
Łódz
Kalisz
POLEN
Sobibor
Reichskommissariat Ukraine
Radom
Lublin
Breslau
Distrikt Radom
Majdanek
Schlesien
Generalgouvernement
Distrikt Lublin
Oppeln (Opole)
Katowice
Bełżec
Kraków
Oświęcim (Auschwitz)
Distrikt Krakau
Lwów (Lemberg)
SOWJETUNION
Galizien
TSCHECHOSLOWAKEI
Wien
RUMÄNIEN
ÖSTERREICH
Budapest
UNGARN
Donau
POLEN 1942–1943
Grenzen Polens vor dem 1. September 1939
von Deutschland annektierte Gebiete
Gebiete unter deutscher Verwaltung
Konzentrations- und Vernichtungslager
300 Kilometer

Vorwort

Mitte März 1942 lebten noch etwa 75 bis 80 Prozent aller Holocaust-Opfer; bis dahin hatten erst 20 bis 25 Prozent ihr Leben verloren. Nur elf Monate später, Mitte Februar 1943, hatten sich die Prozentzahlen genau umgekehrt. In der zentralen Phase des Holocaust kam es zu einer kurzen, intensiven Welle von Massenmorden, die ihren Schwerpunkt in Polen hatte. Trotz der bereits zweieinhalb Jahre währenden fürchterlichen Entbehrungen, Verfolgung und Not waren dort im März 1942 noch alle größeren jüdischen Gemeinden intakt; elf Monate später existierten nur noch kleine Reste des polnischen Judentums in ein paar Rumpfghettos und Arbeitslagern. Der deutsche Angriff auf die Juden Polens erfolgte also nicht in Form eines schrittweise oder allmählich vollzogenen, langwierigen Programms, sondern als wahrer Blitzkrieg, als massierte Offensive, die die Mobilisierung einer großen Anzahl von Stoßtruppen erforderte. Und die Offensive fand zu einer Zeit statt, als die deutschen Kriegsanstrengungen in Rußland gerade in eine kritische Phase eingetreten waren, an deren Beginn ein neuerlicher deutscher Vorstoß in Richtung Krim und Kaukasus stand, der dann aber in der katastrophalen Niederlage bei Stalingrad enden sollte.

Während 1942 die deutsche Militäroffensive letztlich fehlschlug, läßt sich das von dem Blitzkrieg gegen die Juden, insbesondere in Polen, nicht sagen. Wir wissen seit langem, wie die

Juden in den großen Ghettos, vor allem in Warschau und Lodz, ermordet wurden. Die meisten polnischen Juden lebten aber in kleineren Städten und Ortschaften, in denen ihr Bevölkerungsanteil nicht selten über 30 Prozent und in manchen Fällen sogar 80 bis 90 Prozent betrug. Wie wurde die Vernichtung dieser weitverstreut lebenden jüdischen Bevölkerung von den Deutschen organisiert und durchgeführt? Und woher nahmen sie in diesem entscheidenden Kriegsjahr die personellen Kräfte, die die erstaunliche logistische Leistung dieses Massenmords möglich machten? In den Todeslagern kam man mit recht wenig Personal aus, nicht aber bei der Räumung der kleineren Ghettos – wenn es also darum ging, den Großteil der polnischen Juden zusammenzutreiben und entweder zu deportieren oder an Ort und Stelle zu erschießen.[1]

Die Suche nach Antworten auf diese Fragen führte mich nach Ludwigsburg bei Stuttgart, wo sich die Zentrale Stelle der Landesjustizverwaltungen befindet, die in der Bundesrepublik die strafrechtliche Verfolgung von NS-Verbrechen koordiniert. Dort liegen Akten aus so gut wie allen deutschen Gerichtsprozessen, die sich mit NS-Verbrechen gegen polnische Juden befaßt haben. Als ich mich durch diesen Berg von Anklageschriften und Urteilen arbeitete, stieß ich zum erstenmal auf Unterlagen über das Reserve-Polizeibataillon 101, einer Einheit der deutschen Ordnungspolizei.

Obwohl ich mich seit fast zwanzig Jahren mit Archivdokumenten und Gerichtsakten zum Holocaust beschäftige, hatte die Anklageschrift in diesem Fall auf mich eine besonders starke und beunruhigende Wirkung. Nie zuvor hatte ich erlebt, daß das Problem der persönlichen Entscheidung vom Lauf der Ereignisse so dramatisch geprägt und von zumindest einigen der beteiligten Täter so offen diskutiert wurde. Nie zuvor hatte ich das krasse Nebeneinander der abscheulichen Vorgänge des Holocaust und des menschlichen Antlitzes der Mörder so deutlich vor Augen gehabt.

Aus der Anklageschrift, die recht ausführlich aus den Vernehmungsprotokollen zitiert, war gleich ersichtlich, daß sich das Verfahren auf eine außergewöhnlich umfangreiche Sammlung von Täteraussagen gestützt hatte. Außerdem schienen viele dieser Aussagen mit einer Offenheit und Freimütigkeit gemacht worden zu sein, wie sie in anderen Gerichtsakten dieser Art nicht zu finden sind, in denen die Aussagen der Täter ein Gemisch von Rechtfertigungen, Entschuldigungen und Lügen darstellen. Im Fall des Reserve-Polizeibataillons 101 hatten die Ermittlungen und der Prozeß unter Federführung der Hamburger Staatsanwaltschaft 10 Jahre gedauert, von 1962 bis 1972. Und bei dieser Strafverfolgungsbehörde, die in der Bundesrepublik bei der Ahndung von NS-Verbrechen sicherlich zu den engagiertesten zählt, lagerten die Akten auch noch, als ich die Genehmigung zur Einsichtnahme erhielt.

Im Gegensatz zu vielen der am Massenmord beteiligten NS-Einheiten, deren personelle Zusammensetzung nur noch teilweise zu rekonstruieren ist, konnte man im Fall des Reserve-Polizeibataillons 101 auf den Dienstplan zurückgreifen. Da die Mehrzahl der Männer aus Hamburg stammte und ein Großteil von ihnen zur Zeit der Ermittlungen noch dort wohnte, standen mir die Vernehmungsprotokolle von 210 Angehörigen dieser Polizeitruppe zur Verfügung, die bei ihrer Entsendung nach Polen im Juni 1942 knapp 500 Mann umfaßt hatte. Diese Sammlung von Vernehmungsprotokollen läßt eine repräsentative statistische Auswertung nach Alter, Partei- beziehungsweise SS-Zugehörigkeit und sozialer Herkunft der Bataillonsangehörigen zu. Außerdem erscheinen rund 125 der Täteraussagen so weit überzeugend, daß sie eine detaillierte Darstellung und Analyse der inneren Dynamik dieser Mordtruppe erlauben.

Der Holocaust hat sich letzten Endes deshalb ereignet, weil auf einfachster Ebene gesehen einzelne Menschen über einen längeren Zeitraum hinweg andere Menschen zu Abertausenden umgebracht haben. Die ausführenden Täter wurden zu «berufsmäßigen Mördern». Bei dem Versuch, eine Studie über eine solche Gruppe von Männern zu verfassen, stößt der Historiker auf zahlreiche Probleme, darunter das der Quellen. Anders als bei vielen Einheiten, die in der Sowjetunion mordeten, existieren im Falle des Reserve-Polizeibataillons 101 nur wenige zeitgenössische Dokumente, noch dazu keine, bei denen es explizit um die Mordeinsätze geht.[2] Den Berichten einer Handvoll überlebender Juden lassen sich Hinweise darauf entnehmen, wann und in welchem Umfang das Bataillon an einigen seiner Einsatzorte aktiv wurde. Doch anders als bei der Situation in Ghettos und Lagern, wo die Opfer über längere Zeit mit den Tätern konfrontiert waren, können die überlebenden Augenzeugen über eine Einheit wie das Reserve-Polizeibataillon 101, dessen Einsatzort ständig wechselte, insgesamt nicht viel mitteilen. Unbekannte Männer tauchten auf, führten ihren Mordauftrag aus und verschwanden wieder. Oft erinnern sich die Überlebenden nicht einmal an die eigentümlichen grünen Uniformen, die einen Anhaltspunkt dafür bilden, daß die Mordaktion von einer Einheit der Ordnungspolizei durchgeführt wurde.

Die vorliegende Studie über das Reserve-Polizeibataillon 101 stützt sich daher in starkem Maße auf rund 125 gerichtliche Vernehmungsprotokolle aus den sechziger Jahren. Als Historiker strebt man nach Gewißheit; wenn nun aber über 20 Jahre nach den Vorfällen 125 verschiedene Menschen dieselben von einer bestimmten Polizeieinheit erlebten Ereignisse aus ihrer individuellen Erinnerung heraus schildern, dann wird man beim Lesen der Aussagen ganz unruhig. Die vernommenen Männer hatten bei den untersuchten Vorgängen ganz unterschiedliche Rollen gespielt. Jeder hatte etwas anderes getan und gesehen. Jeder hatte anschließend gewisse Aspekte des Erlebten verdrängt oder vergessen beziehungsweise eine individuell geprägte Erinnerung daran. Insofern geben die Vernehmungsprotokolle zwangsläufig eine verwirrende Vielfalt von Sichtweisen und Erinnerungen wieder. Paradoxerweise hätte ich eine – allerdings illusorische – größere Gewißheit über die Vorgänge um das Bataillon gehabt, wenn mir statt der 125 nur *eine* detaillierte Aussage zur Verfügung gestanden hätte.

Abgesehen von den unterschiedlichen Sichtweisen und Erinnerungen muß man auch die Umstände berücksichtigen, unter denen diese Aussagen gemacht wurden. Einige der Männer logen ganz einfach, weil sie aufgrund der drohenden rechtlichen Konsequenzen Angst hatten, die Dinge so zu erzählen, wie sie sie in Wahrheit erinnerten. Die Täteraussagen sind also nicht nur durch Verdrängen und Verzerren geprägt, sondern auch durch Lügen. Außerdem stellten die Ermittler in erster Linie Fragen, die ihnen zur Erfüllung ihrer Aufgabe relevant erschienen: Sie wollten juristisch stichhaltige Beweise dafür liefern, daß bestimmte Personen bestimmte Straftaten begangen hatten. Ihnen ging es weniger darum, systematisch jene weitergehenden, häufig eher impressionistisch-subjektiven Erlebnisfacetten zu untersuchen, die gerade für den Historiker von Bedeutung sind.

Wie immer, wenn man mehrere Quellen benutzt, mußten auch in diesem Fall die verschiedenen Schilderungen und Sichtweisen im einzelnen durchgegangen und gegeneinander abgewogen werden. Dabei galt es jeweils, die Zuverlässigkeit der Vernommenen einzuschätzen. Nicht selten widersprachen sich nämlich die einzelnen Aussagen, so daß man sich immer wieder vor die Frage gestellt sah, welchen der Angaben zu trauen sei und welche ganz oder teilweise als unzutreffend zu gelten hätten. In vielen Fällen gab es darauf eine einfache und naheliegende Antwort, manchmal fiel die Entscheidung jedoch schwer. Und bei aller Sorgfalt habe ich zuweilen sicherlich, ohne es zu merken, rein instinktive Festlegungen getroffen. So ist nicht auszuschließen, daß andere Historiker anhand desselben Quellenmaterials die Ereignisse etwas anders darstellen würden.

In den letzten Jahrzehnten ist die Historikerzunft zunehmend dazu übergegangen, Geschichte «von unten» zu schreiben – also die Erlebnisse und Erfahrungen der Mehrheit der Bevölkerung zu rekonstruieren, die bisher von der herrschenden – sich lieber mit «hoher» Politik und Kultur befassenden – Geschichtsschreibung ignoriert wurden. Dieser Trend hat insbesondere in Deutschland zur Beschäftigung mit der «Alltagsgeschichte» geführt, die mit einer breiten Schilderung der gemeinsamen Erlebnisse der «einfachen Leute» verbunden ist. Auch bei der Erforschung des «Dritten Reiches» ist dieser methodische Ansatz verschiedentlich zur Anwendung gekommen, doch haben manche Historikerkollegen darin nur eine «Ausflucht» zu erkennen vermocht und kritisiert, daß in diesem Fall die Aufmerksamkeit von den beispiellosen Greueln der Genozidpolitik des NS-Regimes abgelenkt und auf jene banalen Aspekte des Lebens konzentriert werde, die im «Dritten Reich» relativ ungestört fortbestanden. Insofern könnte manch einem vielleicht schon der Versuch, eine Fallstudie über ein einzelnes Bataillon zu schreiben, als nicht wünschenswert erscheinen.

Methodologisch gesehen ist «Alltagsgeschichte» jedoch neutral. Sie wird nur dann zur Ausflucht oder zum Versuch, das «Dritte Reich» als etwas «Normales» darzustellen, wenn es ihr nicht gelingt, deutlich zu machen, wie weit der Alltag unter der Naziherrschaft zwangsläufig von der verbrecherischen Politik des NS-Regimes durchdrungen war. Vor allem für die – aus allen Gesellschaftsschichten kommenden – Zehntausenden von deutschen Besatzern, die in den eroberten osteuropäischen Ländern stationiert waren, stellte die Massenmordpolitik des NS-Regimes keine Abfolge anomaler oder außergewöhnlicher Ereignisse dar, die den «Alltag» kaum beeinflußt hätten. Wie die Geschichte des Reserve-Polizeibataillons 101 zeigt, wurden Massenmord und Alltagsroutine schließlich eins. Die Normalität selbst wurde immer abnormaler.

Ein anderer möglicher Einwand gegen diese Art von Fallstudie betrifft die Empathie mit den Tätern, die zu einem gewissen Grad mit jedem Verständnisversuch verbunden ist. Die Geschichtsschreibung muß in einem solchen Fall ganz eindeutig jegliche Dämonisierung ablehnen. Die Bataillonsangehörigen, die die Massaker verübten und die Deportationen durchführten, waren ebenso Menschen wie die viel kleinere Gruppe derjenigen, die sich diesen Aktionen durch offene oder versteckte Verweigerung entzogen. Um das Verhalten sowohl der einen als auch der anderen Gruppe von Menschen so gut wie möglich verstehen und erklären zu können, muß man erkennen, daß man sich in der betreffenden Situation selbst entweder als Mörder oder als Befehlsverweigerer beziehungsweise «Drückeberger» wiedergefunden hätte. Diese Erkenntnis bedeutet in der Tat den Versuch, sich in beide menschlichen Verhaltensweisen einzufühlen. Das heißt jedoch nicht, die alte Klischeevorstellung zu akzeptieren, derzufolge Erklären «Entschuldigen» und Verstehen «Vergeben» bedeutet. Wenn man unrechtes Verhalten erklärt, muß man es noch lange nicht entschuldigen, und wenn man es versteht, muß man den Tätern noch lange nicht vergeben. Ohne den Versuch, die Täter in menschlicher Hinsicht zu verstehen, wäre jedoch nicht nur diese Studie unmöglich, sondern jede historische Untersuchung, die sich mit den Holocaust-Verbrechern befaßt. Kurz vor seiner Ermordung durch die Nazis schrieb der französisch-jüdische Historiker Marc Bloch: «Leitstern unserer Untersuchungen ist letztlich nur ein einziges Wort: ‹Verstehen›.»[3] In diesem Geiste wurde auch der vorliegende Band geschrieben.

Der Zugang zu den Vernehmungsprotokollen wurde von einer besonderen Bedingung abhängig gemacht, auf die an dieser Stelle ausdrücklich hingewiesen sein soll. In den letzten zehn Jahren sind die Datenschutzgesetze und -vorschriften in Deutschland immer restriktiver geworden. Das Bundesland Hamburg bildet hier keine Ausnahme. Bevor man mir gestattete, die Gerichtsakten über das Reserve-Polizeibataillon 101 einzusehen, mußte ich versprechen, in meiner Darstellung nicht die wirklichen Namen der Beteiligten zu verwenden. Der Bataillonskommandeur, Major Wilhelm Trapp, und die drei Kompanieführer, Hauptmann Wolfgang Hoffmann, Hauptmann Julius Wohlauf und Oberleutnant Hartwig Gnade, werden auch in anderen Dokumenten, die sich in Archiven außerhalb Deutschlands befinden, namentlich erwähnt. Da in ihrem

Fall insofern keine Vertraulichkeit gewahrt zu werden braucht, werden im folgenden ihre tatsächlichen Namen benutzt. Für alle anderen Bataillonsangehörigen werden jedoch Pseudonyme verwandt, die bei ihrer ersten Erwähnung jeweils durch ein Sternchen gekennzeichnet sind. In den Anmerkungen werden hingegen die Namen der zitierten Vernommenen jeweils durch den tatsächlichen Vornamen und den Anfangsbuchstaben des Nachnamens wiedergegeben. Daß die Namen der Täter in dieser Weise als vertraulich gelten und durch Pseudonyme ersetzt werden mußten, bedeutet zwar eine bedauerliche Einschränkung der historischen Genauigkeit, mindert aber nicht die Integrität beziehungsweise den primären Gebrauchswert dieser Untersuchung.

Einer ganzen Reihe von Personen und Institutionen bin ich für ihre unentbehrliche Hilfestellung bei der Erarbeitung dieser Studie dankbar. Oberstaatsanwalt Alfred Streim machte mir die in Ludwigsburg gesammelten deutschen Gerichtsakten zugänglich. Oberstaatsanwältin Helge Grabitz ermutigte mich zur Arbeit an den Hamburger Gerichtsakten, unterstützte mein Gesuch um Einsichtnahme und war mir während meines Aufenthaltes in Hamburg in jeglicher Weise behilflich. Die beiden Reisen zu deutschen Archiven, die am Beginn und am Ende dieses Forschungsprojekts standen, sind durch Stipendien der *Pacific Lutheran University* ermöglicht worden. Einen meiner Aufenthalte in Deutschland hat außerdem die Alexander-von-Humboldt-Stiftung gefördert. Dank eines Israel-Stipendiums der *Fulbright Foundation* konnte ich in dem Jahr, in dem ich von der *Pacific Lutheran University* von meinen Lehrverpflichtungen freigestellt war, einen Großteil der Forschungsarbeit erledigen und die Ergebnisse zu Papier bringen. Besonderer Dank gebührt dem Geschäftsführer der *United States-Israel Educational Foundation*, Daniel Krauskopf, der mir bei meinen Forschungen in Israel und Deutschland über so manche Hürde hinweggeholfen hat.

Erste Forschungsergebnisse durfte ich auf Tagungen vorstellen, die Peter Hayes *(Northwestern University)* und Saul Friedländer *(University of California in Los Angeles)* an ihren Instituten organisierten. Vielen Freunden und Kollegen bin ich für ihre Geduld beim Zuhören, ihre Vorschläge und ermutigenden Worte dankbar. Besonders erwähnt seien hier Philip Nordquist, Dennis Martin, Audrey Euyler, Robert Hoyer, Ian Kershaw, Robert Gellately, Yehuda Bauer, Dinah Porat, Michael Marrus, Bettina Birn, George Mosse, Elisabeth Domansky, Gitta Sereny, Carlo Ginzburg sowie der inzwischen verstorbene Uwe Adam. Ganz besonderen Dank schulde ich Raul Hilberg. Er war es, der im Jahre 1982 auf die unentbehrliche Rolle der Ordnungspolizei bei der «Endlösung» aufmerksam machte und der Holocaust-Forschung damit, wie schon so oft, ein neues Etappenziel steckte.[4] Außerdem hat er sich für die Veröffentlichung dieser Untersuchung persönlich eingesetzt. Die Widmung am Anfang dieses Buches ist nur ein unzulänglicher Ausdruck meiner Wertschätzung und meiner Dankbarkeit für all die kollegiale Hilfe, die ich von ihm sowohl bei dieser als auch bei früheren Gelegenheiten bekommen habe. Äußerst dankbar bin ich nicht zuletzt auch meiner Familie für die geduldige und verständnisvolle Unterstützung bei der Entstehung eines weiteren Buches.

Tacoma, im November 1991

KAPITEL 1

Ein Morgen in Józefów

In aller Frühe wurden die Männer des Reserve-Polizeibataillons 101 am 13. Juli 1942 aus ihren Pritschenbetten geholt. Befehle schallten durch das große Schulgebäude, das ihnen in der polnischen Stadt Biłgoraj als Unterkunft diente. Die Männer stammten aus Hamburg, waren Familienväter mittleren Alters und kamen aus proletarischen oder kleinbürgerlichen Verhältnissen. Da sie als zu alt galten, um noch für die deutsche Wehrmacht von Nutzen zu sein, waren sie zur Ordnungspolizei eingezogen worden. Die meisten von ihnen hatten in den von Deutschland besetzten Gebieten noch keine Erfahrungen gesammelt. Als neue Rekruten waren sie erst knapp drei Wochen zuvor in Polen eingetroffen.

Es war noch ziemlich dunkel, als die Männer auf die wartenden Mannschaftslastwagen kletterten. An alle war zusätzliche Munition ausgegeben worden, außerdem hatten sie noch Munitionskisten auf die LKWs geladen.[1] Die Polizisten waren zu ihrem ersten größeren Einsatz unterwegs, ohne bisher erfahren zu haben, was ihnen bevorstand.

Die Bataillonslastwagen rollten im Konvoi aus Biłgoraj in die Dunkelheit hinaus nach Osten. Auf der holprigen Schotterstraße ging es nur langsam voran. So dauerte es eineinhalb bis zwei Stunden, bis sie ihr kaum 30 Kilometer entferntes Ziel erreichten: die Ortschaft Józefów. Als der Konvoi vor dem Ort hielt, begann es gerade hell zu werden. Józefów war eine typische polnische Gemeinde mit bescheidenen, strohgedeckten weißen Häusern. 1800 der Einwohner waren Juden.

Im Ort war es völlig still.[2] Die Männer des Reserve-Polizeibataillons 101 kletterten von ihren LKWs und sammelten sich im Halbkreis um Major Wilhelm Trapp, einen dreiundfünfzigjährigen Berufspolizisten, den seine Untergebenen liebevoll «Papa Trapp» nannten. Nun war der Zeitpunkt gekommen, an dem sie von ihrem Kommandeur erfahren sollten, welchen Auftrag das Bataillon erhalten hatte.

Trapp war bleich und nervös, hatte Tränen in den Augen und kämpfte beim Reden sichtlich darum, seine Gefühle unter Kontrolle zu halten. Das Bataillon stehe vor einer furchtbar unangenehmen Aufgabe, erklärte er mit tränenerstickter Stimme. Ihm selbst gefalle der Auftrag ganz und gar nicht, die ganze Sache sei höchst bedauerlich, aber der Befehl dazu komme von ganz oben. Vielleicht werde ihnen die Ausführung leichter fallen, wenn sie an den Bombenhagel dächten, der in Deutschland auf Frauen und Kinder niedergehe.

Dann kam er auf die eigentliche Aufgabe zu sprechen. Die Juden hätten den amerikanischen Boykott angezettelt, der Deutschland geschadet habe, soll Trapp der Erinnerung eines beteiligten Polizisten nach gesagt haben. Zwei anderen zufolge soll er erklärt haben, daß es in Józefów Juden gebe, die mit den Partisanen unter einer Decke steckten. Das Bataillon habe nun den Befehl, diese Juden zusammenzutreiben. Die Männer im arbeitsfähigen Alter sollten dann von den anderen abgesondert und in ein Arbeitslager gebracht werden, während die übrigen Juden – Frauen, Kinder und ältere Männer – vom Polizeibataillon auf der Stelle zu erschießen seien. Nachdem Trapp seinen Männern auf diese Weise erklärt hatte, was ihnen bevorstand, machte er ein außergewöhnliches Angebot: Wer von den Älteren sich dieser Aufgabe nicht gewachsen fühle, könne beiseite treten.[3]

KAPITEL 2

Die Ordnungspolizei

Wie kam es dazu, daß sich ein Bataillon älterer Reservepolizisten im Sommer 1942 mit dem Auftrag konfrontiert sah, in dem polnischen Dorf Józefów rund 1500 Juden zu erschießen? Zur Beantwortung dieser Frage bedarf es einiger Hintergrundinformationen zur Institution der Ordnungspolizei (Orpo) und der ihr von der NS-Politik zugewiesenen Rolle bei der Ermordung der europäischen Juden. Die Ordnungspolizei war das Ergebnis des – seit Ende des Ersten Weltkriegs – dritten Anlaufs zur Schaffung großer, militärisch ausgebildeter und bewaffneter Polizeiformationen in Deutschland.[1] Im Gefolge der Kriegsniederlage hatte in Deutschland eine Revolution stattgefunden. Das kaiserliche Heer war damals in Auflösung begriffen, und Offiziere und Beamte, die Angst hatten, von den revolutionären Kräften hinweggefegt zu werden, organisierten gegenrevolutionäre paramilitärische Truppen, die sogenannten Freikorps. Als sich 1919 die innenpolitische Lage stabilisierte, wurden beträchtliche Teile der Freikorps mit regulären Polizeitruppen zu großen kasernierten Verbänden zusammengeschlossen, die bereitstanden, um jedes Wiederaufflammen der revolutionären «Gefahr» niederzukämpfen. Die Alliierten verlangten 1920 jedoch die Auflösung dieser Polizeiformationen, da sie eine potentielle Verletzung des Versailler Vertrags darstellten, in dem Deutschland nur ein stehendes Heer von bis zu 100000 Mann zugebilligt worden war.

Nach der Etablierung des NS-Regimes im Jahre 1933 wurde eine 56000 Mann starke, kasernierte «Polizeiarmee» geschaffen, die sogenannte Armee der Landespolizei, die im Rahmen der heimlichen Wiederaufrüstung Deutschlands eine volle militärische Ausbildung erhielt. Als Hitler sich 1935 schließlich offen über die Abrüstungsbestimmungen des Versailler Vertrags hinwegsetzte und die allgemeine Wehrpflicht wieder einführte, ging die Landespolizeiarmee in der rasch anwachsenden regulären Armee auf. Sie stellte dort nicht wenige Offiziers- und Unteroffizierskader und fungierte insofern als Ausbildungsstelle für zukünftige Wehrmachtsoffiziere: Nicht weniger als 97 der im Jahre 1942 kommandierenden Wehrmachtsgeneräle hatten zwischen 1933 und 1935 in der Armee der Landespolizei gedient.[2]

Zu einer dauerhaften Aufstellung großer militärischer Formationen kam es innerhalb der Polizei erst, nachdem der «Reichsführer SS», Heinrich Himmler, 1936 zum Chef der Deutschen Polizei ernannt worden war, dem alle Polizeieinheiten des «Dritten Reiches» unterstanden. Himmler gliederte die verschiedenen Polizeiverbände in zwei Bereiche, die jeweils einem «Hauptamt» in Berlin unterstanden. Zum «Hauptamt Sicherheitspolizei» unter Reinhard Heydrich gehörte auf der einen Seite die berüchtigte Geheime Staatspolizei (Gestapo), die gegen die politischen Gegner des Regimes eingesetzt wurde, und auf der anderen Seite die Kriminalpolizei (Kripo), die im wesentlichen für unpolitische Verbrechen zuständig war. Dem «Hauptamt Ordnungspolizei», das von Kurt Daluege geleitet wurde, unterstanden die städtischen Schutzpolizeieinheiten (Schupo), die Gendarmerieverbände auf dem Lande sowie die Gemeindepolizei der kleineren Orte. 1938 waren dies 62000 Polizisten. Knapp 9000 von ihnen waren in je 108 Mann starke Polizeihundertschaften zusammengefaßt. In zehn deutschen Großstädten wurde aus je drei Hundertschaften eine sogenannte Polizeiausbildungsabteilung gebildet.

In den Jahren 1938 und 1939 stieg die Anzahl der Ordnungspolizisten sehr rasch, da die wachsende Kriegsgefahr potentiellen Rekruten einen zusätzlichen Anstoß gab: Mit dem Eintritt in die Ordnungspolizei wurden die jungen Männer vom Wehrdienst freigestellt. Und da die Polizeibataillone regional organisiert waren, schienen sie den neuen Polizisten außerdem die Garantie zu bieten, ihre Alternative zum regulären Wehrdienst nicht nur in größerer Sicherheit, sondern auch noch in der Nähe ihres Heimatortes ableisten zu können.

Bei Kriegsbeginn im September 1939 hatte die Ordnungspolizei eine Stärke von 131 000 Mann. Ihren großen militärischen Formationen drohte allerdings die Eingliederung in die Wehrmacht, und dieser Schritt konnte nur durch einen Kompromiß vermieden werden, für den die Ordnungspolizei einen hohen Preis zahlte. Viele ihrer besten Einheiten wurden zu einer fast 16 000 Mann starken Polizeidivision zusammengefaßt, über die die Wehrmacht frei verfügen konnte. (Diese Division kämpfte 1940 in den Ardennen und war 1941 auch am Angriff auf Leningrad beteiligt, bevor Himmler sie 1942 als 4. SS-Polizeigrenadierdivision zurückbekam.) Zwei Polizeiregimenter, die man im gerade erst besetzten Danzig aufgestellt hatte, wurden im Oktober 1939 ebenfalls der Wehrmacht abgetreten. Schließlich stellte die Ordnungspolizei noch mehr als 8000 Mann für die Militärpolizei der Wehrmacht, die Feldgendarmerie. Im Gegenzug wurden die übrigen Ordnungspolizisten im wehrpflichtigen Alter von der Wehrpflicht freigestellt.

Zur Auffüllung ihrer gelichteten Reihen wurde der Ordnungspolizei gestattet, 26 000 junge Deutsche (9000 Freiwillige der Jahrgänge 1918 bis 1920 und 17 000 Freiwillige der Jahrgänge 1909 bis 1912) sowie 6000 sogenannte Volksdeutsche zu rekrutieren, die vor 1939 außerhalb Deutschlands gelebt hatten. Darüber hinaus erhielt die Ordnungspolizei die Genehmigung, 91 500 Reservisten der Jahrgänge 1901 bis 1909 einzuziehen – aus einer Altersgruppe also, die bislang noch nicht der Wehrpflicht unterlag. Die Einberufungen wurden schrittweise auf noch ältere Jahrgänge ausgedehnt, so daß die Ordnungspolizei 1940, um die Jahresmitte, auf eine Stärke von 244 500 Mann angewachsen war.[3]

Vor dem Krieg hatte man die Ordnungspolizei kaum in die Mobilisierungspläne einbezogen und nicht viele Gedanken darauf verwandt, wie sie im Kriegsfall einzusetzen sei. Aber Deutschlands militärische Erfolge und rasche Expansion erforderten schon bald mehr Besatzungskräfte hinter der Front. Bei Kriegsbeginn wurden in Deutschland aus den verschiedenen Polizeihundertschaften und -ausbildungsabteilungen 21 Polizeibataillone von je rund 500 Mann Stärke gebildet; 13 dieser Bataillone wurden den Wehrmachtsverbänden zugeteilt, die in Polen einmarschierten. Zu ihren Aufgaben gehörte es, hinter den vorrückenden deutschen Linien versprengte polnische Soldaten gefangenzunehmen, zurückgelassenes polnisches Kriegsgerät einzusammeln und auch in anderer Hinsicht für «Sicherheit» in den Gebieten hinter der Front zu sorgen.

Mitte 1940 war die Zahl der Polizeibataillone bereits auf 101 angewachsen, nachdem die 26000 jungen Rekruten und viele der einberufenen älteren Reservisten ebenfalls zu Bataillonseinheiten zusammengefaßt worden waren. 13 Bataillone wurden in dem von Deutschland besetzten mittleren Teil Polens, dem sogenannten Generalgouvernement, stationiert, 7 weitere kamen in die «eingegliederten Ostgebiete», das heißt in den von Deutschland annektierten westlichen Teil Polens. 10 Bataillone stationierte man in den besetzten tschechischen Ländern Böhmen und Mähren, dem sogenannten Protektorat. Außerdem wurden 6 Bataillone in Norwegen und 4 in den Niederlanden stationiert.[4] Die Ordnungspolizei entwickelte sich rasch zu einem wichtigen Reservoir von Einsatzkräften, die zur Niederhaltung des von Deutschland besetzten Europas gebraucht wurden.

Die neuen Bataillone entstanden auf zwei Arten. Zum einen wurden zur Bereitstellung der erforderlichen Unteroffizierskader Berufspolizisten und bewährte Freiwillige aus den ersten, 1939 nach Polen verlegten Bataillonen befördert und auf die neugebildeten Einheiten verteilt, deren Mannschaften man mit eingezogenen älteren Reservisten auffüllte. Diese Verbände hießen «Reserve-Polizeibataillone». Zum anderen wurden aus den Reihen der 26000 jungen Freiwilligen, die im Herbst 1939 in die Ordnungspolizei eingetreten waren, besondere Einheiten (mit den Nummern 251 bis 256 und 301 bis 325) gebildet. Aus ihnen sollten die neuen Eliteverbände der Ordnungspolizei hervorgehen.[5]

Im Generalgouvernement machte sich die Anwesenheit der Ordnungspolizei auf zweierlei Weise bemerkbar. Erstens erhielt jeder der vier Distrikte, in die das Generalgouvernement unterteilt war – Krakau, Lublin, Radom und Warschau (ein fünfter, Galizien, kam 1941 hinzu) –, auf Dauer einen Kommandeur der Ordnungspolizei (KdO) samt Stab. Jeder Distrikt hatte ein Regiment, das aus drei Bataillonen bestand, die in ständigem Wechsel von Deutschland her verlegt wurden. Zweitens gab es im ganzen Generalgouvernement ein dünnes Netz kleinerer Ordnungspolizeieinheiten. In allen größeren polnischen Städten wurde eine Schutzpolizeidienststelle eingerichtet, deren Hauptaufgabe darin bestand, die polnische Stadtpolizei zu beaufsichtigen. Außerdem gab es in den mittleren Städten jedes Distrikts insgesamt etwa 30 bis 40 kleine Gendarmerieposten. Die Schutzpolizei- und Gendarmerieeinheiten unterstanden genau wie die drei Bataillonskommandeure dem KdO. Ende 1942 war die Ordnungspolizei im Generalgouvernement auf eine Gesamtstärke von 15186 Mann angewachsen. Die Zahl der polnischen Polizisten, die der Aufsicht der Ordnungspolizei unterstellt waren, betrug 14297.[6]

Von unten nach oben gesehen, führte eine Befehlskette von den Bataillonen und dem Netz der kleineren Ordnungspolizeieinheiten über den KdO nach Krakau zum Befehlshaber der Ordnungspolizei im Generalgouvernement (BdO) und schließlich nach Berlin zu Dalueges Hauptamt. Dies war die normale Befehlskette für Angelegenheiten, die allein die örtlichen Ordnungspolizeiverbände betrafen. Für alle Verordnungen und

Aktionen, die ein gemeinsames Vorgehen von Ordnungspolizei, Sicherheitspolizei und anderen SS-Einheiten erforderlich machten, existierte jedoch eine zweite Befehlskette. Heinrich Himmler hatte im Generalgouvernement den Höheren SS- und Polizeiführer (HSSPF) Friedrich-Wilhelm Krüger zu seinem persönlichen Bevollmächtigten ernannt und ihn mit der Koordinierung aller Aktionen beauftragt, an denen mehr als eine Stelle des wildwuchernden Himmlerschen SS- und Polizeireichs beteiligt war. In jedem Distrikt des Generalgouvernements gab es einen SS- und Polizeiführer (SSPF), der auf Distriktebene die gleichen Pflichten und Vollmachten besaß, wie sie Krüger für das gesamte Generalgouvernement übertragen worden waren. Als SS-Polizeiführer für den Lubliner Distrikt, in dem das Reserve-Polizeibataillon 101 1942/43 stationiert war, fungierte der brutale und zwielichtige Odilo Globocnik, ein Protegé Himmlers, den man in Österreich wegen Bestechlichkeit als Parteivorsitzenden abgesetzt hatte. Befehle konnten die Ordnungspolizeiverbände im Lubliner Distrikt insofern von Daluege und dem Berliner Hauptamt über den BdO in Krakau und den KdO erhalten oder von Himmler über HSSPF Krüger und SSPF Globocnik. Da alle Abteilungen der SS und der Polizei an der planmäßigen Ermordung der polnischen Juden mitwirkten, war für die Beteiligung der Ordnungspolizei an der «Endlösung» die zuletzt genannte Befehlskette maßgeblich.

KAPITEL 3

Die Ordnungspolizei und die Endlösung: Rußland 1941

Die erste Beteiligung der Ordnungspolizei an der «Endlösung» – dem nationalsozialistischen Massenmord an den europäischen Juden – fand jedoch nicht in Polen, sondern in Rußland statt, im Sommer und Herbst 1941. Zur Vorbereitung auf den Einmarsch in Rußland und den «Vernichtungskrieg», den Hitler dort zu führen gedachte, wurden Ende des Frühjahrs 1941 vier mobile Sondereinheiten der SS, die sogenannten Einsatzgruppen, aufgestellt und ausgebildet. Der Kern dieser Verbände rekrutierte sich aus Angehörigen von Heydrichs Sicherheitspolizei (Gestapo und Kripo) und Sicherheitsdienst (SD). Hinzu kamen kleine Gruppen der Waffen-SS (der militärischen Abteilung von Himmlers SS). Auf drei der vier Einsatzgruppen wurden darüber hinaus aber noch die drei Kompanien des Ordnungspolizeibataillons 9 verteilt.[1] Von den insgesamt 3000 Männern der vier Einsatzgruppen kamen daher rund 500 aus den Reihen der Ordnungspolizei.

Die Einsatzgruppen selbst stellten nur die Speerspitze der deutschen Verbände dar, die insgesamt am politischen und rassistischen Massenmord in Rußland beteiligt waren. Anfang Juli wurde eine fünfte, ad hoc aus Angehörigen der Sicherheitspolizei im Generalgouvernement zusammengestellte Einsatzgruppe nach Rußland geschickt. Die meisten dieser Männer fungierten in den ehemals polnischen Gebieten, die zwischen 1939 und 1941 von sowjetischen Truppen besetzt gewesen waren, als Sicherheitspolizeikräfte, während die ursprünglichen vier Einsatzgruppen hinter den vorrückenden deutschen Armeen weit nach Rußland hinein vordrangen.

Im Hinblick auf den Einmarsch in Rußland hatte Himmler für die nördliche, mittlere und südliche Besatzungszone jeweils einen Höheren SS- und Polizeiführer ernannt. Diese Männer waren für die Koordinierung sämtlicher SS-Aktionen im besetzten Rußland verantwortlich. Als nach den euphorisch stimmenden, enormen Anfangserfolgen der deutschen Truppen Mitte Juli 1941 der «Endsieg» in Sicht schien, ordnete Hitler verstärkte «Befriedungsmaßnahmen» für die Gebiete hinter den vorrückenden deutschen Linien an. Am 16. Juli verkündete er, daß Deutschland sich niemals aus seinen neugewonnenen Ostgebieten zurückziehen werde; vielmehr werde er alle erforderlichen Maßnahmen treffen, um dort einen «Garten Eden» zu schaffen. Zum Glück habe Stalin den Befehl zum Partisanenkrieg gegeben, erklärte Hitler, so erhalte man «die Möglichkeit, auszurotten, was sich gegen uns stellt». Selbstverständlich müsse «der Riesenraum [...] so rasch wie möglich befriedet werden», was am besten dadurch geschehe, «daß man jeden, der nur schief schau[t], totschieß[t]»[2].

Himmler zögerte nicht, auf diesen Hinweis seines Herrn und Meisters zu reagieren. Innerhalb einer Woche schickte er dem HSSPF Mitte, Erich von dem Bach-Zelewski, und dem HSSPF Süd, Friedrich Jeckeln, je eine SS-Brigade zur Verstärkung und führte so der SS-Mordkampagne noch einmal über 11000 Mann zu.[3] Außerdem wurden mindestens 11 Polizeibataillone – von denen 9 nur je 300 Mann stark waren und somit aus erst vor kurzem angeworbenen jungen Freiwilligen bestanden – auf die Verbände der drei HSSPF in Rußland verteilt, wodurch zu den 500 Ordnungspolizisten, die sich schon bei den Einsatzgruppen befanden, weitere 5500 hinzukamen.[4] Von Ende Juli bis Mitte August hielt sich Himmler an der Ostfront auf und trieb seine Männer persönlich zum Massenmord an den russischen Juden an.

Die Ordnungspolizei begann jedoch schon vor dieser massiven Truppenverstärkung Ende Juli damit, ihren Mordauftrag in Rußland auszuführen. Schauplatz des Geschehens war die fast zur Hälfte von Juden bewohnte Stadt Białystok. Am Vorabend des deutschen Überfalls auf Rußland – dem sogenannten Unternehmen Barbarossa – versammelte Major Weis vom Polizeibataillon 309 seine Kompanieführer um sich und eröffnete ihnen mehrere Befehle, die auch alle anderen für den «Rußlandfeldzug» vorgesehenen Verbände der deutschen Wehrmacht und Polizei erhalten hatten und die den Mannschaften mündlich weitergegeben werden sollten. Der erste war der berüchtigte «Kommissarbefehl», demzufolge die sogenannten politischen Kommissare, das heißt alle einer antideutschen Haltung verdächtigen kommunistischen Funktionäre in Armee und Zivilverwaltung, nicht als Kriegsgefangene zu betrachten, sondern zu erschießen seien.[5] Der zweite Befehl war der sogenannte Barbarossa-Erlaß, eine Art Freibrief zum Töten russischer Zivilisten, denn durch ihn wurden sämtliche Aktionen deutscher Soldaten gegen die russische Zivilbevölkerung der Gerichtsbarkeit der Militärgerichte entzogen und kollektive «Vergeltungsmaßnahmen» gegen ganze Ortschaften ausdrücklich gutgeheißen.[6] Der Krieg, fuhr Major Weis fort, sei gegen Juden und Bolschewisten gerichtet und verlange vom Bataillon ein schonungsloses Vorgehen gegen die Juden. Seiner Ansicht nach seien die Führerbefehle so zu verstehen, daß die Juden ohne Rücksicht auf Alter oder Geschlecht zu vernichten seien.[7]

Nach dem Einrücken in Białystok befahl Major Weis am 27. Juni seinem Bataillon, das jüdische Viertel zu durchkämmen und alle jüdischen Männer festzunehmen, sagte aber nicht genauer, was mit ihnen zu geschehen habe. Das überließ er offenbar der Initiative der Kompanieführer, denen er bei der Besprechung vor Invasionsbeginn seine Ansichten deutlich gemacht hatte. Die Aktion begann als Pogrom: Während die Polizisten die Juden zum Marktplatz beziehungsweise zur Synagoge trieben, verprügelten und demütigten sie sie; vielen wurden die Bärte versengt, manch einer willkürlich erschossen. Als mehrere führende Persönlichkeiten der jüdischen Gemeinde im Hauptquartier der 221. Sicherheitsdivision erschienen, vor General Pflugbeil auf die Knie fielen und ihn um den Schutz der Wehrmacht anflehten, ließ ein Angehöriger des Polizeibataillons 309 seinen Hosenlatz herunter und urinierte auf sie, während sich der General abwandte.

Was als Pogrom begonnen hatte, eskalierte bald zu einem systematischen Massenmord. Die auf dem Marktplatz zusammengetriebenen Juden wurden zu einem Park gebracht, gruppenweise an eine Wand gestellt und erschossen. Die Erschießungen dauerten bis zum Einbruch der Dunkelheit an. Die Eingänge der Synagoge, in der sich mindestens 700 Juden befanden, wurden mit Benzin übergossen. Dann warf man eine Handgranate ins Gebäude und entfachte dadurch ein Feuer. Jeder, der zu entkommen versuchte, wurde von den Polizisten erschossen. Das Feuer griff bald auf benachbarte Häuser über, in denen sich Juden versteckt hatten, und auch sie verbrannten bei lebendigem Leibe. Am nächsten Tag wurden 30 Wagenladungen voll Leichen zu einem Massengrab gekarrt. Man hatte 2000 bis 2200 Juden umgebracht. Ein Melder, der von General Pflugbeil geschickt wurde, um die näheren Umstände des Feuers zu erkunden, fand einen betrunkenen Major Weis vor, der behauptete, von den Geschehnissen nichts zu wissen. In einem anschließenden Bericht an Pflugbeil stellten Weis und seine Offiziere die Ereignisse falsch dar.[8]

Während dieses erste Massaker, das Ordnungspolizisten am 27. Juni an den *Białystoker* Juden verübten, vielleicht noch als das Werk eines einzelnen Kommandanten angesehen werden könnte, der die Wünsche seines «Führers» instinktiv richtig erahnte, geschah der zweite Massenmord Mitte Juli auf das eindeutige und systematische Betreiben allerhöchster SS-Führer – Erich von dem Bach-Zelewski, Kurt Daluege und Heinrich

Himmler. An Stelle des weiter nach Osten verlegten Bataillons 309 rückten die Polizeibataillone 316 und 322 in *Białystok* ein. Das offizielle Kriegstagebuch sowie verschiedene Meldungen und Befehle des Polizeibataillons 322 gehören zu den wenigen noch erhaltenen Ordnungspolizei-Dokumenten und sind aus sowjetischen Archiven in den Westen gelangt. Sie erlauben uns, die anschließenden Ereignisse von Białystok nachzuzeichnen.

Beim Polizeibataillon 322 war die Einsatzbesprechung am Vorabend der Invasion anscheinend nicht ganz so abgefeimt gewesen wie beim Bataillon 309, doch war es auch dort nicht ohne ideologische Aufrüstung abgegangen. In Warschau hatte Generalmajor Retzlaff bei der Verabschiedung des Bataillons am 10. Juni jedem Polizisten den Rat mit auf den Weg gegeben, unbedingt darauf zu achten, «den slawischen Völkern gegenüber als Herrenmensch aufzutreten, und zu zeigen, daß er Deutscher sei»[9]. Und vor ihrer Abfahrt nach Rußland am 2. Juli waren die Männer angewiesen worden, «hart, entschlossen und rücksichtslos» vorzugehen und alle «politische[n] Kommissare zu erschießen»[10].

Das Bataillon traf am 5. Juli in Białystok ein und erhielt zwei Tage später den Befehl zu einer «gründliche[n] Durchsuchung des Stadtgebietes[...] nach bolschewistischen Kommissaren und Kommunisten». Aus dem Kriegstagebucheintrag des folgenden Tages wird deutlich, was damit gemeint war: «eine Durchsuchung des Judenviertels» – angeblich um Gegenstände sicherzustellen, die die Juden vor dem Eintreffen der Deutschen bei Plünderungen an sich gebracht hätten. Die deutschen Polizisten schafften bei der Durchsuchung 20 Wagenladungen voll Wertgegenstände fort. Bis zum 8. Juli hatte das Bataillon 22 Menschen erschossen, bei denen es sich «fast ausschließlich um Juden» handelte.[11]

Am Nachmittag des 8. Juli – desselben Tages, an dem die erwähnte Durchsuchung stattfand – erhielt das Bataillon überraschend Besuch vom Reichsführer SS und Chef der Deutschen

Polizei, Heinrich Himmler, und vom Chef der Ordnungspolizei, Kurt Daluege. Zu dem Abendessen, das der Höhere SS- und Polizeiführer Mitte Bach-Zelewski zu Himmlers Ehren gab, wurde auch Bataillonskommandeur Major Nagel eingeladen. Am folgenden Morgen inspizierte Daluege in Himmlers Gegenwart das Polizeibataillon in *Białystok*. In einer Ansprache betonte Daluege, die Ordnungspolizei könne «stolz sein [...], an der Niederringung des Weltfeindes, des Bolschewismus, mitbeteiligt zu sein». Noch kein Feldzug sei «von solcher Bedeutung gewesen wie gerade der jetzige». Der Bolschewismus werde «nun endgültig ausgerottet werden, zum Segen Deutschlands, Europas, ja der ganzen Welt»[12].

Zwei Tage später, am 11. Juli, erließ Oberst Montua vom Polizeiregiment Mitte (zu dem die Polizeibataillone 316 und 322 gehörten) den folgenden vertraulichen Befehl:

> «1. Auf Befehl des Höheren SS- und Polizeiführers [...] sind alle als Plünderer überführten männlichen Juden im Alter von 17 bis 45 Jahren sofort standrechtlich zu erschießen. Die Erschießungen haben abseits von Städtchen, Dörfern und Verkehrswegen zu erfolgen. Die Gräber sind so einzuebnen, daß keine Wallfahrtsorte entstehen können. Ich verbiete das Fotografieren und die Zulassung von Zuschauern bei Exekutionen. Exekutionen und Gräber sind nicht bekanntzugeben.
>
> 2. Die seelische Betreuung der bei dieser Aktion beteiligten Männer haben sich die Batls.-Kdre. und Kompanie-Chefs besonders angelegen sein zu lassen. Die Eindrücke des Tages sind durch Abhaltung von Kameradschaftsabenden zu verwischen. Ferner sind die Männer laufend über die Notwendigkeit der durch die politische Lage bedingten Maßnahmen zu belehren.»[13]

Das Kriegstagebuch schweigt sich beredt über die Geschehnisse aus, die auf Montuas Exekutionsbefehl in *Białystok* folgten; sie wurden erst durch spätere Gerichtsprozesse in Deutschland aufgedeckt.[14] Natürlich gab es im Falle der sogenannten Plünderer, die «standrechtlich» erschossen werden sollten, keinerlei polizeiliche Ermittlungen, Gerichtsverfahren oder Verurteilungen. Männliche Juden, die aussahen, als wären sie zwischen 17 und 45 Jahre alt, wurden am 12. Juli einfach ins Stadion von *Białystok* getrieben, wo ihnen alle Wertgegenstände abgenommen wurden. Als das Stadion fast voll war, besuchte Bach-Zelewski den Schauplatz des Geschehens. Es war an diesem Tag sehr heiß, aber die Juden erhielten weder Wasser, noch ließ man sie zur Toilette gehen.

Entweder noch am selben Tag oder am nächsten Morgen begann man, die Juden mit Lastwagen beider Polizeibataillone vom Stadion zu Panzergräben in einem Waldgebiet außerhalb der Stadt zu fahren. Zur Bewachung der Gegend und zur Bildung der Erschießungskommandos waren fast das gesamte Bataillon 316 und eine Kompanie des Bataillons 322 angetreten. Wiederum erschien Bach-Zelewski und hielt eine Ansprache, in der er die Aktion rechtfertigte. Als die Erschießungen bei Einbruch der Dunkelheit noch nicht beendet waren, versuchten die Polizisten, im Scheinwerferlicht ihrer Lastwagen weiterzumachen. Das stellte sich für sie jedoch als unbefriedigend heraus, so daß die Aktion abgebrochen und am folgenden Tag zu Ende geführt wurde. Den Erkenntnissen deutscher Gerichte zufolge wurden damals mindestens 3000 Juden erschossen (wobei man allerdings nicht vergessen darf, daß bei solchen Angaben aus juristischen Gründen nicht die wahrscheinlichsten Zahlen angeführt werden, sondern nur unbestrittene Mindestzahlen, damit dieser Punkt aus dem juristischen Disput herausgehalten wird).

Im Spätsommer und Herbst 1941 kam es zu einer Beschleunigung der Mordaktionen gegen das russische Judentum. Das Polizeibataillon 322 war weiterhin an diesen Aktionen beteiligt, wie aus seinem Kriegstagebuch hervorgeht. Am 23. Juli wurde der Verband, der bis dahin formal der Wehrmacht unterstanden hatte, «für die dem Batl. bevorstehende Aufgabe [...] dem HSSPF Gruppenf. v. d. Bach unmittelbar unterstellt»[15]. Als das Polizeibataillon 322 im August von *Białystok* nach Minsk verlegt wurde, tat sich dessen 3. Kompanie unter Leutnant Riebel auf dem Weg dorthin durch die fortgesetzte Exekution von Juden besonders hervor. Nachdem die 3. Kompanie am 2. August die Waldgebiete um *Białowicze* durchkämmt hatte, hielt das Kriegstagebuch fest: «Vor Abmarsch hat 3. Komp. Judenliquidation durchzuführen.»[16] Anschließend meldete Riebel: «Am 10.8.41 wurde von der 3. Kompanie in den frühen Morgenstunden die Liquidierung der im Gefangenensammellager Białowicze untergebrachten Juden durchgeführt. Es wurden 77 Juden männlichen Geschlechts im Alter von 16 bis 45 Jahren erschossen. Die Aktion vollzog sich ohne Zwischenfall. Widerstand wurde in keinem Falle geleistet.»[17] Dabei handelte es sich nicht um einen isolierten Zwischenfall, denn fünf Tage danach meldete Riebel: «Die Judenaktion in Narewka-Mala wurde von der 3. Kompanie am 15.8.1941 durchgeführt. Dabei wurden 259 Frauen und 162 Kinder nach Kobryn umgesiedelt. Alle männlichen Personen im Alter von 16 bis 65 Jahren wurden erschossen. Es wurden am 15.8.41 insgesamt erschossen: 1 Pole wegen Plünderung, 232 Juden. Die Judenexekution vollzog sich reibungslos und ohne Zwischenfall.»[18]

Ende August befand sich das Bataillon schließlich in *Minsk*, wo sich am 29. August Bach-Zelewski und Daluege zu einer Besprechung trafen.[19] Wie schon zuvor in *Białystok* bildete auch dieses Treffen wieder den Auftakt zur Beteiligung von Ordnungspolizisten an einer Massenerschießung von Juden. Am 30. August wurde Bataillonskommandeur Major Nagel einbestellt, um eine «gründliche Judenaktion» zu besprechen, die am 31. August und 1. September stattfinden sollte. Das Bataillon sollte dazu zwei Kompanien zur Verfügung stellen.[20]

Am 31. August rückten die 1. und 3. Kompanie des Polizeibataillons 322 (die inzwischen die Bezeichnung 7. und 9. Kompanie des Polizeiregiments Mitte erhalten hatten) in das Ghetto von Minsk vor, wo sie rund 700 Juden gefangennahmen, darunter 74 Frauen. Am folgenden Tag war Riebels 9. Kompanie an der Exekution von über 900 Juden beteiligt, zu denen auch alle am Vortag Festgenommenen gehörten. Für diese erste Erschießung einer größeren Anzahl von Jüdinnen meinte der Kriegstagebuchschreiber eine rechtfertigende Erklärung geben zu müssen. Demnach habe man die Frauen erschossen, «weil diese bei der Razzia ohne Judenstern angetroffen worden waren. [...] Auch in Minsk war festgestellt worden, daß besonders Jüdinnen die Kennzeichen von ihrer Kleidung entfernten.»[21] Eifrig darauf bedacht, für die «Leistung» seiner Kompanie die gebührende Anerkennung zu erhalten, meldete Riebel pflichtgemäß: «Die bei der Judenaktion am 31.8.41 festgenommenen Juden wurden am 1.9.1941 erschossen. Von der 9. Kompanie wurden 290 *Männer und 40 Frauen* erschossen. Die Exekutionen verliefen reibungslos. Widerstand wurde keiner geleistet.»[22]

Bei einer späteren Mordaktion Anfang Oktober in *Mogilew* hielt man es nicht mehr für nötig, sich für die Erschießung jüdischer Frauen zu rechtfertigen. Für den 2. Oktober verzeichnet das Kriegstagebuch: «9. Komp.: Ab 15.30 Uhr die gesamte Komp. Judenaktion im Ghetto von Mogilew zusammen mit Stab Höherer SS- und Pol.-Führer Rußland Mitte u. ukrainischer Hilfspolizei: 2208 Juden beiderlei Geschlechts aufgegriffen, 65 an Ort und Stelle bei Fluchtversuch erschossen.» Und unter dem Datum des folgenden Tages hieß es: «7. u. 9. Komp. zusammen mit Stab Höherer SS- u. Pol.-Führer Russl. Mitte – Exekution von insgesamt 2208 Juden und Jüdinnen außerhalb Mogilews unweit des Waldlagers (7. Komp. 378, 9. Komp. 545 Erschießungen).»[23]

Polizeibataillone wurden in Rußland aber nicht nur in der Besatzungszone «Mitte» eingesetzt. Aus den wenigen noch erhaltenen Dokumenten geht hervor, daß es im Süden und Norden zu ähnlichen Einsätzen kam. Der Höhere SS- und Polizeiführer Rußland Süd Friedrich Jeckeln, der insgesamt fünf Polizeibataillone befehligte (neben den Bataillonen 45, 303 und 314 des Polizeiregiments Süd noch die Bataillone 304 und 320, die folglich alle bis auf eines aus erst kürzlich angeworbenen jungen Freiwilligen bestanden), achtete in seinen verschlüsselten Tagesmeldungen sorgfältig darauf, «Ehre» zu geben, wem «Ehre» gebührte. Das folgende ergibt sich aus einer unvollständigen –

und hier sinngemäß wiedergegebenen – Sammlung dieser Meldungen.[24]

19. August:	Bataillon 314 erschießt 25 Juden. Bataillon 45 erschießt bei *Slavuta* 522 Juden.
22. August:	Bataillon 45 erschießt bei zwei Einsätzen 66 und 471 Juden.
23. August:	Bataillon 314 erschießt bei einer «Säuberungsaktion» 367 Juden.
24. August:	Bataillon 314 erschießt 294 Juden, Bataillon 45 erschießt 61 und die (berittene) Polizeischwadron 113 Juden.
25. August:	Polizeiregiment Süd erschießt 1324 Juden.
27. August:	Einer ersten Meldung zufolge erschießt das Polizeiregiment Süd 549 und das Bataillon 314 69 Juden. Eine zweite Meldung schreibt dem Polizeiregiment Süd die Erschießung von 914 Juden zu.
28. August:	Das Polizeiregiment Süd erschießt 369 Juden.
29. August:	Bataillon 320 sorgt für die «Absperrung», während die Stabskompanie des HSSPF bei *Kamenets-Podelski* am 26./27. August 15 000 und am 28. August weitere 7000 Juden erschießt.
31. August:	Bataillon 320 erschießt in *Minkowzy* 2200 Juden.
1. September:	Das Polizeiregiment Süd erschießt 88, das Bataillon 320 380 Juden.
2. September:	Das Polizeiregiment Süd erschießt 45 Juden.
4. September:	Das Polizeiregiment Süd erschießt 4144 Juden.
6. September:	Das Polizeiregiment Süd erschießt 144 Juden.
11. September:	Das Polizeiregiment Süd erschießt 1548 Juden.
12. September:	Das Polizeiregiment Süd erschießt 1255 Juden.
5. Oktober:	Das Polizeibataillon 304 erschießt 305 Juden.

Von diesen spärlichen Dokumenten ausgehend, erbrachten gerichtliche Vernehmungen in der Bundesrepublik Deutschland nach dem Krieg weitere Informationen über die tödliche Schneise, die die Polizeibataillone 45 und 314 im Herbst 1941 durch die Sowjetunion geschlagen hatten. Als das Polizeibataillon 45 am 24. Juli die ukrainische Stadt *Schepetowka* erreichte, wurde sein Kommandeur, Major Besser, vom Chef des Polizeiregiments Süd, Polizeioberst Franz, einbestellt. Franz teilte Besser mit, daß die russischen Juden auf Befehl Himmlers zu vernichten seien und sich das Polizeibataillon 45 an dieser Aufgabe zu beteiligen habe. Innerhalb weniger Tage brachte das Bataillon mehrere hundert noch in *Schepetowka* verbliebene Juden um, darunter auch Frauen und Kinder. Im August kam es in verschiedenen ukrainischen Städten zu weiteren Massakern mit jeweils hundert bis einigen hundert Toten. Im September stellte das Bataillon in *Berditschew* und *Winnicza* bei der Exekution von Tausenden von Juden Polizisten für die Absperrung sowie für die Transport- und Erschießungskommandos. Seinen Höhepunkt erreichte das brutale Vorgehen des Bataillons am 29. und 30. September in Kiew, wo es bei der Ermordung von über 33 000 Juden in der Schlucht von Babi Yar wiederum für Absperrung, Transportbewachung und Schützen sorgte. Bis zum Ende des Jahres führte das Bataillon noch einige kleinere Exekutionen durch (*Khorol, Kremenzhug, Poltawa*).[25] Auch das Polizeibataillon 314 begann – ab dem 22. Juli – mit Massakern an jeweils hundert bis einigen hundert Menschen. Im September 1941 aber beteiligte es sich in *Winnicza* gemeinsam mit dem Polizeibataillon 45 an der Exekution von mehreren tausend Juden und erschoß zwischen dem 10. und 14. Oktober 7000 bis 8000 Juden in *Dnepropetrowsk*. Die letzten der durch spätere Ermittlungen nachgewiesenen Erschießungen fanden Ende Januar 1942 in *Kharkow* (Charkow) statt.[26]

Die Dokumente aus dem südlichen Rußland bieten einen groben Überblick über die weitgehende und fortgesetzte Beteiligung von Einheiten der Ordnungspolizei an der Massenerschießung von Juden, gehen aber nicht auf Einzelheiten ein, während es sich bei den Dokumenten aus dem nördlichen Rußland genau umgekehrt verhält. Sie geben zwar keinen Überblick, schildern aber zumindest in einem Fall außerordentlich anschaulich einen Einsatz des Polizeibataillons 11, das ab Anfang Juli 1941 in der Gegend von *Kauen* stationiert war. Seine

3. Kompanie hatte die Aufgabe, das dortige Ghetto zu bewachen.[27] Mitte Oktober wurde der Bataillonskommandeur mit zwei Kompanien des Bataillons 11 und zwei Kompanien litauischer Hilfspolizei nach *Minsk* geschickt. Der befehlshabende Offizier der 707. Sicherheitsdivision gab den Polizisten den ersten Auftrag (dem laut späteren Aussagen angeblich nur noch ein weiterer dieser Art gefolgt sein soll), sämtliche Juden der Ortschaft *Smolewitschi*, östlich von *Minsk*, zu exekutieren. Mit dieser «Abschreckungsmaßnahme» wollte man die Zivilbevölkerung davon abhalten, den Partisanen zu helfen. Der Bataillonskommandeur behauptete später, er habe dagegen protestiert, aber vom befehlshabenden Offizier und Divisionskommandeur nur zur Antwort bekommen, daß die deutschen Polizisten sich auf die Absperrung beschränken und die Erschießungen den Litauern überlassen könnten. Das Massaker an den Juden von *Smolewitschi* wurde wie befohlen durchgeführt.

Ende Oktober wurde den zwei Ordnungspolizeikompanien und ihren litauischen Hilfstruppen von Wehrmachtsseite befohlen, in *Sluzk*, südlich von *Minsk*, alle Juden umzubringen. Von den ca. 12000 Bewohnern der Stadt waren ein Drittel Juden. Wiederum «rechtfertigte» man die Aktion als Abschreckungsmaßnahme zum Schutze deutscher Truppen. Über das, was am 27. Oktober in *Sluzk* geschah, berichtete der Chef der dortigen deutschen Zivilverwaltung seinem Vorgesetzten, dem Generalkommissar für Weißruthenien Wilhelm Kube, nach Minsk:

Der Gebietskommissar
Sluzk

Sluzk, am 30. Oktober 1941

An den
Herrn Generalkommissar
in Minsk

Geheim!

Betr. Judenaktion.

Unter Bezugnahme auf die am 27. Oktober 1941 erfolgte fernmündliche Meldung teile ich Ihnen nunmehr schriftlich folgendes mit:

Am 27. 10. morgens gegen 8 Uhr erschien ein Oberleutnant des Polizeibataillons Nr. 11 aus Kauen (Litauen), der sich als Adjutant des Bataillonskommandeurs der Sicherheitspolizei [sic] vorstellte. Der Oberleutnant erklärte, daß das Polizeibataillon den Auftrag erhalten hätte, hier in der Stadt Sluzk in zwei Tagen die Liquidierung sämtlicher Juden vorzunehmen. Der Bataillonskommandeur sei mit seinem Bataillon in Stärke von 4 Kompanien, davon 2 Kompanien litauische Partisanen, im Anrollen und die Aktion müsse sofort beginnen. Hierauf gab ich dem Oberleutnant zur Antwort, daß ich auf alle Fälle die Aktion zunächst mit dem Kommandeur besprechen müßte. Etwa eine halbe Stunde später traf das Polizeibataillon in Sluzk ein. Wunschgemäß hat dann auch die Aussprache mit dem Bataillonskommandeur sofort nach Eintreffen stattgefunden. Ich erklärte zunächst dem Kommandeur, daß es nicht gut möglich sei, ohne vorherige Vorbereitung die Aktion durchzuführen, da alle auf Arbeit geschickt seien und es ein furchtbares Durcheinander geben würde. Es wäre zum mindesten seine Pflicht gewesen, einen Tag vorher Bescheid zu geben. Ich bat dann darum, die Aktion um einen Tag zu verschieben. Er lehnte dieses jedoch ab, mit dem Bemerken, daß er überall in allen Städten die Aktion durchzuführen habe, und für Sluzk nur zwei Tage zur Verfügung stünden. In diesen beiden Tagen müßte die Stadt Sluzk unbedingt frei von Juden sein. Ich [er]hob sofort schärfsten Protest dagegen, indem ich hervorhob, daß eine Liquidierung der Juden nicht willkürlich erfolgen dürfe. Ein großer Teil der noch in der Stadt vorhandenen Juden bestehe aus Handwerkern, resp. Handwerkerfamilien. Diese jüdischen Handwerker könnten aber einfach nicht entbehrt werden, da sie zur Aufrechterhaltung der Wirtschaft unentbehrlich seien. Ich wies weiter darauf hin, daß weißruthenische Handwerker sozusagen überhaupt nicht vorhanden wären, daß also sämtliche lebenswichtigen Betriebe mit einem

Schlage stillgelegt werden müßten, wenn alle Juden liquidiert würden. Am Schluß unserer Aussprache erwähnte ich noch, daß alle Handwerker und Spezialisten, soweit sie unentbehrlich seien, Ausweise in Händen hätten, und daß diese nicht aus den Betrieben herauszuholen seien. Es wurde weiterhin vereinbart, daß alle noch in der Stadt vorhandenen Juden zwecks Sortierung, insbesondere wegen der Handwerkerfamilien, die ich ebenfalls nicht liquidieren lassen wollte, zunächst in das Ghetto gebracht werden sollten. Mit der Sortierung sollten zwei meiner Beamten beauftragt werden. Der Kommandeur widersprach keineswegs meiner Auffassung, sodaß ich im besten Glauben sein mußte, daß die Aktion auch so durchgeführt würde. Einige Stunden nach Beginn der Aktion stellten sich aber schon die größten Schwierigkeiten heraus. Ich mußte feststellen, daß der Kommandeur sich überhaupt nicht an unsere Abmachungen gehalten hatte. Sämtliche Juden ohne Ausnahme wurden trotz der Vereinbarung aus den Betrieben und Werkstätten herausgeholt und abtransportiert. Ein Teil der Juden wurde allerdings über das Ghetto geleitet, wo noch viele von mir erfaßt und aussortiert worden sind, während aber ein großer Teil direkt auf Lastwagen verladen und außerhalb der Stadt ohne weiteres liquidiert worden ist. Kurz nach Mittag kamen bereits von allen Seiten Klagen darüber, daß die Betriebe nicht mehr laufen könnten, weil man sämtliche jüdischen Handwerker entfernt hatte. Da der Kommandeur nach Baranowitschi weitergefahren war, habe ich mich nach langem Suchen mit dem stellv. Kommandeur, einem Hauptmann, in Verbindung gesetzt, mit der Forderung, die Aktion sofort einzustellen, da nicht nach meiner Anweisung gehandelt worden sei und der bis jetzt angerichtete Schaden in wirtschaftlicher Hinsicht überhaupt nicht wieder gutzumachen sei. Der Hauptmann war sehr erstaunt über die von mir vertretene Ansicht und erklärte, daß er vom Kommandeur den Auftrag bekommen hätte, die ganze Stadt von Juden ohne Ausnahme freizumachen, wie sie das auch in anderen Städten getan hätten. Diese Säuberung müßte aus politischen Gründen erfolgen und wirtschaftliche Gründe hätten noch nirgends eine Rolle gespielt. Auf mein energisches Eingreifen hat er dann aber doch gegen Abend die Aktion eingestellt.

Was im übrigen die Durchführung der Aktion anbelangt, muß ich zu meinem tiefsten Bedauern hervorheben, daß letztere bereits an Sadismus grenzte. Die Stadt selbst bot während der Aktion ein schreckenerregendes Bild. Mit einer unbeschreiblichen Brutalität sowohl von Seiten der deutschen Polizeibeamten, wie insbesondere von den litauischen Partisanen, wurde das jüdische Volk, darunter aber auch Weißruthenen aus den Wohnungen herausgeholt und zusammengetrieben. Überall in der Stadt knallte es und in den einzelnen Straßen häuften sich Leichen erschossener Juden. Die Weißruthenen hatten größte Not, um sich aus der Umklammerung zu befreien. Abgesehen davon, daß das jüdische Volk, darunter auch die Handwerker, furchtbar roh vor den Augen des weißruthenischen Volkes brutal mißhandelt worden ist, hat man das weißruthenische Volk ebenfalls mit Gummiknüppeln und Gewehrkolben bearbeitet. Von einer Judenaktion konnte schon keine Rede mehr sein, vielmehr sah es nach einer Revolution aus. Ich selbst bin den ganzen Tag ununterbrochen mit allen meinen Beamten dazwischen gewesen, um noch zu retten, was zu retten war. Mehrfach habe ich buchstäblich mit gezogenem Revolver die deutschen Polizeibeamten wie auch die litauischen Partisanen aus den Betrieben herausdrängen müssen. Auch meine eigene Gendarmerie war mit dem gleichen Auftrag eingesetzt, mußte aber vielfach wegen der wilden Schießerei die Straßen verlassen, um nicht selbst erschossen zu werden. Das ganze Bild war überhaupt mehr als grauenvoll. Nachmittags standen in den Straßen herrenlos eine größere Anzahl Panjewagen mit Pferden herum, sodaß ich die Stadtverwaltung beauftragen mußte, sich sofort um die Fahrzeuge zu kümmern. Wie nachher festgestellt wurde, handelte es sich um jüdische Fahrzeuge, die von der Wehrmacht den Auftrag hatten, Munition zu fahren. Man hatte sie einfach von den Wagen heruntergeholt und abgeführt, ohne sich auch nur um die Fahrzeuge zu kümmern.

Bei der Erschießung vor der Stadt bin ich nicht zugegen gewesen. Über die Brutalität kann ich daher nichts sagen. Es dürfte aber auch genügen, wenn ich hervorhebe, daß Erschossene längere Zeit nach Zuwerfen der Gräber sich wieder herausgearbeitet haben.

Bezüglich des wirtschaftlichen Schadens bemerke ich, daß die Gerberei am tollsten betroffen worden ist. Hier arbeiten 26 Fachleute. Alleine 15 beste Spezialisten sind davon erschossen. Vier weitere sind auf dem Transport vom Wagen gesprungen und entkommen, während 7 durch die Flucht nicht erfaßt worden sind. Der Betrieb läuft heute nur notdürftig weiter. In der Stellmacherei arbeiteten fünf Stellmacher. Hiervon sind alleine vier Stellmacher erschossen, während der Betrieb jetzt mit einem Stellmacher aufrechterhalten werden muß. Es fehlen noch weitere Handwerker wie Tischler, Schmiede usw. Es ist mir aber bis heute nicht möglich gewesen, eine genaue Übersicht zu bekommen. Wie ich bereits zu Anfang erwähnt habe, soll[t]en die Handwerkerfamilien ebenfalls verschont bleiben. Heute sieht es aber so aus, daß fast in allen Familien einige Personen fehlen. Von überall gehen Meldungen ein, woraus ersichtlich ist, daß in der einen Familie der Handwerker selbst, in der anderen Familie die Frau un[d] in der nächsten Familie wieder Kinder fehlen. So sind fast alle Familien auseinandergerissen. Ob unter diesen Umständen die nachgebliebenen Handwerker noch mit Lust bei der Arbeit sind und auch dementsprechend schaffen, dürfte sehr zweifelhaft sein, zumal sie z. T. noch heute wegen der Brutalität mit blutiggeschlagenen Gesichtern herumlaufen. Das weißruthenische Volk, welches volles Vertrauen zu uns gewonnen hatte, steht fassungslos da. Obgleich sie verschüchtert sind und nicht wagen, ihre freie Meinung zu sagen, hört man aber doch schon die Ansicht vertreten, daß dieser Tag kein Ruhmesblatt für Deutschland darstellt und daß dieser Tag unvergessen bleibt. Ich bin der Ansicht, daß durch diese Aktion vieles zunichte gemacht worden ist, was wir in den letzten Monaten erreicht hatten, und daß es lange dauern wird, bis wir das verlorene Vertrauen der Bevölkerung wiedergewinnen werden.

Abschließend sehe ich mich gezwungen, darauf hinzuweisen, daß von dem Polizeibataillon während der Aktion in unerhörter Weise geplündert worden ist und zwar nicht nur in jüdischen Häusern, sondern genau so in den Häu[s]ern der Weißruthenen. Alles Brauchbare wie Stiefel, Leder, Stoffe, Gold und sonstige Wertsachen haben sie mitgenommen. Nach Angaben von Wehrmachtsangehörigen wurden den Juden öffentlich auf der Straße die Uhren von den Armen gerissen, die Ringe in brutalster Weise von den Fingern gezogen. Ein Oberzahlmeister erstattet die Meldung, wonach ein jüdisches Mädchen von der Polizei aufgefordert worden sei, sofort 5000 Rubel zu holen, dann würde ihr Vater freigelassen. Tatsächlich soll dieses Mädchen überall umhergelaufen sein, um das Geld zu besorgen.

Auch innerhalb des Ghettos sind die einzelnen Baracken, die von der Zivilverwaltung vernagelt und mit jüdischem Inventar versehen waren, von der Polizei aufgebrochen und ausgeraubt worden. Sogar aus der Kaserne, in der die Einheit untergebracht war, sind für das Lagerfeuer Fensterrahmen und Türen herausgebrochen. Obgleich ich am Dienstagvormittag wegen der Plünderung noch eine Aussprache mit dem Adjutanten des Kommandeurs hatte und mir im Laufe der Unterredung versprochen wurde, daß kein Polizist weiterhin die Stadt betreten würde, sah ich mich verschiedene Stunden später noch gezwungen, zwei litauische Partisanen in voller Bewaffnung zu verhaften, da sie beim Plündern angetroffen wurden. In der Nacht vom Dienstag auf Mittwoch hat das Bataillon in Richtung Baranowitschi die Stadt verlassen. Offensichtlich war das Volk nur einmal froh darüber, als diese Nachricht durch die Stadt ging.

Soweit der Bericht. Ich werde demnächst nach Minsk kommen, um einmal mündlich die Angelegenheit durchzusprechen. Z. Zt. bin ich nicht in der Lage, die Judenaktion weiter durchzuführen. Es muß erst einmal wieder Ruhe eintreten. Ich hoffe, die Ruhe so bald wie möglich wieder herstellen zu können und trotz der Schwierigkeiten auch die Wirtschaft wieder zu beleben. Nur einen Wunsch bitte ich mir noch zu erfüllen: «Verschonen Sie mich in Zukunft unbedingt vor diesem Polizeibataillon!»

gez. Carl[28]
(Gebietskommissar)

Obwohl es nicht viele Dokumente gibt, die über die Beteiligung von Polizeibataillonen am Massenmord an den russischen Juden Auskunft geben, reichen sie doch aus, um über jeden begründeten Zweifel hinaus die zentrale Alibibehauptung zu widerlegen, die von der Ordnungspolizeiführung nach Kriegsende aufgestellt wurde: Daluege sei mit Himmler übereingekommen, daß die Ordnungspolizei die Sicherheitspolizei durch die Übernahme von Wachdienst und anderen Aufgaben unterstützen solle, sich aber nicht selbst an Erschießungen beteiligen dürfe. Diese Alibibehauptung – die derjenigen der Waffen-SS-Angehörigen ähnelt, die nach dem Krieg erklärten, an den ideologisch begründeten Aktionen der übrigen SS unbeteiligt und als normale Soldaten aktiv gewesen zu sein – wurde in mindestens einem Fall erfolgreich vor Gericht vertreten. Beim Prozeß gegen Angehörige des Polizeibataillons 11 akzeptierte das Gericht die Darstellung der Angeklagten, daß es ihnen nach nur zwei Exekutionen, die sie auf Befehl der Wehrmacht durchgeführt hätten, gelungen sei, unter Hinweis auf die von Daluege erreichte Zusage ihre Rückbeorderung nach Kauen durchzusetzen.[29]

Die vorhandenen Dokumente belegen, daß sich die Ordnungspolizei im Sommer und Herbst 1941 sowohl im Zuständigkeitsbereich der Höheren SS- und Polizeiführer Nord, Mitte und Süd als auch in *Białystok* direkt an den Massenexekutionen russischer Juden beteiligte. Außerdem ereigneten sich die Massaker von *Białystok* (Mitte Juli) und von *Minsk* (1. September) jeweils unmittelbar, nachdem Daluege und Bach-Zelewski – und im ersten Fall auch Himmler – vor Ort gewesen waren. Es war eindeutig so, daß Daluege die Ordnungspolizisten nicht von einer Beteiligung am Massenmord abhielt, sondern sie geradewegs dazu anspornte.

Hinsichtlich der Massenerschießungen, die in Rußland nach dem Herbst 1941 stattfanden, ist die Quellenlage weniger gut; aller Wahrscheinlichkeit nach wirkte die Ordnungspolizei dabei jedoch weit seltener mit als zuvor. Wesentliche Ausnahme war die umfangreiche Beteiligung von Ordnungspolizisten an der Erschießung von Juden in der Gegend von *Pinsk* im Herbst 1942.[30] In der militärischen Krisensituation des Winters 1941/42 wurden viele Polizeibataillone zum Frontdienst gedrängt. Andere mußten mit dem zunehmenden Widerstand der Partisanen fertig werden. Außerdem stieg 1942 die Zahl der Männer, die aus der einheimischen Bevölkerung für die der Ordnungspolizei unterstellten Hilfstruppen rekrutiert wurden, um beinahe das Zehnfache: von 33 000 auf 300 000.[31] Man tendierte dazu, die eigentlichen Erschießungen immer mehr diesen Verbänden zu übertragen, um die deutschen Polizisten auf Kosten der Kollaborateure psychisch zu entlasten. Die schwere psychische Belastung wirkte sich selbst auf Bach-Zelewski aus. Der SS-Arzt, der Reichsführer Himmler im Frühjahr 1942 von Bach-Zelewskis ernstlicher Erkrankung berichtete, merkte an, der SS-Führer leide «insbesondere an Vorstellungen im Zusammenhang mit den von ihm selbst geleiteten Judenerschießungen und anderen schweren Erlebnissen im Osten»[32].

KAPITEL 4

Die Deportationen

Genau in dem Moment, als die Ordnungspolizei im Herbst 1941 bei der Vernichtung des russischen Judentums eine geringere Rolle zu spielen begann, übernahm Daluege eine neue, für die Verwirklichung der «Endlösung» entscheidende Aufgabe: die Bewachung der Deportationszüge «in den Osten». Ende September 1941 genehmigte Hitler den Beginn der Judendeportationen aus dem deutschen Reichsgebiet. Organisiert werden sollten sie von Heydrichs «Judenexperten» in Berlin, Adolf Eichmann, und den regionalen Dienststellen der Sicherheitspolizei in ganz Deutschland.[1] Die einzigen Ausnahmen bildeten Wien und Prag, wo die Deportationen durch die – von Eichmann vor dem Krieg geschaffenen und mit handverlesenen eigenen Leuten besetzten – «Zentralstellen für jüdische Auswanderung» abgewickelt werden sollten. Es dauerte nicht lange, bis Heydrich und Daluege sich über die für erforderlich erachtete Arbeitsteilung geeinigt hatten: Dalueges Ordnungspolizei übernahm die Bewachung der von Heydrichs Sicherheitspolizei organisierten Transporte. Vor jeder neuerlichen Deportationswelle erhielt die Ordnungspolizei vor Ort die Anweisung, den Wünschen der Sicherheitspolizei entsprechend die vereinbarten Transportwachen zu stellen, die in der Regel aus einem Offizier und 15 Mann pro Transport bestanden.[2]

Welchen Umfang hatten nun diese Einsätze? Vom Herbst

1941 bis zum Frühjahr 1945 brachten über 260 Züge deutsche, österreichische und tschechische Juden entweder direkt zu den Ghettos und Vernichtungslagern «im Osten» (Polen und Rußland) oder zunächst ins Durchgangsghetto Theresienstadt nördlich von Prag und dann von dort «in den Osten»[3]. Mindestens 147 Züge aus Ungarn, 87 aus Holland, 76 aus Frankreich, 63 aus der Slowakei, 27 aus Belgien, 23 aus Griechenland, 11 aus Italien, 7 aus Bulgarien und 6 aus Kroatien – also zusätzlich knapp 450 Züge aus West- und Südeuropa – wurden zumindest auf einer Teilstrecke von deutschen Wachen begleitet.[4] Über die Zahl der Deportationszüge, die die Juden aus den polnischen Städten in die nahe gelegenen Vernichtungslager brachten, gibt es bisher nicht einmal Schätzungen; fest steht nur, daß es viele hundert waren. Praktisch alle diese Züge wurden von Ordnungspolizisten bewacht.

Mit welchen Erlebnissen waren die Polizisten dabei konfrontiert? Eine plastische Schilderung ist bereits sowohl auf englisch als auch auf deutsch veröffentlicht worden: der Bericht von Leutnant Paul Salitter über die Bewachung eines Deportationszuges von Düsseldorf nach Riga am 11. Dezember 1941.[5] Zwei andere Berichte – über einen Deportationszug von Wien nach Sobibor und einen von Kolomea in Galizien nach Belzec – sind insofern erwähnenswert, als sie verdeutlichen, was zahlreiche Ordnungspolizeieinheiten während des Krieges mehr als eintausendmal getan haben. Zunächst der Wiener Transport:

152. Polizeirevier
27/II, Reichsbrückenstraße 46 Wien, den 20. Juni 1942

Erfahrungsbericht.

Betr.: Transportkommando für den Judentransport Wien-Aspangbahnhof nach Sobibor am 14.6.1942.
Bezug: [...] v. 20.3.1942.

Das Transportkommando bestand aus Rev[ier] Lt. d. [S]ch. Fischmann als Führer, 2 Hauptw. d. Sch. und 13 Wachtm. d. Sch. d. Res. (SB) der 1. Polizei-Reservekompanie Ost. Der Dienst des Transportkommando[s] wurde am 14.6.1942 um 11.00 Uhr nach vorheriger fernmündlicher Anfrage bei SS-Hauptsturmführer Brunner am Aspangbahnhof angetreten.

1. *Einwag[g]onierung der Juden:*
Die Einwaggonierung der Juden in den bereitgestellten Sonderzug auf dem Aspangbahnhof begann um 12.00 Uhr unter Leitung und Aufsicht des SS-Hauptsturmführers Brunner und des SS-Hauptscharführers Girzik der Zentralstelle für jüdische Auswanderung und wickelte sich glatt ab. Damit setzte zugleich der Bewachungsdienst des Transportkommandos ein. Insgesamt wurden 1000 Juden abtransportiert. Die listenmäßige Übernahme der Juden erfolgte um 16.00 Uhr. Das Transportkommando mußte sich infolge Waggonmangels an Stelle eines Wagens zweiter Klasse mit einem solchen dritter Klasse begnügen.

2. *Fahrt von Wien nach Sobibor:*
Der Zug Da 38 wurde am 14.6.1942 um 19.08 Uhr von Wien abgefertigt und fuhr über Lundenburg [Breclar], Brünn [Brno], Neiße [Nysa], Oppeln [Opole], Tschenstochau [Czestochowa], Kielce, Radom, Deblin, Lublin, Chelm nach Sobibor, nicht wie vorgesehen nach Izbica. Ankunft in Sobibor am 17.6.42 um 08.15 Uhr. In Lublin, Ankunft am 16.6. um 21.00 Uhr, erwartete der SS-Obersturmführer Pohl den Zug am Bahnhof und ließ 51 arbeitsfähige Juden im Alter von 15 bis 50 Jahren auswaggonieren und in ein Arbeitslager bringen. Zugleich gab er den Auftrag[,] die übrigen 949 Juden in das Arbeitslager nach Sobibor zu bringen. Die beiden Namensverzeichnisse, drei Gepäck-

wagen mit Lebensmittel[n] sowie 100000,– Zloty wurden dem SS-Obersturmführer Pohl in Lublin übergeben. Um 23.00 Uhr erfolgte die Abfahrt von Lublin nach Sobibor. In dem Judenlager Trawnicki, ca. 30 km nach Lublin[,] wurden die drei Waggon[s] mit Gepäck und Lebensmittel[n] dem SS-Scharführer Mayerhofer übergeben.

3. *Übergabe der Juden in Sobibor:*
Der Zug fuhr am 17.6. um 08.15 Uhr in das neben dem Bahnhof Sobibor gelegene Arbeitslager, wo vom Lagerkommandanten Oberlt. d. Sch. Stangl die 949 Juden übernommen und sogleich mit der Auswaggonierung begonnen wurde, welche um 09.15 beendet war.

4. *Abfahrt von Sobibor nach Wien:*
Die Abfahrt von Sobibor erfolgte sogleich nach der Beendigung der Ausladung der Juden mit dem Sonderzug um 10.00 Uhr nach Lublin, wo die Ankunft am 18.6. um 02.30 erfolgte. Für diesen Zug wurden keine Fahrtspesen bezahlt. Von Lublin aus erfolgte am 18.6. um 08.13 Uhr mit dem fahrplanmäßigen Eilzug die Fahrt nach Krakau, wo um 17.30 Uhr des gleichen Tages die Ankunft erfolgte. In Krakau wurde beim Reserve Polizei Batl. 74/3 Komp. genächtigt. Am 19.6. wurden von der genannten Kompanie für 16 Mann je eine Tagesverpflegung an die Männer ausgehändigt. Von Krakau wurde die Weiterreise am 19.6. um 20.08 Uhr ebenfalls mit einem fahrplanmäßigen Eilzug angetreten. Ankunft in Wien Ostbahnhof am 20.6.42 um 06.30 Uhr.

5. *Aufenthalt des Transportkommandos in Krakau:*
Der Aufenthalt des Transportkommandos in Krakau dauerte 26½ Stunden.

6. *Grenzüberschreitung:*
Die Grenze Reich-Generalgouvernement passierte der Sonderzug auf der Hinfahrt am 15.6.42 um 13.45 Uhr, auf der Rückfahrt der fahrplanmäßige Eilzug am 20.6.42 um 00.15 Uhr.

7. *Verpflegung:*
Die Männer des Transportkommandos wurden diesmal für 4 Tage mit der Kaltverpflegung beteilt. Diese bestand aus Wurst, Brot, Marmelade und Butter, war jedoch nicht genügend. In Krakau war die Tagesverpflegung bei der 3. Komp. des Res. Batl. 74 gut und ausreichend.

8. *Vorschläge:*
In Zukunft wäre die Beteiligung der Männer des Transportkommandos mit der Marschverpflegung notwendig, weil die Kaltverpflegung in den Sommermonaten nicht genügend haltbar ist. Die Wurst – es war eine Weichwurst – war schon bei der Ausgabe am 15.6. angelaufen und schlitzig und mußte spätestens am dritten Tage aufgebraucht werden, weil die Gefahr des Verderbens bestand. Für den vierten Tag mußten sich die Männer mit Marmelade begnügen, da auch schon die Butter infolge der großen Hitze in dem Waggon ranzig war. Die Dotierung der Ration ist ebenfalls etwas knapp.

9. *Vorkommnisse:*
Weder bei der Hinfahrt, Aufenthalten in den Bahnhöfen, noch bei der Rückfahrt ergab sich ein Zwischenfall.
[...]

gez. Fischmann, [...]
Revier Lt. d. Schutzpolizei.[6]

Die Deportation der größtenteils ahnungslosen – und mehrheitlich älteren und/oder weiblichen – Wiener Juden verlief derart reibungslos, daß sich Leutnant Fischmann auf Probleme wie die Reise im Dritter-Klasse-Wagen, die unzureichende Mannschaftsverpflegung und seine durch die Sommerhitze verdorbene Butter konzentrieren konnte. Unerwähnt blieb dabei freilich, was die eingesperrten Juden während der einundsechzigstündigen Fahrt ohne Wasser und Nahrung in den geschlossenen Viehwaggons durchgemacht haben müssen. Fischmann war sich bei der Übergabe der 949 Juden an das angebliche Arbeitslager Sobibor jedoch durchaus des Umstandes bewußt, daß sie ohne die als arbeitsfähig ausgewählten Juden und ohne Gepäck und Lebensmittel dorthin gebracht wurden. In *Sobibor* befanden sich die Gaskammern tief im Wald und waren von der Verladerampe aus nicht zu sehen. Doch obwohl ähnliches von Ordnungspolizisten meistens abgestritten wird, haben Fischmann und sein Kommando offenbar das Lager betreten und der «Auswaggonierung» zugesehen.

Für die Ordnungspolizisten, die den Deportationszug aus *Ko-*

lomea in Galizien bewachten, war die Fahrt weit anstrengender als bei dem ohne Zwischenfall verlaufenen Wiener Transport. In Galizien hatten die Juden im Sommer und Herbst 1941 offene Massaker und im Frühjahr 1942 eine erste Deportationswelle erlebt, so daß die Deportationen bei ihrer Fortsetzung im August 1942 für viele der Opfer zweifellos kein unbekanntes Schicksal mehr beinhalteten. Mitte September 1942 berichtete ein Kompanieführer des zum Polizeiregiment 24 gehörenden Reserve-Polizeibataillons 133 über das, was er innerhalb einer Woche bei Deportationsaktionen erlebt hatte.

7./Pol. 24. Lemberg [Lviv], den 14. September 1942
Tgb. Nr. 64/42 (g).

An den Herrn Kommandeur
der Ordnungspolizei
im Distrikt Galizien, Lemberg.

Betrifft: Judenumsiedlung.
Bezug: Befehl v. 31.8.42 d. Kdr. d. Orpo i. [D.] G. Ia-1256-42-Tgb. Nr. 1117/42(g), Vfg. d. SS- u. Pol. Führ. III Tgb. Nr. 474/42 (g) v. 29.8.42.

Nach Durchführung der Aktionen zur Judenumsiedlung am 3. und 5.9.42 in Skole, Stryj und Chodorow, bei der als Führer der eingesetzten Orpo-Kräfte Hauptm. d. Sch. Kröpelin bestellt worden war und von dem hierüber besonders berichtet worden ist, traf die 7./Pol. 24 befehlsgemäß am 6.9.42 abends in Kolomea ein. Hier wurde von mir unverzüglich die Fühlung mit dem Kriminalkommissar und SS-Ostuf. Leitmaritz, Leiter der Außenstelle der Sich.-Pol. in Kolomea und Rev. Obltn. Hertel von der Schutzpol. Dienstabteilung Kolomea aufgenommen.

Die für den 7.9.42 angesetzte Aktion in Kolomea war für alle beteiligten Kräfte entgegen den Erfahrungen in Stryj erleichtert und gut vorbereitet. Von den genannten Dienststellen und dem Arbeitsamt in Kolomea war die Parole an die Juden ausgegeben worden, sich zur Registrierung am 7.9. – 5.30 Uhr, auf dem Sammelplatz des Arbeitsamtes einzufinden. Hier waren zur angegebenen Zeit tatsächlich etwa 5300 Juden aufmarschiert. Mit allen Kräften meiner Kompanie habe ich die Judenviertel abgesperrt und gründlich durchsucht, wobei noch etwa 600 Juden aufgetrieben worden waren.

Die Verladung des Transportzuges war um 19 Uhr abgeschlossen. Es sind 4769 Juden umgesiedelt worden, nachdem von den insgesamt aufgetriebenen Juden etwa 1000 von der Sich.-Pol. freigegeben worden waren. Jeder Waggon dieses Transportes war mit 100 Juden beladen. Die am Tage herrschende große Hitze hat die ganze Aktion stark belastet und auch den Transport sehr erschwert. Nach der ordnungsgemäßen Vernagelung und Plombierung aller Waggons setzte sich der Transportzug gegen 21 Uhr mit einem Begleitkommando von 1/9 [ein Offizier, neun Männer] nach Belzec in Bewegung. Bei der aufkommenden starken Dunkelheit in der Nacht sind mehrere Juden entkommen, die sich nach Entfernung des Stacheldrahtes durch die Luftlöcher hindurchgezwängt haben, wovon jedoch ein Teil sofort von dem Begleitkommando erschossen werden konnte, während der größte Teil der geflüchteten Juden in der Nacht oder am anderen Tage vom Bahnschutz oder anderen Polizeikräften beseitigt worden ist. Dieser Transport konnte ohne nennenswerte Vorkommnisse in Belzec abgeliefert werden, obwohl sich bei der Länge des Zuges und der starken Dunkelheit das Kommando als zu schwach erwiesen hat, wie mir von dem direkt nach Stanislau zurückgekehrten Transportführer der 6./Pol. 24 erst am 11.9. in Stanislau berichtet werden konnte.

Am 7.9. sind circa 300 altersschwache, verseuchte, gebrechliche und nicht mehr transportfähige Juden exekutiert worden. Gemäß dem mir erst am 6.9. zur Kenntnis gekommenen Befehl v. 4.9.42, betr. Judenumsiedlung – hier Munitionsverbrauch[,] sind 90 [%] aller Exekutierten durch Karabiner bzw. Gewehr erschossen worden. Nur in Ausnahmefällen wurde von der Pistole Gebrauch gemacht.

Am 8., 9. und 10.9.42 sind Aktionen in Kuty, Kosow, Horodenka, Zaplatow und Sniatyn durchgeführt worden. Etwa 1500 Juden mußten von Kuty 50 km oder von Kosow 35 km in Fußmärschen nach Kolomea getrieben werden, wo sie mit anderen in der Umgebung zusammengebrachten Juden im Hofe des Gefängnisses der Sipo übernachtet haben. Außer den in Horodenka und in Sniatyn aufgetriebenen Juden, die in je 10 Waggons an diesen Orten von der Sipo bereits eingeladen worden waren, wurden weitere 30 Waggons in Kolomea beladen. Die Gesamtzahl der mit dem Umsiedlungszug am 10.9.42 nach Belzec beförderten Juden hat 8205 betragen.

Bei den Aktionen in der Umgebung von Kolomea am 8., 9. und 10.9.42 mußten etwa 400 Juden aus den bekannten Gründen mit der Schußwaffe beseitigt werden.

Bei dem großen Auftrieb an umzusiedelnden Juden bis zum 10.9. in Kolomea hat trotz der von mir geäußerten Bedenken die Sich.-Polizei alle Juden in die gestellten 30 Waggons verladen. Mit Rücksicht auf die an den Tagen herrschende große Hitze und die Belastung der Juden durch lange Fußmärsche oder durch tagelanges Warten ohne Zuführung nennenswerter Verpflegung war die geschehene übermäßig starke Beladung des größten Teiles der Waggons mit 180 bis 200 Juden derart katastrophal, daß sich der Umstand stark nachteilig für den Transport ausgewirkt hat.

Wie stark die von der Sipo in Horodenka und Sniatyn beladenen je 10 Waggons im einzelnen mit Juden angefüllt waren, entzog sich meiner Kenntnis. Jedenfalls kamen beide Transporte in Kolomea mit vollkommen unzulänglicher Bewachung an, so daß die Vernagelung der Luftlöcher mit Stacheldraht fast restlos entfernt war. Ich habe sobald als möglich die Herausnahme dieser Transporte aus dem Bahnhof in Kolomea erwirkt und die Koppelung mit den weitab vom Bahnhof im Abstellgeleise stehenden 30 Waggons aus Kolomea veranlaßt. Der jüdische Ordnungsdienst und Angehörige des Bahnhofs-Baudienstes (Ostbahn-Rottenarbeiter) von Kolomea wurden eingesetzt, um bis zum Einbruch der Dunkelheit alle ungenügend verschlossenen Waggons in der üblichen Weise ordnungsmäßig zu verschließen. Ein Kommando in der Stärke von 1/15 unter Führung des Hptw. Zitzmann war beauftragt, den abgestellten Umsiedlerzug mit 50 Güterwagen bis zur Abfahrt zu bewachen und jeden Ausbruchversuch zu verhindern. Durch die bereits geschilderte Beanspruchung der Juden, die nachteilige Einwirkung der Hitze und die starke Überladung des größten Teiles der Waggons versuchten die Juden immer wieder aus den abgestellten Waggons auszubrechen, als die Dunkelheit bereits gegen 19.30 Uhr hereingebrochen war. Um 19.50 traf das Begleitkommando zu dem Umsiedlerzug in Stärke von 1/9 unter Führung des Zugw. Jäcklein am Abstellgeleise ein. Ausbruchversuche aus dem abgestellten Zug während der Dunkelheit konnten entweder verhindert oder die ausgebrochenen Juden auf der Flucht erschossen werden. In sämtlichen Waggons hatten sich die Juden unter dem Einfluß der Hitze vollständig nackt ausgezogen.

Als der Zug um 20.50 Uhr planmäßig in Kolomea abfuhr, rückte das Bewachungskommando in die Unterkunft ein. Das Begleitkommando war, wie zunächst von mir bestimmt, mit 5 Wchtm. (SD) auf 1 Personenwagen am Anfang und 5 Wchtm. (SD) auf 1 Pers.Wagen am Ende des Zuges verteilt. Wegen der Länge des Zuges und seiner Gesamtverladungsstärke von 8205 Juden erwies sich diese Verteilung als unzweckmäßig. Zugw. J. ordnete beim nächsten Halt eine Verteilung der Bewachungskräfte auf den ganzen Zug an. Die Wachtm. mußten sich während der ganzen Fahrt in den Bremshäuschen aufhalten, um auf diese Weise am wirkungsvollsten den Fluchtversuchen der Juden entgegentreten zu können. Schon nach kurzer Fahrzeit versuchten die Juden, bei einzelnen Waggons nach allen Seiten und sogar die Wagendecken zu durchbrechen. Es gelang ihnen auch teilweise[,] dieses Vorhaben auszuführen, sodaß schon 5 Stationen vor Stanislau Zugw. Jäcklein den Bahnhofsvorsteher in Stanislau fernmündlich bat, Nägel und Bretter für eine behelfsmäßige Verschließung der schadhaften Waggons bereitzulegen und den Bahnschutz zur Bewachung des Transportes anzufordern. Als der Zug in Stanislau eintraf, waren Handwerker des Bahnhofs Stanislau und der Bahnschutz zugegen, um die notwendigen Reparaturen durchzuführen und zusätzlich die Bewachung des Zuges zu übernehmen.

Die Arbeiten nahmen 1 ½ Stunden in Anspruch. Als der Zug nach dieser Zeit weiterfuhr, stellte sich beim nächsten Anhalten nach einigen Stationen heraus, daß schon wieder größere Löcher in mehreren Waggons von den Juden ausgebrochen und der größte Teil des an den Lüftungsfenstern außen angebrachten Stacheldrahtes abgerissen worden waren. In einem Waggon war sogar von den Juden mit Hammer und Zange gearbeitet worden. Sie erklärten auf Befragen, daß ihnen diese Handwerkszeuge von der Sipo mit der Erklärung überlassen worden seien, daß sie dasselbe an ihrem nächsten Arbeitsplatz gut gebrauchen könnten. Zugw. J. ließ sich das Handwerkszeug von den Juden aushändigen. Während der Weiterfahrt des Transportzuges mußte bei jedem Anhalten auf einer Station der Zug behelfsmäßig vernagelt werden, da anderenfalls eine Weiterfahrt überhaupt nicht möglich gewesen wäre.

Um 11.15 Uhr traf der Zug in Lemberg ein. Da keine Ablösung für das Begleitkommando eingetroffen war, mußte das Begleitkommando J. die Bewachung des Zuges bis Belzec übernehmen. Der Zug fuhr nach kurzem Aufenthalt im Bahnhof Lemberg zum Vorortbahnhof Klaparow, wo SS-Ostuf. Schulze 9 Waggons, die mit «L» bezeichnet und für das Zwangsarbeitslager bestimmt waren, übergeben und hier entladen wurden. SS-Ostuf. Schulze hat dann wieder etwa 1000 Juden dazuladen lassen. Gegen 13.30 ging der Transport in Richtung Belzec weiter.

Beim Maschinenwechsel in Lemberg wurde eine so alte Maschine vorgespannt, daß die Weiterfahrt nur mit dauernden Unterbrechungen möglich war. Die langsame Fahrt wurde immer wieder von den noch kräftigsten Juden benutzt, um sich durch die gewaltsam geschaffenen Öffnungen zu zwängen und in der Flucht ihr Heil zu suchen, da sie sich beim Absprung von dem langsam fahrenden Zug kaum verletzten. Trotz der wiederholten Aufforderung an den Zugführer, schneller zu fahren, war ihm dieses unmöglich, sodaß das häufige Anhalten auf offener Strecke zunehmend unangenehmer wurde.

Das Kommando hatte die mitgeführte Munition kurz hinter Lemberg bereits verschossen und auch weitere 200 Schuß Munition, die es von Wehrmachtsangehörigen erhalten hatte, verbraucht, sodaß es sich für den Rest der Fahrt mit Steinen vom fahrenden Zug und mit dem aufgepflanzten Seitengewehr beim anhaltenden Zug helfen mußte.

Die immer größer werdende Panik unter den Juden, hervorgerufen durch die starke Hitze, Überfüllung der Waggons und den Leichengestank – es befanden sich beim Ausladen der Waggons etwa 2000 Juden tot im Zuge – machten den Transport fast undurchführbar. Um 18.45 Uhr kam der Transportzug in Belzec an und wurde um 19.30 Uhr von Zugw. Jäcklein an den SS-Ostuf. und Leiter des dortigen Lagers übergeben. Bis zur Entladung des genannten Transportes gegen 22 Uhr mußte sich Jäcklein im Lager aufhalten, während das Begleitkommando zur Bewachung der außerhalb des Lagers abgestellten Waggons eingesetzt wurde.

Die Anzahl der auf diesem Transport entwichenen Juden kann wegen der geschilderten besonderen Verhältnisse nicht angegeben werden. Es ist jedoch anzunehmen, daß mindestens ⅔ der geflüchteten Juden erschossen oder auf andere Weise unschädlich gemacht werden konnten.

Bei den Aktionen selbst in der Zeit vom 7. bis 10.9.42 sind keine besonderen Vorkommnisse eingetreten. Die Zusammenarbeit der eingesetzten Orpokräfte mit den Kräften der Sicherheitspolizei war gut und reibungslos.

gez. Westermann
Leutnant d. SchP. d. Res. und Komp.-Führer.[7]

Durch dieses Dokument wird vieles deutlich: die verzweifelten Versuche der deportierten Juden, dem Todeszug zu entkommen; die geringe Zahl der von den Deutschen eingesetzten Kräfte (nur 10 Mann zur Bewachung von über 8000 Juden); die unvorstellbar schrecklichen Bedingungen (kilometerlange Gewaltmärsche, fürchterliche Hitze, tagelang ohne Nahrung und Wasser, 200 Personen dichtgedrängt in einem Waggon etc.), durch die im Zug bereits 25 Prozent der deportierten Juden an Hitzschlag, Erstickung oder Erschöpfung starben (von den Erschießungen ganz zu schweigen, die so häufig vorkamen, daß die Wachen ihren gesamten Munitionsvorrat einschließlich Nachschub verbrauchten); die beiläufige Nachricht, daß bei jeder Deportation schon im Vorfeld Hunderte von Juden, die für den Transport als zu alt, zu schwach oder zu krank galten, routinemäßig erschossen wurden. Außerdem war diese «Aktion», wie aus dem Dokument hervorgeht, nur eine von vielen, an denen sich Angehörige des Reserve-Polizeibataillons in Zusammenarbeit mit der Sicherheitspolizei im Spätsommer 1942 in Galizien beteiligten.

Von all dem, was wir gerne über die Vollstrecker der «Endlösung» auf unterster Ebene wüßten, erzählen solche Dokumente allerdings wenig. Diese Männer waren keine Schreibtischmörder, die sich hinter räumlicher Distanz oder Routine verstecken und die Realität des Massenmords durch bürokratische Euphemismen verschleiern konnten. Sie sahen ihre Opfer von Angesicht zu Angesicht. Ihre Kameraden hatten bereits alle als «transportunfähig» erachteten Juden erschossen, und sie selbst arbeiteten anschließend stundenlang mit brutalen Mitteln daran, ihre Opfer an der Flucht aus dem Zug – und damit an der Flucht vor den Gaskammern von Belzec – zu hindern. Keiner der Männer, die bei den oben geschilderten Vorgängen mitmachten, dürfte die geringsten Zweifel darüber gehabt haben, woran er sich da beteiligte: an einem Massenmordprogramm zur Vernichtung der galizischen Juden.

Aber wie entwickelten sich diese Männer zu Massenmördern? Was geschah in ihrer Einheit, als sie zum erstenmal mordete? Blieb den Polizisten überhaupt eine Wahl, und wenn ja, wie reagierten sie? Was durchlebten sie, als sich das Morden wochen- und monatelang hinzog? Dokumente wie das über den Kolomea-Transport vermitteln uns zwar ein lebhaftes Bild von einem einzelnen Vorfall, geben aber keinen Einblick in die persönliche Entwicklung und die gruppendynamischen Vorgänge, die aus ganz normalen deutschen Männern mittleren Alters Massenmörder werden ließen. Aus diesem Grunde wenden wir uns nun wieder der Geschichte des Reserve-Polizeibataillons 101 zu.

KAPITEL 5

Das Reserve-Polizeibataillon 101

Als die deutsche Wehrmacht im September 1939 in Polen einmarschierte, gehörte das in Hamburg stationierte Polizeibataillon 101 zu den ersten, die einem Heeresverband angegliedert und nach Polen geschickt wurden. Hinter Oppeln in Schlesien überschritt das Bataillon die Grenze, passierte *Częstochowa (Tschenstochau)* und erreichte die polnische Stadt *Kielce*. Dort übernahm es die Aufgabe, hinter den deutschen Linien versprengte polnische Soldaten gefangenzunehmen, zurückgelassenes polnisches Kriegsgerät einzusammeln und ein Kriegsgefangenenlager zu bewachen. Am 17. Dezember 1939 kehrte das Bataillon nach Hamburg zurück und mußte rund 100 seiner Berufspolizisten abgeben, die zur Bildung zusätzlicher Einheiten versetzt wurden. An ihrer Stelle kamen Reservisten mittleren Alters, die im Herbst 1939 eingezogen worden waren.[1]

Nach einer Ausbildungsphase wurde das Bataillon im Mai 1940 von Hamburg in den sogenannten Warthegau verlegt – eine der vier westpolnischen Regionen, die das «Dritte Reich» als «angegliederte Ostgebiete» annektiert hatte. Während der fünf Monate, die das Polizeibataillon bis Ende Juni in *Poznań (Posen)* und dann in Lodz (von den siegreichen Deutschen in Litzmannstadt umbenannt) stationiert war, führte es «Aussiedlungsaktionen» durch. Als Teil des demographischen Programms, mit dem

Hitler und Himmler die gerade erst annektierten Regionen «einzudeutschen» – das heißt, mit «reinrassigen» Deutschen zu bevölkern – gedachten, sollten alle Polen sowie andere «unerwünschte Elemente» – Juden und «Zigeuner» – aus den «angegliederten Ostgebieten» nach Mittelpolen vertrieben werden. Ein Abkommen zwischen Deutschland und der Sowjetunion sah vor, «Volksdeutsche», die auf sowjetischem Gebiet lebten, «heim ins Reich» zu holen und auf den Höfen und in den Häusern der vertriebenen Polen anzusiedeln. Zwar wurde die von Hitler und Himmler angestrebte «Rassenreinheit» der «angegliederten» Gebiete nie erreicht, aber Hunderttausende von Menschen wurden wie Schachfiguren verschoben und herumgestoßen, um den nationalsozialistischen Vorstellungen von einem rassisch neustrukturierten Osteuropa zu genügen.

In einem zusammenfassenden Bericht rühmte sich das Bataillon, bei der «Aussiedlung» eifrig mitgewirkt zu haben:

«In pausenlosen Tag- und Nachteinsätzen wurden die Kräfte 100% in allen Regierungs-Bezirken des Warthegaues eingesetzt. Im Durchschnitt wurden täglich etwa 350 polnische Bauernfamilien evakuiert. [...] In Hochzeiten der Evakuierungs-Periode konnten sie 8 Tage und Nächte nicht in den Standort zurückgezogen werden. Gelegenheit zum Schlafen bot sich den Männern nur bei nächtlichen Fahrten auf Mlkw. zu den Einsatzorten. Im Höchsteinsatz evakuierte das Batl. lediglich mit eigenen Einsatzkräften und unterstellten 10 Dolmetschern rund 900 Familien [...] an einem Tage.»

Aus der Zielgruppe von 58628 Menschen «evakuierte» das Bataillon insgesamt 36972. Rund 22000 Menschen entzogen sich dieser Maßnahme durch Flucht.[2] Rückblickend schildert einer der eingezogenen Reservisten, Bruno Probst* die Rolle des Bataillons folgendermaßen:

Bei den Aussiedlungen der Landbevölkerung, also vornehmlich in den kleineren Ortschaften, kamen die ersten von mir miterlebten Aus-

* Aus Datenschutzgründen eingeführte Pseudonyme werden bei erstmaligem Vorkommen durch ein Sternchen kenntlich gemacht.

schreitungen und Tötungen vor. Es war stets so, daß bei unserem Eintreffen in den Orten bereits die sogen. Aussiedlungskommission anwesend war. [...] Diese sogen. Aussiedlungskommissionen setzten sich aus Angehörigen der schwarzen SS, aus SD und aus Zivilisten zusammen. Von ihnen erhielten wir Karten, auf denen Nummern standen. Die Häuser der Orte waren durch gleichlautende Nummern gekennzeichnet. Die an uns ausgehändigten Karten bezeichneten uns die Häuser, die von uns geräumt werden sollten. Während der ersten Zeit waren wir bemüht, sämtliche Personen aus den Häusern zu holen, ohne Rücksicht darauf, ob es Greise, Kranke oder Kleinstkinder waren. Unser Vorgehen wurde aber bald von den Angehörigen der Aussiedlungskommission gerügt. Sie beanstandeten, daß wir uns mit Greisen und Kranken abschleppten. Zwar gab man uns anfänglich nicht den Befehl, diese an Ort und Stelle zu erschießen, sondern begnügte sich erst einmal damit, uns klar zu machen, daß man mit solchen Personen doch nichts anfangen könne. In zwei Fällen habe ich erlebt, daß solche Leute an den Sammelplätzen erschossen wurden. Im ersten Falle war es ein alter Mann und im zweiten Falle eine alte Frau. [...] Weiter möchte ich meinen, daß diese beiden Personen nicht von Mannschaften erschossen wurden, sondern von Unterführern.[3]

Die «Aussiedlungsaktionen» waren auch noch anderen Bataillonsangehörigen im Gedächtnis, doch keiner davon konnte oder wollte sich an diese oder ähnliche Gewalttaten erinnern.[4] Ein Polizist entsann sich allerdings der Tatsache, daß das Bataillon während seines Aufenthaltes in *Poznań (Posen)* der Sicherheitspolizei Erschießungskommandos für die Exekution von 100 bis 120 Polen zur Verfügung gestellt hatte.[5]

Nach den «Aussiedlungsaktionen» führte das Bataillon als nächstes «Befriedungsaktionen» durch. Bei der Durchsuchung von Dörfern und Wäldern nahm es 750 Polen gefangen, die den früheren «Evakuierungen» entkommen waren. Die Aufgabe der Polizisten wurde dadurch erschwert, daß selbst die neuangekommenen «Volksdeutschen» nicht immer die unerlaubte Anwesenheit ehemaliger polnischer Bewohner meldeten, weil sie hofften, sich auf diese Weise billige Arbeitskräfte sichern zu können.[6]

Am 28. November 1940 übernahm das Bataillon die Bewachung des Ghettos von Lodz. Durch einen Stacheldrahtzaun waren die 160000 Lodzer Juden bereits sieben Monate vorher, Ende April 1940, von der übrigen Stadt abgetrennt worden. Für das Polizeibataillon 101 wurde der Wachdienst am Ghetto nun zur Hauptaufgabe. Man hatte festen Befehl, «ohne weiteres» jeden Juden zu erschießen, der die Warnschilder mißachtete und dem Zaun zu nahe kam. Dieser Befehl wurde befolgt.[7]

Keiner der Männer von Bataillon 101 entsann sich jedoch, daß es in Lodz zu Exzessen gekommen wäre, wie sie sich etwa bei der Bewachung des Warschauer Ghettos durch die 1. Kompanie des Polizeibataillons 61 abspielten. Dort ermunterte der Kompanieführer offen dazu, an der Ghettomauer scharf zu schießen. Den Aufenthaltsraum der Kompanie «zierten» rassistische Sprüche, und über dem Tresen hing ein Davidsstern. Für jeden erschossenen Juden wurde eine Kerbe in die Kantinentür gemacht, und an Tagen, an denen man eine hohe Zahl von Erschießungen melden konnte, wurden dem Vernehmen nach «Siegesfeiern» abgehalten.[8]

Da die Männer des Bataillons 101 außerhalb des Stacheldrahtzauns stationiert waren, hatten sie eher Kontakt zur nichtjüdischen Bevölkerung als zu den eingesperrten Juden. Laut Bruno Probst sollen sich die Wachen an der Durchgangsstraße, die das Lodzer Ghetto in zwei Hälften teilte, gelegentlich einen «Spaß» daraus gemacht haben, ihre Uhren vorzustellen, um Polen aufgrund eines angeblichen Verstoßes gegen die Ausgangssperre festnehmen und schlagen zu können. Probst konnte sich auch daran erinnern, daß eine betrunkene Wache, die an Silvester unbedingt einen Polen erschießen wollte, irrtümlich einen «Volksdeutschen» traf und den Vorfall dadurch vertuschte, daß sie den Personalausweis des Opfers gegen einen anderen austauschte.[9]

Im Mai 1941 kehrte das Bataillon nach Hamburg zurück und wurde «praktisch aufgelöst». Alle Bataillonsangehörigen, die noch vor dem Krieg rekrutiert worden waren und keinen Unteroffiziers- oder höheren Rang bekleideten, wurden auf andere Verbände verteilt und die Mannschaften sodann mit eingezogenen Reservisten aufgefüllt. Damit war das Bataillon zu einem «reinen Reservebataillon» geworden, wie ein Polizist später erklärte.[10]

Von Mai 1941 bis Juni 1942 wurde das Bataillon neu strukturiert und einer intensiven Ausbildung unterzogen. Aus dieser Zeit sind den Männern nur wenige Zwischenfälle in Erinnerung geblieben, darunter die Bombardierung Lübecks im März 1942, weil Einheiten des Bataillons unmittelbar nach dem Angriff in die zerstörte Stadt geschickt worden waren.[11] Außerdem konnten sie sich an die Deportation von Hamburger Juden erinnern.

Von Mitte Oktober 1941 bis Ende Februar 1942 brachten 59 Transporte über 53000 Juden und 5000 Sinti und Roma aus dem Deutschen Reich «in den Osten», in diesem Fall nach *Lodz, Riga, Kowno (Kaunas)* und *Minsk*. Bei den fünf Transporten nach *Kowno* und dem ersten nach Riga wurden die Verschleppten gleich nach der Ankunft umgebracht.[12] Bei den übrigen wurden die Deportierten nicht sofort «liquidiert», sondern zunächst in die Ghettos von Lodz (dorthin kamen die 5000 österreichischen «Zigeuner»), Minsk und Riga gesperrt. Vier dieser Transporte kamen aus Hamburg.

Der erste ging am 25. Oktober 1941 mit 1034 Juden nach Lodz ab, der zweite am 8. November mit 990 Juden nach Minsk. Der dritte Transport machte sich am 18. November mit 408 Hamburger und 500 Bremer Juden nach Minsk auf den Weg, der vierte verließ Hamburg am 4. Dezember mit 808 Juden und hatte Riga zum Ziel.[13]

Einheiten des Reserve-Polizeibataillons 101 waren mit verschiedenen Phasen der Hamburger Deportationen befaßt. Sammelpunkt für die zu Deportierenden war das Freimaurerhaus an der Moorweide, das die Sicherheitspolizei beschlagnahmt hatte. Es befand sich zwischen der Universitätsbibliothek und einem Wohnblock nur ein paar hundert Meter vom stark frequentierten Bahnhof Dammtor entfernt und war damit kaum ein Ort, von dem gesagt werden könnte, er sei unauffällig und außerhalb des Blickfeldes der Hamburger Bürger gelegen. Einige Ordnungspolizisten des Bataillons 101 versahen den Wachdienst am Freimaurerhaus, wo die eintreffenden Juden registriert und auf Lastwagen verladen wurden, die sie zum Bahnhof Sternschanze brachten.[14] Dort bewachten andere Bataillonsangehörige die Verladung auf die Züge.[15] Darüber hinaus stellte das Bataillon 101 die Begleitmannschaften für mindestens drei der vier Transporte – den ersten am 25. Oktober nach Lodz, den zweiten am 8. November nach Minsk und den letzten am 4. Dezember nach Riga.[16] Laut Angaben des beteiligten Hans Keller* waren die Begleitkommandoposten wegen der damit verbundenen Reisemöglichkeiten «sehr begehrt» und wurden nur wenigen «Bevorzugten» zuteil.[17]

Bruno Probst, der den Transport vom 8. November nach Minsk begleitete, erinnerte sich an folgende Einzelheiten:

In Hamburg hatte man damals den Juden gesagt, daß sie im Osten ein geschlossenes neues Siedlungsgebiet zugewiesen bekämen. Die Verladung der Juden erfolgte auch in normalen Personenwagen. Weiter entsinne ich mich, daß man gem. den Umsiedlungsgesprächen auch zwei Waggons mit Werkzeugen, Schaufeln, Hacken usw. sowie Großküchen mitführte. Für unser Begleitkommando wurde ein Wagen 2. Klasse angehängt. In den Wagen der Juden selbst waren keine Wachposten. Lediglich bei irgendwelchen Aufenthalten mußte der Zug von beiden Seiten bewacht werden. Nach etwa 4 Tagen Bahnfahrt erreichten wir in den Nachmittagsstunden Minsk. Dieses Fahrtziel erfuhren wir erst während der Reise, als wir bereits Warschau passiert hatten. In Minsk wurde unser Transport nun von einem SS-Kommando erwartet. Gleichfalls ohne Bewachung wurden die Juden hier nun auf bereitstehende Lkws verladen und abgefahren. Lediglich ihr Gepäck, das sie von Hamburg aus mitnehmen durften, mußten sie im Zug zurücklassen. Es hieß, es würde ihnen nachgefahren. Auch unser Kommando ist dann anschließend zu einer russischen Kaserne gefahren, in der ein aktives [also nicht zur Reserve gezähltes] Polizeibataillon (deutsches) untergebracht war. In unmittelbarer Nähe befand sich das Judenlager. Hier sollten wir die Nacht verbringen, um am nächsten Tage zurückzufahren. Aus Gesprächen mit Angehörigen des vorgenannten Pol. Batl. erfuhren wir, daß diese Einheit schon seit Wochen in Minsk Juden erschossen hatte. Wir schlossen daraus, daß auch unsere Hamburger Juden dort erschossen werden sollten.

Da der Führer des Begleitkommandos, Oberleutnant Hartwig Gnade, damit nichts zu tun haben wollte, blieb man jedoch nicht in der Kaserne. Vielmehr kehrten die Männer zum Bahnhof zurück und verließen Minsk mit einem Nachtzug.[18]

Von der Arbeit des Ordnungspolizeikommandos, das den Transport von Hamburg nach Riga bewachte, ist keine Meldung überliefert. Aus einem Bericht über einen «Judentransport» von Düsseldorf nach Riga am 11. Dezember geht jedoch deutlich hervor, daß die Polizisten dort genausoviel erfuhren wie ihre Hamburger Kollegen in Minsk:

Riga umfaßt etwa 360000 Einwohner, darunter befanden sich etwa 35000 Juden. Die Juden waren in der Geschäftswelt überall führend. Ihre Geschäfte sind jedoch sogleich nach dem Einmarsch der deutschen Truppen geschlossen und beschlagnahmt worden. Die Juden selbst wurden in einem durch Stacheldraht abgeschlossenen Ghetto an der Düna [Dvina] untergebracht. Zur Zeit sollen sich in diesem Ghetto nur 2500 männliche Juden, die als Arbeitskräfte verwendet werden, befinden. Die übrigen Juden sind einer anderen zweckentsprechenden Verwendung zugeführt bzw. von den Letten erschossen worden. [...] Ihr Haß gilt insbesondere den Juden. Sie [die Letten] haben sich daher vom Zeitpunkt der Befreiung bis jetzt sehr ausgiebig an der Ausrottung dieser Parasiten beteiligt. Es erscheint ihnen aber, was ich insbesondere beim lettischen Eisenbahnpersonal feststellen konnte, unverständlich, weshalb Deutschland die Juden nach Lettland bringt und sie nicht im eigenen Lande ausrottet.[19]

Im Juni 1942 wurde das Reserve-Polizeibataillon 101 wieder nach Polen verlegt. Nur wenige der Unteroffiziere waren bereits beim ersten Einsatz in Polen dabeigewesen, und kaum 20 Prozent der Männer hatten an der zweiten im «Warthegau» teilgenommen. Einige von ihnen waren in *Poznań* und *Lodz* Zeugen von «Exzessen» gewesen, wie sie es nannten. Ein paar mehr hatten einen der «Judentransporte» von Hamburg nach Lodz, Minsk oder Riga begleitet, wobei es bei den beiden letztgenannten Orten, wie erwähnt, kaum zu vermeiden war, etwas vom Massenmord an den Juden in Rußland zu erfahren. Mehrheitlich dienten im Reserve-Polizeibataillon nun jedoch Männer, die die deutschen Besatzungsmethoden in Osteuropa noch nicht aus eigener Anschauung kannten und – abgesehen von den ältesten, die noch am Ersten Weltkrieg teilgenommen hatten – auch keinerlei Militärerfahrung besaßen.

Das Bataillon bestand aus 11 Offizieren, 5 Verwaltungsbeamten (die für finanzielle Angelegenheiten im Hinblick auf Sold, Proviant, Quartier usw. zuständig waren) sowie 486 Unteroffizieren und Mannschaften.[20] Zur Auffüllung kamen in letzter Minute noch Truppen aus Wilhelmshaven und dem schleswig-holsteinischen Rendsburg sowie aus dem weiter entfernten Luxemburg hinzu. Der größte Teil der Mannschaften stammte aber nach wie vor aus Hamburg und Umgebung und prägte das Bataillon so stark, daß sich nicht nur die Luxemburger, sondern auch die Wilhelmshavener und Rendsburger als Außenseiter vorkamen.[21]

Das Reserve-Polizeibataillon war in drei Kompanien mit jeweils rund 140 Mann Maximalstärke unterteilt. Zwei der Kompanien wurden von je einem Polizeihauptmann befehligt, die dritte vom dienstältesten Reserveleutnant des Bataillons. Jede Kompanie bestand aus drei Zügen, zwei davon kommandierte je ein Reserveleutnant und den dritten der dienstälteste Hauptwachtmeister des Zuges. Jeder Zug war in vier Gruppen unterteilt, die jeweils einem Hauptwachtmeister oder Wachtmeister unterstanden. Die Männer waren mit Karabinern ausgerüstet, die Unteroffiziere mit Maschinenpistolen. Außerdem hatte jede Kompanie einen Trupp mit schwerem Maschinengewehr. Neben den drei Kompanien gab es noch das Personal des Bataillonsstabs, zu dem außer den fünf Verwaltungsbeamten ein Arzt, ein Sanitäter sowie mehrere Fahrer, Schreiber und Mitglieder des Nachrichtenzuges gehörten.

Das Bataillon wurde von dem dreiundfünfzigjährigen Wilhelm Trapp befehligt, der schon am Ersten Weltkrieg teilgenommen und das Eiserne Kreuz Erster Klasse erhalten hatte. Nach dem Krieg war er Berufspolizist geworden, hatte sich nach oben gearbeitet und war erst vor kurzem vom Hauptmann der 2. Kompanie zum Major und Kommandeur des Bataillons 101 befördert worden. Auch wenn Trapp im Dezember 1932 in die NSDAP eingetreten war und somit als «Alter Kämpfer» galt, war er nicht in die SS aufgenommen worden und hatte auch keinen entsprechenden SS-Rang, obwohl Himmler und Heydrich bemüht waren, die Partei- und die Staatskomponente ihres SS- und Polizeireichs zu verzahnen und zu verschmelzen. Trapp galt ganz offensichtlich als nicht für die SS geeignet. Er sollte schon bald mit seinen zwei jungen Hauptleuten in Konflikt geraten, die beide in der SS waren und noch 20 Jahre später vor Gericht nicht verhehlen mochten, daß sie ihren Kommandeur als unmilitärischen Schwächling verachteten, der sich übermäßig in die Aufgaben seiner Offiziere eingemischt habe.[22]

Diese Polizeihauptleute, die gleichzeitig den entsprechenden SS-Rang des Hauptsturmführers innehatten, waren beide noch keine 30 Jahre alt. Der 1914 geborene Wolfgang Hoffmann war mit 16 Jahren dem NS-Schülerbund beigetreten, mit 18 der Hitlerjugend und ein Jahr später der SS, bevor er 1934 das Abitur ablegte. 1936 meldete er sich in Breslau zur Polizei und trat 1937 in die NSDAP ein. Im selben Jahr beendete er seine Offiziersausbildung und wurde zum Leutnant der Schutzpolizei ernannt. Zum Reserve-Polizeibataillon 101 kam er im Frühjahr 1942. Im Juni wurde er mit 28 Jahren zum Hauptmann befördert.[23] Er kommandierte die 3. Kompanie.

Der 1913 geborene Julius Wohlauf legte 1932 die Reifeprüfung ab und trat im April 1933 in die NSDAP und die SA ein. 1936 ging er in die SS und begann im selben Jahr mit seiner Ausbildung zum Polizeioffizier. 1938 wurde er zum Leutnant der Schutzpolizei ernannt. Auch er wurde Anfang 1942 dem Reserve-Polizeibataillon 101 zugeteilt und im Juni desselben

Jahres kurz vor der Verlegung nach Polen zum Hauptmann befördert.[24] Er befehligte die 1. Kompanie und war gleichzeitig stellvertretender Bataillonskommandeur. Im Gegensatz zum älteren Trapp repräsentierten sowohl Hoffmann als auch Wohlauf genau jene Mischung aus gut ausgebildetem Berufspolizeioffizier, von früh auf begeistertem NS-Anhänger und jungem SS-Mitglied, die Himmler und Heydrich als Ideal für ihre SS- und Polizeikräfte vorschwebte.

Trapps Adjutant war Oberleutnant Hagen*, von dem kaum mehr bekannt ist, als daß er im Frühjahr 1943 ums Leben kam. Darüber hinaus hatte das Bataillon sieben Reserveleutnants, das heißt Männer, die keine Berufspolizisten wie Hoffmann und Wohlauf waren, sondern aufgrund ihrer Mittelschichtszugehörigkeit, ihrer Schulbildung und ihres beruflichen Erfolgs im Zivilleben nach ihrer Einberufung zur Ordnungspolizei für die Offizierslaufbahn vorgeschlagen worden waren. Vom Ältesten bis zum Jüngsten waren dies:

Hartwig Gnade, Jahrgang 1894, Spediteur, NSDAP-Mitglied seit 1937, Führer der 2. Kompanie;
Paul Brand*, Jahrgang 1902;
Heinz Buchmann*, Jahrgang 1904, Eigentümer einer Holzhandlung, NSDAP-Mitglied seit 1937;
Oscar Peters*, Jahrgang 1905;
Walter Hoppner*, Jahrgang 1908, Tee-Importeur, NSDAP-Mitglied kurzzeitig 1930 und wieder ab Frühjahr 1933;
Hans Scheer*, Jahrgang 1908, NSDAP-Mitglied seit Mai 1933;
Kurt Drucker*, Jahrgang 1909, Vertreter, NSDAP-Mitglied seit 1939.[25]

Sie waren also zwischen 33 und 48 Jahre alt. Fünf von ihnen gehörten der NSDAP an, keiner der SS.

Unter den 32 Unteroffizieren, über die uns Informationen vorliegen, waren 22 «Parteigenossen», und 7 gehörten der SS an. Sie waren 27 bis 40 Jahre alt, ihr Durchschnittsalter lag bei 33 ½ Jahren. Sie waren keine Reservisten, sondern bereits vor dem Krieg von der Polizei rekrutiert worden.

Der größte Teil der Mannschaften stammte aus der Gegend von Hamburg. Rund 63 Prozent kamen aus Arbeiterfamilien. Unter ihnen waren nur wenige Facharbeiter; die meisten hatten Arbeitsplätze, wie sie für Hamburg typisch waren: Hafenarbeiter und Lastwagenfahrer, Lager- und Bauarbeiter, Maschinisten, Seeleute und Kellner. Von den ca. 35 Prozent, die aus der unteren Mittelschicht stammten, waren praktisch alle Angestellte; drei Viertel davon waren auf die eine oder andere Weise im Verkauf tätig, ein Viertel arbeitete auf staatlichen Ämtern oder in privaten Büros. Es fand sich nur eine ganz geringe Anzahl von selbständigen Handwerkern und Kleinunternehmern. 2 Prozent hatten – wenn auch bescheidene – Mittelschichtsberufe wie Drogist oder Lehrer. Das Durchschnittsalter der Mannschaften lag bei 39 Jahren; über die Hälfte war zwischen 37 und 42 Jahre alt. Ihre Altersgruppe galt als für die Wehrmacht nicht mehr jung genug, wurde aber ab September 1939 in starkem Maße zum Reservepolizeidienst eingezogen.[26]

Rund 25 Prozent der einfachen Polizisten (43 aus einer Stichprobe von 174) gehörten im Jahre 1942 der NSDAP an. Sechs waren «Alte Kämpfer», die bereits vor Hitlers Machtübernahme in die Partei eingetreten waren; sechs andere hatten diesen Schritt 1933 vollzogen. Und obwohl zwischen 1933 und 1937 im Inland keine neuen Mitglieder mehr aufgenommen werden sollten, hatten weitere sechs Männer, die zur See fuhren, als Auslandsmitglieder Aufnahme gefunden. 16 waren 1937 nach der Aufhebung des Aufnahmestopps in die Partei eingetreten, und die übrigen neun waren 1939 oder später NSDAP-Mitglieder geworden. Bei den Männern aus Mittelschichtsfamilien lag der Anteil der «Parteigenossen» mit 30 Prozent nur wenig höher als bei denen aus Arbeiterfamilien (25 Prozent).[27]

Die Angehörigen des Reserve-Polizeibataillons 101 stammten aus Deutschlands unteren Gesellschaftsschichten. Soziale oder geographische Mobilität waren ihnen fremd. Nur sehr wenige waren ökonomisch unabhängig. Von Lehre oder Berufsausbildung einmal abgesehen, hatte praktisch keiner von ihnen weitere Bildung erfahren, seit er mit 14 oder 15 Jahren die Volksschule abgeschlossen hatte. Bis 1942 war ein überraschend hoher Prozentsatz in die NSDAP eingetreten. Da in den Ermittlungsprotokollen entsprechende Informationen nicht festgehalten sind, wissen wir nicht, wie viele von ihnen vor 1933 Kommunisten, Sozialisten und/oder Gewerkschaftsmitglieder waren. Angesichts der sozialen Herkunft der Polizisten steht jedoch zu vermuten, daß es nicht wenige gewesen sind. Aufgrund ihres Alters hatten die besonders prägenden Jahre bei allen von ihnen in vornationalsozialistischer Zeit gelegen; sie hatten somit noch andere politische und moralische Normen als nur die der Nazis kennengelernt. Die meisten von ihnen kamen aus Hamburg, das im Ruf steht, zu den am wenigsten nationalsozialistisch ausgerichteten deutschen Großstädten gehört zu haben. Und die Mehrheit der Männer stammte aus einer sozialen Schicht, der eine antinationalsozialistische politische Kultur zu eigen gewesen war. Von daher schienen sie kaum eine vielversprechende Bevölkerungsgruppe zu sein, aus der sich Massenmörder zur Umsetzung der nationalsozialistischen Rassenutopie eines «judenfreien» NS-Reichs rekrutieren ließen.

Deutsche Ordnungspolizei in Łuków, wahrscheinlich im Herbst 1942 während der Räumung des Hauptghettos.

Das «Durchgangsghetto» in Międzyrzec, das in einer Folge von sieben «Aktionen» zwischen August 1942 und Juli 1943 geräumt wurde.

Auf dem Marktplatz stehen Polizisten Wache. Es handelt sich um die sechste «Aktion» am 26. Mai 1943, mit der 1000 Juden in das Arbeitslager bei Majdanek gebracht werden. Bei den vorangegangenen Deportationen aus Międzyrzec waren die Menschen direkt in die Gaskammern von Treblinka geschickt worden.

Międzyrzec am 26. Mai 1943. Deutsche Ordnungspolizei führt die ansässigen Juden aus der Stadt.

Oberleutnant Gnade vor seiner «Entkleidungsbaracke» in Międzyrzec.

Vor der «Entkleidungsbaracke». Im Verlauf der Deportationen führte sie Oberleutnant Gnade im Herbst 1942 ein, als die Menschen im Ghetto von Międzyrzec Opfer einer besonders brutalen Serie von «Säuberungsaktionen» waren.

Um den Juden eine «Umsiedlung» vorzutäuschen, wurden sie während der meisten Deportationen angewiesen, einige persönliche Habseligkeiten mitzunehmen. Doch Oberleutnant Gnades «Entkleidungsaktion» machte jedermann, den Polizisten wie den Juden, die Lügen offenbar.

Nach der Durchsuchung wurde es den nackten Juden gestattet, ihre Unterwäsche wieder anzuziehen, bevor sie zum Bahnhof und in die Viehwaggons getrieben wurden.

KAPITEL 6

Ankunft in Polen

Nach Beginn der Mordkampagne gegen das russische Judentum vertraute Himmler im Laufe des Sommers 1941 dem Lubliner SS- und Polizeiführer Odilo Globocnik an, daß Hitler auch die europäischen Juden beseitigen wolle, und übertrug ihm dabei gleich die Verantwortung für den wichtigsten Teil dieser «Endlösung der europäischen Judenfrage»: die Vernichtung der Juden im sogenannten Generalgouvernement und damit die Ermordung der großen Mehrheit des polnischen Judentums. Anders als beim Vorgehen gegen die russischen Juden sollten bei der Auslöschung des europäischen Judentums jedoch keine Erschießungskommandos zum Einsatz kommen. Man hielt eine «effizientere» Methode für erforderlich – eine, die weniger Aufmerksamkeit erregen und die Täter psychisch weniger belasten würde.

Als organisatorische und technische Lösung für diese «Probleme» entstanden die Vernichtungslager, in denen man die Opfer relativ heimlich zu vergasen gedachte. Das geplante fließbandartige Verfahren würde nur wenig Personal erfordern, das größtenteils aus den Reihen der Gefangenen genommen werden könnte. Mit den Vorbereitungen für die Vergasungen wurde im Herbst 1941 an drei Orten begonnen: in Auschwitz-Birkenau *bei Katowice (Kattowitz)* in Schlesien, in *Chełmno (Kulmhof) bei Lodz* im «Warthegau» – beides Orte, die in den «eingegliederten Ostgebieten» lagen – und in Belzec in Globocniks Lubliner Distrikt. Mit den Massenvergasungen fing man in Chełmno Anfang Dezember 1941 an, in Birkenau Mitte Februar 1942[1] und in Globocniks Lager in Belzec erst Mitte März 1942.

Globocnik stand vor einer riesigen «Aufgabe», zu deren Erfüllung ihm aber nicht im entferntesten die erforderliche Anzahl von Leuten zur Verfügung gestellt wurde. Beim Aufbau und Betrieb des Vernichtungszentrums von Belzec konnte Globocnik zwar auf die Kenntnisse und Unterstützung von «Fachleuten» des deutschen «Euthanasieprogramms» zurückgreifen, aber dabei handelte es sich um insgesamt weniger als hundert Mann. Schon für ein einziges Vernichtungslager brauchte Globocnik weit mehr Personal, und er sollte in *Sobibor* und *Treblinka* noch zwei weitere bauen. Diese Lager waren jedoch nicht sein größtes Problem. Als viel drängender empfand er die Frage, woher er genügend Leute nehmen sollte, um die Ghettos zu räumen, das heißt die Opfer zusammenzutreiben und gewaltsam auf die Todeszüge zu verfrachten. Allein im Distrikt Lublin lebten beinahe 300000 Juden; im gesamten «Generalgouvernement» waren es zwei Millionen!

Wo sollte man zu einem Zeitpunkt, als Deutschland im Entscheidungsjahr 1942 militärisch an einem kritischen Punkt angelangt war, die Männer für solch eine enorme logistische Aufgabe hernehmen? Außer dem Auftrag selbst hatte Himmler Globocnik praktisch nichts an die Hand gegeben, und so mußte er improvisieren. Er war auf eigene Ressourcen und Einfälle angewiesen und mußte zur Erfüllung der ihm übertragenen Aufgabe «private» Truppen aufstellen.

Zur Koordinierung der Massenmordkampagne gegen das polnische Judentum – die nach der Ermordung Reinhard Heydrichs in der Tschechoslowakei im Juni 1942 den Namen «Aktion Reinhard» erhielt – richtete Globocnik unter der Leitung seines ebenfalls aus Österreich stammenden Stellvertreters Hermann Höfle einen Sonderstab ein. Zu den wichtigsten Mitgliedern dieses Stabes gehörten Christian Wirth und sein Adjutant Josef Oberhauser, die für die Vernichtungslager zuständig waren, der Österreicher Helmuth Pohl, der sich um die ankommenden Transporte kümmerte, Georg Michalsen, Kurt Claasen und – als weiterer Österreicher – Ernst Lerch, die die Aktionen im Feld beaufsichtigten und häufig auch persönlich leiteten, sowie Georg Wippern, in dessen Verantwortungsbereich das Sammeln, Sortieren und Verwerten jener Wertgegenstände fiel, die den Juden in den Vernichtungslagern abgenommen oder in den geräumten Ghettos zusammengetragen wurden.

Als SS- und Polizeiführer war Globocnik im Distrikt Lublin für die Koordinierung sämtlicher regionaler Aktionen von gemischten SS-Einheiten verantwortlich. Insofern stand ihm das gesamte – allerdings schon stark strapazierte – SS- und Polizeinetz des Distrikts zur Verfügung, insbesondere die beiden Abteilungen der Sicherheitspolizei (Gestapo und Kripo) auf der einen und die verschiedenen Einheiten der Ordnungspolizei auf der anderen Seite. Neben dem Hauptquartier in der Stadt Lublin hatte die Sicherheitspolizei noch vier Dienststellen im Distrikt. In jeder befand sich eine für «jüdische Angelegenheiten» zuständige Gestapo-Abteilung.

Die Anwesenheit der Ordnungspolizei war auf dreierlei Weise spürbar. Erstens hatten alle größeren Städte des Distrikts Lublin ein Schutzpolizeiamt, zu dessen Aufgaben die Beaufsichtigung der polnischen Gemeindepolizei gehörte. Zweitens gab es in vielen Orten auf dem Land kleine Gendarmerieverbände. Und drittens waren im Lubliner Distrikt drei Ordnungspolizeibataillone stationiert. Aus den Reihen der Schutzpolizei- und Gendarmerieeinheiten sowie den beiden Abteilungen der Sicherheitspolizei kam eine kleine Anzahl von Polizisten, die die örtlichen Gegebenheiten kannten. Das größte einheitliche Polizeikräftereservoir, auf das Globocnik zurückgreifen konnte, bildeten jedoch die drei insgesamt 1500 Mann starken Ordnungspolizeibataillone. Sie waren für ihn zweifellos unentbehrlich, auch wenn sie noch nicht seinen gesamten Bedarf deckten.

So schöpfte Globocnik noch zwei andere Möglichkeiten aus. Die erste war der sogenannte Sonderdienst, der aus kleinen Verbänden von «Volksdeutschen» bestand, die im Gefolge der deutschen Eroberungen mobilisiert und nach ihrer Ausbildung im Sommer 1942 jeweils dem Chef der Zivilverwaltung in den einzelnen Kreisen des Distrikts zugeteilt worden waren.[2] Das zweite und viel wichtigere Kräftereservoir bildeten die sogenannten Trawnikis. Da Globocnik seinen Bedarf an Einsatzkräften nicht vor Ort decken konnte, überzeugte er Himmler davon, nichtpolnische «Hilfswillige» (oder «Hiwis») aus den sowjetischen Grenzregionen zu rekrutieren. Innerhalb des Stabes der «Aktion Reinhard» fiel die für diese Aufgabe entscheidende Rolle Karl Streibel zu. Er und seine Männer suchten die Kriegsgefangenenlager auf, überprüften ukrainische, lettische und litauische Gefangene auf ihre antikommunistische (und dabei fast ausnahmslos auch antisemitische) Gesinnung, boten ihnen die Möglichkeit, dem wahrscheinlichen Hungertod zu entgehen, und versprachen ihnen, daß sie nicht im Kampf gegen die sowjetische Armee eingesetzt würden. Zur Ausbildung kamen diese «Hilfswilligen» ins SS-Lager bei Trawniki, wo sie schließlich unter der Leitung deutscher SS-Offiziere und «volksdeutscher» Unteroffiziere zu national homogenen Einheiten zusammengestellt wurden. Neben der Ordnungspolizei bildeten sie das zweite große Kräftereservoir, aus dem Globocniks Privatarmee für die Kampagne zur Räumung der Ghettos hervorgehen sollte.

Die erste Welle von Morden an *Lubliner* Juden hielt von Mitte März 1942 bis Mitte April an. Von den 40 000 Bewohnern des *Lubliner* Ghettos kamen rund 36 000 entweder aufgrund der Deportationen in das Vernichtungslager von *Belzec* oder durch sofortige Erschießungen um, und 11 000 bis 12 000 weitere Juden wurden aus den nahe gelegenen Orten *Izbica, Piaski, Lubartów, Zamość* und *Krasnik* nach Belzec gebracht. Im selben Zeitraum wurden außerdem rund 36 000 Juden aus dem östlich von Lublin gelegenen Nachbardistrikt Galizien nach Belzec deportiert.

Von Mitte April bis Ende Mai wurde das Morden in Belzec

vorübergehend dadurch unterbrochen, daß die Holzbaracke mit den bis dahin drei Gaskammern abgerissen und an seiner Stelle ein großes Steingebäude mit sechs großen Gaskammern errichtet wurde. Als man in Belzec die Mordaktionen Ende Mai wieder aufnahm, wurden in erster Linie Juden aus dem westlich gelegenen Nachbardistrikt Krakau dorthin deportiert und weniger aus dem Distrikt Lublin selbst.

Anfang Mai hatte jedoch auch Sobibor, Globocniks zweites Vernichtungslager im Distrikt, seine «Arbeit» aufgenommen. In den folgenden sechs Wochen gingen dort Transporte aus den Lubliner Kreisen *Zamość, Puławy, Krasnystaw* und *Chelm* ein. Bis zum 18. Juni – und damit kaum drei Monate nach den ersten Deportationen aus dem Lubliner Ghetto – hatte man bereits 100 000 Juden aus dem Distrikt Lublin sowie 65 000 aus Krakau und Galizien umgebracht, die meisten davon waren in *Belzec* und *Sobibor* vergast worden.[3]

Die Deportationen in die Todeslager stellten nur einen Teil der umfangreichen sogenannten Um- oder Aussiedlung mitteleuropäischer Juden dar. Während man polnische Juden aus ihren Häusern verschleppte und in die Vernichtungslager deportierte, wurden gleichzeitig ganze Zugladungen voll Juden aus Deutschland, Österreich, dem «Protektorat» und dem Marionettenstaat Slowakei in den Distrikt Lublin verfrachtet. Einige dieser Transporte, wie zum Beispiel der, den Leutnant Fischmann am 14. Juni von Wien aus begleitete, gingen direkt nach *Sobibor*. Andere jedoch wurden in verschiedenen Ghettos entladen, wo die ausländischen Juden vorübergehend in die Wohnungen ihrer gerade erst ermordeten Vorgänger einzogen.

Am 19. Juni kam es zu einer vorübergehenden Unterbrechung der «Umsiedlung» und des Massenmords in *Belzec* und *Sobibor*, weil aufgrund fehlender Transportkapazitäten im «Generalgouvernement» 20 Tage lang keine «Judentransporte» durchgeführt werden konnten.[4] Ab 9. Juli gingen wieder zwei Todeszüge pro Woche von Krakau nach *Belzec* ab, und am 22. Juli setzten die regelmäßigen Transporte von Warschau zum neueröffneten Vernichtungslager bei Treblinka ein. Die Haupteisenbahnstrecke nach *Sobibor* mußte jedoch repariert werden, so daß dieses Lager bis zum Herbst praktisch unzugänglich war. Im Distrikt Lublin selbst konnten die Deportationen in die Vernichtungslager daher Anfang Juli noch nicht wieder aufgenommen werden.

Während dieser Zwangspause bei der «Endlösung» im «Generalgouvernement» traf das Reserve-Polizeibataillon 101 im Distrikt Lublin ein und erhielt am 20. Juni 1942 Anordnungen für eine «Sonderaktion» in Polen.[5] Welcher Art diese Aktion sein würde, wurde im schriftlichen Befehl nicht genauer ausgeführt, aber die Männer wurden in dem Glauben gelassen, daß sie Wachdienst zu tun hätten. Es gibt keinerlei Anhaltspunkte dafür, daß sie – oder auch nur die Offiziere – ahnten, welche «Aufgabe» ihnen wirklich bevorstand.

Das Bataillon fuhr vom Bahnhof Sternschanze ab[6], demselben Ort, von dem aus einige der Bataillonsangehörigen im vorangegangenen Herbst Hamburger Juden nach Osten deportiert hatten. Am 25. Juni kam das Bataillon in der polnischen Stadt *Zamość* im südlichen Teil des Distrikts Lublin an. Fünf Tage später verlegte man das Bataillonshauptquartier nach *Bilgoraj* und stationierte in aller Eile verschiedene Einheiten des Bataillons in den nahe gelegenen Orten Frampol, *Tarnogród*, *Ulanów*, Turobin und *Wysokie* sowie in dem weiter entfernten *Zakrzów*.[7]

Trotz der vorübergehenden Unterbrechung des Mordens sollte das neueingetroffene Polizeibataillon nach Ansicht von SS- und Polizeiführer Odilo Globocnik und seinem Aktionsstab in bezug auf die Lubliner Juden aber nicht ganz untätig bleiben. Wenn sich die Ermordungen derzeit schon nicht fortsetzen ließen, dann sollten die Opfer wenigstens weiter in den Durchgangsghettos und -lagern «zusammengefaßt» werden. Bei den meisten Angehörigen des Reserve-Polizeibataillons 101 hat die quälende Erinnerung an den anschließenden Einsatz in Józefów andere Vorgänge aus dem Gedächtnis verdrängt, die sich während der vierwöchigen Stationierung südlich von Lublin ereigneten. Ein paar Polizisten erinnerten sich jedoch daran, an Umsiedlungsaktionen von Juden aus kleineren Orten in größere Ghettos und Lager beteiligt gewesen zu sein. In manchen Fällen wurden dabei ausschließlich sogenannte Arbeitsjuden gefangengenommen, auf Lastwagen verladen und in Lager rund um Lublin gebracht. Andere Male trieb man die gesamte ortsansässige jüdische Bevölkerung zusammen und verschleppte sie per Lastwagen oder zu Fuß. Gelegentlich wurden anschließend die Juden aus den umliegenden Dörfern geholt und in die gerade geräumten Orte umgesiedelt. Zu Massenexekutionen kam es bei keiner dieser «Aktionen», doch wurden Juden, die man aus Alters- oder Krankheitsgründen für «transportunfähig» hielt, in zumindest einigen Fällen sofort erschossen. Keiner der Polizisten konnte sich genau an die Orte erinnern, aus denen sie Juden deportiert beziehungsweise in die sie Juden «umgesiedelt» hatten. Die Namen Izbica und Piaski sagten den Vernommenen nichts mehr, dabei waren dies die Hauptdurchgangsghettos südlich von Lublin gewesen.[8]

Offenbar verlor Globocnik bei diesem Verfahren dann aber doch die Geduld und beschloß, es von neuem mit Mordaktionen zu versuchen. Da Deportationen in die Vernichtungslager zu dem Zeitpunkt ausschieden, blieb nur die Möglichkeit der Massenexekution durch Erschießungskommandos. Und diese «Aufgabe» wurde nun dem Reserve-Polizeibataillon 101 übertragen.

KAPITEL 7

Erste Erfahrungen mit Massenmord: Das Massaker von Józefów

Vermutlich am 11. Juli setzte sich Globocnik oder jemand von seinem Stab mit Major Trapp in Verbindung und erteilte dem Reserve-Polizeibataillon 101 den Auftrag, die 1800 Juden von Józefów, einem Dorf ungefähr dreißig Kilometer südöstlich von *Biłgoraj*, «zusammenzufassen».

Diesmal sollten jedoch die meisten Juden nicht umgesiedelt werden. Der Auftrag lautete, die männlichen Juden im arbeitsfähigen Alter in eines der Globocnikschen Lager in Lublin zu schaffen und die Frauen, Kinder und alten Leute einfach an Ort und Stelle zu erschießen.

Trapp beorderte daraufhin die in den umliegenden Orten stationierten Einheiten zurück, und am 12. Juli versammelte sich in *Biłgoraj* das gesamte Bataillon bis auf zwei Ausnahmen: der in Zakrzów stationierte 3. Zug der 3. Kompanie, bei dem sich auch Hauptmann Hoffmann befand, sowie einige Angehörige der 1. Kompanie, die bereits in Józefów stationiert waren. Trapp setzte sich mit den Führern der 1. und 2. Kompanie, Hauptmann Wohlauf und Oberleutnant Gnade, zusammen und informierte sie über den für den nächsten Tag vorgesehenen Auftrag.[1] Die anderen Offiziere des Bataillons wurden vermutlich von Trapps Adjutant, Oberleutnant Hagen, in Kenntnis gesetzt, denn Leutnant Heinz Buchmann erfuhr von ihm noch am selben Abend genaue Einzelheiten des bevorstehenden Einsatzes.

Der damals achtunddreißigjährige Buchmann leitete in Hamburg eine Holzhandlung, die seiner Familie gehörte. Er war im Mai 1937 in die NSDAP eingetreten, 1939 zur Ordnungspolizei eingezogen worden und hatte als Fahrer in Polen gedient. Im Sommer 1940 hatte er ein Entlassungsgesuch eingereicht, war aber statt dessen auf einen Offizierslehrgang geschickt und im November 1941 zum Leutnant der Reserve ernannt worden. 1942 hatte man ihm schließlich das Kommando über den 1. Zug der 1. Kompanie erteilt.

Als Buchmann von dem drohenden Massaker erfuhr, machte er Hagen klar, daß er als Hamburger Geschäftsmann und Reserveleutnant sich «in keinem Falle an einer derartigen Aktion, bei der wehrlose Frauen und Kinder erschossen werden, beteiligen würde». Er bat darum, mit einer anderen Aufgabe betraut zu werden. Hagen sorgte daraufhin dafür, daß Buchmann die Leitung der Eskorte übertragen bekam, die die selektierten männlichen «Arbeitsjuden» nach Lublin begleiten sollte.[2] Sein Kompanieführer, Hauptmann Wohlauf, wurde hierüber informiert, ohne daß man ihm jedoch den eigentlichen Grund mitteilte.[3]

Die Mannschaften erfuhren offiziell nur, daß sie am nächsten Morgen schon früh geweckt werden würden, da das ganze Bataillon mit der Durchführung einer größeren «Aktion» beauftragt sei. Manche ahnten jedoch, was bevorstand. Hauptmann Wohlauf sagte einem Teil seiner Männer, daß sie am kommenden Tag eine «hochinteressante Aufgabe» erwarte.[4] Und ein anderer Mann, der sich darüber beschwerte, daß er als Kasernenwache zurückbleiben sollte, erhielt vom Adjutanten seiner Kompanie zur Antwort: «Seien Sie froh, daß Sie nicht mit müssen. Sie werden ja sehen, was geschieht.»[5]

Hauptwachtmeister Heinrich Steinmetz* warnte die Männer des 3. Zuges der 2. Kompanie, daß er «keine Feiglinge sehen möchte»[6]. Es wurde zusätzliche Munition ausgegeben.[7] Ein

Polizist berichtete später, daß seine Einheit Peitschen erhielt und daraufhin das Gerücht von einer «Judenaktion» die Runde machte.[8] Außer ihm konnte sich aber niemand an die Ausgabe von Peitschen erinnern.

Der Lastwagenkonvoi verließ *Biłgoraj* gegen 2 Uhr morgens und erreichte Józefów, als es gerade hell zu werden begann. Trapp versammelte die Männer im Halbkreis um sich und erläuterte den Mordauftrag, den das Bataillon erhalten hatte. Dann machte er sein außergewöhnliches Angebot: Wer von den Älteren sich dieser Aufgabe nicht gewachsen fühle, möge vortreten. Eine Weile war es still, dann meldete sich ein Angehöriger der 3. Kompanie, Otto-Julius Schimke*. Hauptmann Hoffmann, der mit dem 3. Zug der 3. Kompanie direkt aus Zakrzów nach Józefów gekommen war und am Vortag nicht an der Offiziersbesprechung in Biłgoraj teilgenommen hatte, war wütend darüber, daß ausgerechnet einer seiner Männer sich als erster meldete. Er machte Schimke Vorwürfe, wurde aber von Trapp unterbrochen. Und nachdem der Major den Untergebenen in Schutz genommen hatte, traten noch zehn oder zwölf andere Männer vor. Sie gaben ihre Gewehre ab und wurden aufgefordert, sich für weitere Befehle von Trapp zur Verfügung zu halten.[9]

Der Bataillonskommandeur rief sodann die Kompanieführer zu sich und informierte sie über ihre jeweiligen Aufgaben. Der 1. Kompanie wurden die Befehle durch Hauptwachtmeister Kammer*, der 2. Kompanie durch Gnade und der 3. Kompanie durch Hoffmann übermittelt. Zwei Züge der 3. Kompanie sollten das Dorf umstellen.[10] Sie erhielten den ausdrücklichen Befehl, jeden zu erschießen, der einen Fluchtversuch wagen sollte. Die übrigen Männer sollten die Juden zusammentreiben und zum Marktplatz bringen. Alle Juden, die zu krank oder schwach seien, um zum Marktplatz zu laufen, und alle, die Widerstand leisteten oder versuchten, sich zu verstecken, sowie alle Kinder müßten auf der Stelle erschossen werden. Anschließend sollten einige Männer aus der 1. Kompanie die auf dem Marktplatz selektierten «Arbeitsjuden» in ein Lager eskortieren, während der Rest der 1. Kompanie Befehl hatte, zum Wald vorzurücken und Erschießungskommandos zu bilden. Die 2. Kompanie erhielt zusammen mit dem 3. Zug der 3. Kompanie die Aufgabe, die Juden auf die Lastwagen des Bataillons zu verladen und sie vom Marktplatz zum Wald zu fahren.[11]

Nachdem Trapp die Aufgaben verteilt hatte, kehrte er in die Stadt zurück, wo er den Rest des Tages teils in dem Klassenzimmer verbrachte, das ihm als Hauptquartier diente, teils im Hause des polnischen Majors und dem des Ortsgeistlichen sowie auf dem Marktplatz und auf der Straße, die zum Wald führte.[12] In den Wald selbst ging er jedoch nicht; von den Exekutionen hielt er sich auffällig fern. Einer der Polizisten bemerkte dazu später erbittert: «Major Trapp [war] nie draußen, sondern blieb in Józefów, da er angeblich den Anblick nicht ertragen konnte. Darüber haben wir Männer uns noch aufgeregt und gesagt, das könnten wir auch nicht.»[13]

Trapp machte aus seiner Verzweiflung kein Geheimnis. So erinnerte sich zum Beispiel ein Polizist, daß er den Major auf dem Marktplatz hatte sagen hören: «Ach Gott, warum muß mir das beschieden sein», wobei Trapp die Hand aufs Herz gelegt hatte.[14] Ein anderer Untergebener hatte ihn im Schulhaus erlebt. «Ich habe heute noch genau vor Augen, daß Major Trapp dort in einem Raum mit den Händen auf dem Rücken hin und her ging. Er machte einen niedergeschlagenen Eindruck und sprach mich an. Er sagte dem Inhalt nach, ‹Mensch, [...], solche Aktionen liegen mir nicht. Aber Befehl ist Befehl.›»[15] Ein weiterer Polizist erinnerte sich lebhaft daran, «wie Major Trapp einmal alleine in unserem Raum auf einem Sessel hockte und bitterlich weinte. Hierbei flossen seine Tränen reichlich.»[16] Ein anderer hatte im Hauptquartier folgendes erlebt: «Major Trapp lief aufgeregt umher und blieb plötzlich vor mir stehen, schaute mich an und fragte mich, ob ich damit einverstanden wäre. Ich habe ihm fest in die Augen geschaut und gesagt: ‹Nein, Herr Major!› Daraufhin ist er weiter umhergelaufen und hat geweint wie ein Kind.»[17] Der Sanitäter sagte später aus, Trapp sei ihm auf dem Weg vom Marktplatz zum Wald weinend entgegengekommen, und er habe den Bataillonskommandeur gefragt, ob er ihm helfen könne. «Er antwortete mir nur sinngemäß, daß alles sehr furchtbar sei.»[18] Im Hinblick auf die Vorgänge in Józefów vertraute Trapp später seinem Fahrer an: «Wenn sich diese Judensache einmal auf Erden rächt, dann gnade uns Deutschen.»[19]

Während Trapp weinte und seine Befehle beklagte, machten sich seine Männer daran, den Bataillonsauftrag auszuführen. Die Unteroffiziere teilten einen Teil der Mannschaften in Durchsuchungskommandos von zwei bis vier Mann ein und schickten sie in das jüdische Viertel von Józefów. Andere Polizisten mußten entlang der Straßen, die zum Marktplatz führten, oder auf dem Marktplatz selbst Wache stehen. Die Juden wurden aus ihren Häusern getrieben, die Alten und Kranken umgebracht; Schreie und Schüsse erfüllten die Luft. Ein Polizist bemerkte später dazu, es sei ein kleiner Ort gewesen und man habe alles hören können.[20] Viele Polizisten gaben bei den Vernehmungen zu, die Leichen derjenigen gesehen zu haben, die bei der Durchsuchung des Viertels erschossen wurden, aber nur zwei Bataillonsangehörige gestanden, selbst geschossen zu haben.[21] Ebenso erklärten mehrere Polizisten, sie hätten davon gehört, daß alle Patienten des jüdischen Hospitals und die Bewohner des jüdischen Altersheims auf der Stelle erschossen wurden, aber keiner von ihnen gab zu, die Erschießungen selbst gesehen zu haben oder daran beteiligt gewesen zu sein.[22]

Am wenigsten stimmten die vernommenen Polizisten in der Beantwortung der Frage überein, wie die Beteiligten anfangs auf den Befehl reagiert hätten, Säuglinge und Kleinkinder zu erschießen. Einige behaupteten, neben den Alten und Kranken seien auch Babys erschossen und sterbend in den Häusern und Straßen des Ortes zurückgelassen worden.[23] Andere betonten jedoch ausdrücklich, daß die Männer bei dieser ersten «Aktion» noch davor zurückgescheut hätten, während der Durchsuchung und Räumung des Judenviertels auch Säuglinge und

Kleinkinder zu erschießen. Ein Polizist erklärte nachdrücklich, «daß sich unter den erschossenen Juden innerhalb unseres Stadtgebietes keine Säuglinge und Kleinstkinder befanden. Ich möchte sagen, daß fast stillschweigend von allen Leuten von selbst auf die Erschießungen der Säuglinge und Kleinkinder verzichtet wurde.» In Jósefów wie später auch anderswo sei zu beobachten gewesen, «daß sich die jüdischen Mütter auch im Angesicht des Todes nicht von ihren Kindern getrennt haben. So wurde von uns auch geduldet, daß die Mütter in Józefów die Kleinstkinder mit zum Markt nahmen.»[24] Auch ein anderer Augenzeuge merkte dazu an, «daß stillschweigend von fast allen eingesetzten Männern die Erschießung von Säuglingen und Kleinstkindern möglichst umgangen wurde. Ich habe während des ganzen Vormittags beobachten können, daß sehr zahlreiche Frauen beim Abtransport Säuglinge und Kleinstkinder auf dem Arm trugen und Kleinkinder an der Hand führten.»[25] Den Aussagen dieser beiden Polizisten zufolge unternahm keiner der Offiziere etwas dagegen, daß Säuglinge und Kleinkinder zum Marktplatz mitgebracht wurden. Einer ihrer Kollegen entsann sich jedoch, daß Hauptmann Hoffmann seiner Einheit, dem 3. Zug der 3. Kompanie, nach der Räumungsaktion den Vorwurf machte, «nicht energisch genug vorgegangen» zu sein.[26]

Als die meisten Juden bereits zusammengetrieben waren, wurde die 1. Kompanie von der Durchsuchung abgezogen, um vom Bataillonsarzt sowie dem «Spieß» der Kompanie kurz in die nächste grausame Aufgabe eingewiesen zu werden. Ein musikliebender Polizist, der bei «Kameradschaftsabenden» gerne seine Geige auspackte und oft gemeinsam mit dem Arzt, der «wunderbar Akkordeon» spielte, für Unterhaltung sorgte, sagte aus:

«Ich glaube, daß in diesem Zeitpunkt sämtliche Offiziere des Batl. zugegen waren, insbesondere auch unser Batl.-Arzt Dr. S[...]. Er hat uns sogar noch genau erklären müssen, wie wir zu schießen haben, um den sofortigen Tod des Opfers herbeizuführen. Ich entsinne mich genau, daß er zu dieser Demonstration noch den Umriß eines menschlichen Körpers, zumindestens von der Schulterpartie aufwärts, aufzeichnete oder andeutete und dann genau den Punkt bezeichnete, auf den das aufgepflanzte Seitengewehr als Hilfszielmittel angesetzt werden sollte.»[27]

Nachdem die 1. Kompanie entsprechend instruiert und zum Wald geschickt worden war, leitete Trapps Adjutant Hagen die Selektion der «Arbeitsjuden». Der Leiter eines nahe gelegenen Sägewerks hatte dem Bataillonskommandeur bereits eine Liste mit den Namen der 25 Juden übergeben, die für ihn arbeiteten, und Trapp hatte ihrer Freilassung zugestimmt.[28] Mit Hilfe eines Dolmetschers fragte Hagen nun nach Handwerkern und körperlich kräftigen Arbeitern. Als anschließend rund 300 Männer von ihren Familien getrennt wurden, kam Unruhe auf.[29] Noch ehe sie ganz aus Józefów marschiert waren, hörte man aus dem Wald die ersten Schüsse. «Nach den ersten Salven [entstand] unter diesen Handwerkern eine erhebliche Unruhe[...] und [...] etliche Männer [warfen sich] weinend auf die Erde. [...] Ihnen dürfte zu diesem Zeitpunkt klar geworden sein, daß ihre zurückgebliebenen Familienangehörigen erschossen wurden.»[30]

Leutnant Buchmann und die Luxemburger aus der 1. Kompanie marschierten mit den Arbeitern ein paar Kilometer zu einer kleinen ländlichen Bahnstation, an der schon mehrere Waggons, darunter auch ein Personenwaggon, auf sie warteten. Die «Arbeitsjuden» wurden dann mit dem Zug nach Lublin gebracht und von Buchmann und seiner Wachmannschaft in einem der dortigen Lager abgeliefert. Laut Buchmann handelte es sich dabei nicht um das berüchtigte KZ Majdanek, sondern um ein anderes Lager. Obwohl die dortige Lagerverwaltung die Juden nicht erwartet hatte, habe sie sie gerne aufgenommen. Das Wachkommando fuhr noch am gleichen Tag nach *Bilgoraj* zurück.[31]

Unterdessen hatte Hauptwachtmeister Kammer das erste Erschießungskommando der 1. Kompanie zu einem Wald geführt, der einige Kilometer außerhalb von Józefów lag. Die

Mannschaftswagen hielten am Waldrand an einer Stelle, an der von der unbefestigten Straße ein Weg in den Wald abzweigte. Die Männer kletterten von ihren LKWs und warteten.

Als der erste Lastwagen mit 35 bis 40 Juden eintraf, nahm ihnen gegenüber eine gleiche Anzahl von Polizisten Aufstellung. Jeder übernahm einen Gefangenen und marschierte, von Kammer angeführt, mit seinem Opfer den Waldweg entlang. An einer Stelle, die von Hauptmann Wohlauf bezeichnet wurde, der den ganzen Tag über eifrig Exekutionsplätze aussuchte, bog die Gruppe dann vom Weg ab. Kammer befahl den Juden sodann, sich in einer Reihe hinzulegen. Die Polizisten traten hinter sie, setzten das Bajonett anweisungsgemäß an einem Wirbel oberhalb der Schulterblätter an und schossen gemeinsam auf Kammers Kommando.

Inzwischen waren zur Bildung eines zweiten Exekutionskommandos noch mehr Polizisten aus der 1. Kompanie am Waldrand eingetroffen. Während nun das erste Erschießungskommando aus dem Wald zum Entladeplatz marschierte, brachte die zweite Gruppe ihre Opfer auf demselben Weg in den Wald. Diesmal bestimmte Wohlauf eine Stelle, die ein paar Meter von der ersten entfernt lag, damit die nächsten Opfer nicht die Leichen von der vorigen Exekution sahen. Diese Gruppe von Juden wurde ebenfalls gezwungen, sich mit dem Gesicht nach unten in einer Reihe hinzulegen, und auch die Erschießungsmethode war die gleiche.

Den ganzen Tag über ging der «Pendelverkehr» der beiden Erschießungskommandos zwischen Entladeplatz und Wald weiter. Von einer Mittagspause abgesehen, dauerten die Erschießungen ohne Unterbrechung bis zum Einbruch der Dunkelheit an. Am Nachmittag «organisierte» irgend jemand Alkohol für die Schützen. Nach den fast pausenlos durchgeführten Erschießungen hatten die Männer am Ende des Tages völlig den Überblick darüber verloren, wie viele Juden jeder von ihnen umgebracht hatte. Jedenfalls sei es «eine große Menge» gewesen, erklärte später ein Polizist.[32]

Als Trapp frühmorgens sein außergewöhnliches Angebot gemacht hatte, war den Männern gerade erst mitgeteilt worden, um welche «Aktion» es gehen sollte. So hatten sie kaum Zeit zum Nachdenken und Reagieren gehabt. Nur ein Dutzend von ihnen war instinktiv vorgetreten, hatte das Gewehr abgegeben und sich so von dem anschließenden Morden distanziert. Viele andere waren sich wohl noch nicht ganz darüber im klaren gewesen, auf was sie sich einließen – vor allem nicht darüber, daß sie selbst für die Erschießungskommandos eingeteilt werden könnten. Als die 1. Kompanie aber anschließend zum Marktplatz beordert wurde und den Männern die Genickschußmethode erläutert wurde, um dann zum Töten in den Wald geschickt zu werden, erkannten manche, daß sie eine Gelegenheit verpaßt hatten, und versuchten, diesen Fehler wieder wettzumachen. Ein Polizist ging zu Hauptwachtmeister Kammer, den er gut kannte, gestand, daß ihm der Auftrag «zuwider» sei, und bat um eine andere Aufgabe. Kammer entsprach seiner Bitte und teilte ihn für den Rest des Tages zum Wachdienst am Waldrand ein.[33] Mehrere andere Polizisten, die Kammer ebenfalls gut kannten, erreichten eine Abkommandierung zum Wachdienst entlang der Straße.[34] Wiederum andere wandten sich erst an Kammer, nachdem sie bereits eine Zeitlang Erschießungen durchgeführt hatten, und erklärten, sie könnten nicht mehr weitermachen. Er entband sie von ihrer Aufgabe und teilte sie den LKW-Begleitkommandos zu.[35] Zwei Polizisten machten den Fehler, statt zu Kammer zu Hauptmann (und SS-Hauptsturmführer) Wohlauf zu gehen. Sie argumentierten, daß sie selbst Kinder hätten und den erteilten Auftrag nicht weiter durchführen könnten. Wohlauf fertigte sie kurzerhand mit den Worten ab, dann könnten sie sich gleich neben die Juden auf den Boden legen. In der Mittagspause enthob Kammer jedoch nicht nur diese beiden, sondern auch noch eine Reihe anderer älterer Männer ihrer grausamen Aufgabe. Er schickte sie zum Marktplatz zurück, wo der sie begleitende Unteroffizier Major Trapp Meldung erstattete. Trapp entband sie für den Rest des

Tages von weiterem Dienst und erlaubte ihnen, schon früher als vorgesehen in ihre Unterkünfte in *Biłgoraj* zurückzukehren.[36]

Manche Polizisten, die nicht um eine Freistellung vom Erschießungsauftrag gebeten hatten, versuchten, sich ihm auf andere Weise zu entziehen. Unteroffiziere mit Maschinenpistolen mußten dazu abkommandiert werden, zahlreichen Opfern den sogenannten Gnadenschuß zu geben, «da sowohl aus Aufregung als auch *absichtlich* von einzelnen Schützen vorbeigeschossen wurde».[37] Andere Polizisten hatten schon vorher auf ihre Weise einen Ausweg gesucht. So versteckten sich beispielsweise einige Angehörige der 1. Kompanie während der Räumungsaktion im Garten des katholischen Ortsgeistlichen, bis sie schließlich Angst bekamen, daß ihre Abwesenheit auffallen könnte. Dann kehrten sie zum Marktplatz zurück. Um später eine plausible Ausrede für ihre Abwesenheit zu haben, sprangen sie dort auf einen Lastwagen, der Juden aus einem der umliegenden Dörfer abholen sollte.[38] Andere ihrer Kollegen drückten sich während der Durchsuchungsaktion auf dem Marktplatz herum, weil sie sich nicht an der Jagd auf die Juden beteiligen wollten.[39] Wieder andere verbrachten soviel Zeit wie möglich mit der Durchsuchung der Häuser, um nicht auf dem Marktplatz Gefahr zu laufen, einem Erschießungskommando zugeteilt zu werden.[40] Einer der Fahrer, die dazu abkommandiert waren, die Juden zum Wald zu transportieren, machte nur eine Fahrt und bat dann darum, von dieser Aufgabe entbunden zu werden. «Vermutlich ging es über seine Nervenkraft, weitere Juden an die Erschießungsstätten zu fahren», meinte der Mann, der von ihm den Lastwagen und die Aufgabe übernahm, Juden in den Tod zu fahren.[41]

Nachdem sich die 1. Kompanie zum Wald in Marsch gesetzt hatte, blieb es der 2. Kompanie überlassen, die Jagd auf die Juden zu Ende zu führen und die Opfer auf die Lastwagen zu laden. Als vom Wald her die erste Salve zu hören war, erscholl auf dem Marktplatz ein vielstimmiger, fürchterlicher Schrei, weil den dort zusammengedrängten Juden klar wurde, welches

Schicksal ihnen bevorstand.[42] Danach legten sie jedoch den Worten deutscher Augenzeugen zufolge eine «unglaublich» und «erstaunlich» beherrschte Haltung an den Tag.[43]

Während die Opfer sich in der Hand hatten, wurden die deutschen Offiziere immer nervöser, als sich abzuzeichnen begann, daß man mit den Exekutionen viel zu langsam vorankam, um sie noch am selben Tag abschließen zu können. Es fielen wiederholt Bemerkungen wie «Das geht nicht voran!» oder «Das geht nicht schnell genug!».[44] Trapp gab daraufhin neue Befehle aus. Die 3. Kompanie, die bis dahin um das Dorf herum Posten bezogen hatte, wurde zur strengen Bewachung des Marktplatzes beordert. Oberleutnant Gnades 2. Kompanie wurde mitgeteilt, daß auch sie sich nun zum Exekutionsdienst in den Wald begeben müsse. Hauptwachtmeister Steinmetz vom 3. Zug gab seinen Männern noch einmal Gelegenheit, sich zu melden, falls sie sich zum Exekutionsdienst nicht in der Lage fühlten. Es nahm aber keiner sein Angebot an.[45]

Oberleutnant Gnade teilte seine Kompanie in zwei Gruppen ein und wies jeder einen Waldabschnitt zu. Dann suchte er Wohlaufs 1. Kompanie auf, um sich eine Exekution demonstrieren zu lassen.[46] Unterdessen führten Leutnant Scheer und Hauptwachtmeister Hergert* den 1. Zug der 2. Kompanie sowie einige Angehörige des 3. Zuges zu einer bestimmten Stelle im Wald. Dort teilte Scheer seine Männer in vier Gruppen ein, wies jeder einen Erschießungsplatz zu und schickte sie dann zurück, um die Juden zur Exekution zu holen. Oberleutnant Gnade kam hinzu und machte Scheer heftige Vorhaltungen, daß er seine Männer nicht tief genug in den Wald geführt habe.[47] Als dann jede Gruppe zwei- bis dreimal zum Sammelplatz und zurück marschiert war und ihre Exekutionen durchgeführt hatte, merkte Scheer, daß dieses Verfahren zu langsam war. Er bat Hergert um Rat. «Ich machte [daraufhin] den Vorschlag, daß es doch genügen würde, wenn nur zwei Mann der Gruppe die Juden am Punkt A abholen und zum Exekutionsplatz bringen würden, während sich die übrigen Schützen des Exekutionskommandos schon am nächsten Schießplatz aufstellen würden. Dieser Schießplatz wurde im übrigen von Exekution zu Exekution etwas weiter vorverlegt und näherte sich damit immer mehr dem Punkt A am Waldweg. So wurde dann auch verfahren.»[48] Durch Hergerts Vorschlag ging das Töten nun beträchtlich schneller voran.

Im Gegensatz zur 1. Kompanie wurde den Männern der 2. Kompanie nicht genau erklärt, wie sie die Erschießungen durchzuführen hätten. Da sie zunächst keine Bajonette als Zielhilfe auf ihre Gewehre steckten, kam es zu zahlreichen Fehlschüssen, die «zu unnötigen Verletzungen der Opfer führten», wie Hergert sich ausdrückte. Einer der Polizisten aus Hergerts Einheit berichtete ebenfalls davon, daß es den Männern schwergefallen sei, richtig zu zielen. «Zuerst wurde stehend freihändig erschossen. Wenn man zu hoch hielt, sprang die ganze Schädeldecke ab. Das hatte zur Folge, daß Gehirnteile und auch Knochen in der Gegend umherflogen. Es erging dann die Anweisung, die Bajonettspitze auf dem Nacken aufzusetzen.»[49] Laut Hergert waren aber auch die aufgesteckten Seitengewehre keine Lösung. «Fehlschüsse wurden nun [zwar] weitgehendst vermieden, es trat aber eine andere schreckliche Folge ein. Durch den dadurch bedingten Nahschuß traf das Geschoß mit derartiger Rasanz den Schädel des Opfers, daß oftmals der Schädel oder zumindest die ganze hintere Schädeldecke abgerissen wurde und nun Blut, Knochensplitter und Gehirnmasse durch die Gegend spritzten und die Schützen beschmutzten.»[50]

Hergert betonte, daß vom 1. Zug niemand die Gelegenheit erhielt, sich vorher abzumelden. Als sich dann aber nach Beginn der Exekutionen einzelne Männer an ihn oder an Scheer wandten und sagten, daß sie keine Frauen und Kinder erschießen könnten, seien ihnen andere Aufgaben übertragen worden.[51] Diese Aussage wurde von einem seiner Männer dahingehend bestätigt, daß es während der Exekutionen geheißen habe, wer nicht mehr durchhalte, könne sich melden. Weiter berichtete er: «Ich selbst habe etwa an 10 Erschießungen teilgenommen, bei denen ich Männer und Frauen erschießen mußte. Ich konnte einfach nicht mehr auf Menschen schießen, was meinem Gruppenführer H[...] dadurch aufgefallen war, daß ich zuletzt wiederholt vorbeischoß. Aus diesem Grunde wechselte er mich aus. Auch andere Kameraden wurden früher oder später ausgewechselt, weil sie einfach nicht mehr durchhalten konnten.»[52]

Leutnant Druckers 2. Zug und der größte Teil von Hauptwachtmeister Steinmetz' 3. Zug wurden in einen anderen Waldabschnitt geschickt. Genau wie bei Scheer wurden auch hier die Züge in Kleingruppen zu je 5 bis 8 Mann aufgeteilt und nicht in Großgruppen von 35 bis 40 wie bei Wohlaufs 1. Kompanie. Die Männer wurden angewiesen, die Karabinermündung auf dem untersten Halswirbel aufzusetzen, aber auch hier fanden die Erschießungen zunächst ohne die Zielhilfe des Bajonetts statt.[53] Das Ergebnis war fürchterlich. «Die Schützen waren grauenvoll mit Blut, Gehirnteilen und Knochensplittern besudelt. Das hing an ihrer Kleidung.»[54]

Als Drucker seine Männer zu den Erschießungskommandos zusammenstellte, hielt er ungefähr ein Drittel von ihnen als Reserve zurück. Zwar sollte letzten Endes jeder schießen, doch waren auf diese Weise häufigere Ablösungen und «Zigarettenpausen» möglich.[55] Durch das ständige Kommen und Gehen vom Entladeplatz her sowie durch das unübersichtliche Gelände und die häufige Ablösung bedingt, blieben die Männer nicht in festen Gruppen zusammen.[56] Das allgemeine Durcheinander bot Gelegenheit, mit der «Arbeit» langsam zu machen beziehungsweise sich mehr oder weniger vor ihr zu drücken. Wer sich beeilte, erschoß viel mehr Juden als ein anderer, der das Verfahren soweit wie möglich verzögerte.[57] Ein Polizist «verdrückte» sich nach zwei Exekutionen einfach zu den Lastwagen am Waldrand.[58] Einem anderen gelang es, ganz um die Erschießungen herumzukommen.

«Es war aber keinesfalls so, daß derjenige, der die Erschießung der Menschen durch eigene Hand nicht durchführen wollte oder konnte sich von dieser Aufgabe nicht auch fernhalten konnte. Es wurde hier keine scharfe Kontrolle durchgeführt. Ich blieb also bei den ankommenden Lkws und betätigte mich auch an der Ankunftsstelle, jedenfalls gab ich meinem Verhalten einen solchen Anschein. Es ließ sich nicht vermeiden, daß der eine oder andere meiner Kameraden bemerkte, daß ich nicht mit zur Exekution ging, um Schüsse auf die Opfer abzufeuern. Sie bedachten mich daher mit Bemerkungen [wie] ‹Scheißkerl›, ‹Blutarmer› u. a., womit sie ihr Mißfallen zum Ausdruck brachten. Irgendwelche Folgen sind daraus für mich nicht entstanden. Ich muß erwähnen, daß ich nicht der einzige war, der sich von der Beteiligung an den Exekutionskommandos fernhielt.»[59]

Der größte Teil der Schützen, die nach dem Krieg wegen der Vorgänge von Józefów vernommen wurden, hatte dem 3. Zug der 2. Kompanie angehört. Ihre Aussagen können den vielleicht deutlichsten Eindruck davon vermitteln, wie die Exekutionen sich auf die Männer auswirkten und deren «Ausfallrate» beeinflußten.

Der vierzigjährige Hans Dettelmann*, ein Friseur, wurde von Drucker einem Erschießungskommando zugeteilt. «Mir war es dann jedoch nicht möglich, bei der ersten Exekution das erste Opfer zu erschießen, und ich habe mich abgewandt und [...] den Leutnant D[...] um Ablösung gebeten.» Dettelmann erklärte seinem Leutnant, daß er «sehr weichlich veranlagt» sei, und der ließ ihn gehen.[60]

Walter Niehaus*, der vorher Vertreter einer Zigarettenfirma gewesen war, bekam als erstes Opfer eine ältere Frau zugewiesen. «Nachdem ich die ältere Frau erschossen hatte, bin ich zu [meinem Vorgesetzten] Toni B[...] gegangen und habe ihm erklärt, daß ich nicht mehr in der Lage sei, weitere Erschießungen durchzuführen. Ich brauchte dann auch nicht mehr an Erschießungen teilzunehmen. [...] Ich [war] von dieser einen Erschießung nervlich total fertig.»[61]

August Zorns* erstes Opfer war ein alter Mann, der auf dem

Weg wiederholt stürzte und einfach liegen blieb, weil er «mit seinen Landsleuten nicht Schritt halten konnte oder auch nicht wollte», wie Zorn sich erinnerte.

«Ich mußte ihn regelrecht wieder hochziehen und voranschleppen. So erreichte ich den Exekutionsort erst, als meine Kameraden bereits ihre Juden erschossen hatten. Beim Anblick seiner erschossenen Landsleute warf sich mein Jude nun zu Boden und blieb liegen. Ich habe nun meinen Karabiner durchgeladen und ihn durch einen Schuß in den Hinterkopf erschossen. Da ich durch die grausame Behandlung der Juden bei der Räumung der Stadt schon sehr aufgeregt und völlig durcheinander war, habe ich jetzt viel zu hoch geschossen. Durch den Schuß wurde meinem Juden das gesamte hintere Schädeldach abgerissen und das Gehirn bloßgelegt. Teile des Schädeldachs sind dabei meinem Zugführer, dem Hauptwachtmeister S[...], ins Gesicht geflogen. Dies war für mich der Anlaß, nach Rückkehr zum Wagen zu unserem Spieß zu gehen und um meine Ablösung zu bitten. Mir war durch den Vorfall derartig übel geworden, daß ich einfach nicht mehr konnte. Vom Spieß bin ich dann auch abgelöst [worden].»[62]

Für Georg Kageler*, einen siebenunddreißigjährigen Schneider, traten beim zweiten «Durchgang» Probleme auf.

«Nachdem ich eine Erschießung durchgeführt hatte und zur nächsten Erschießung am Abladeplatz mir als Opfer eine Mutter mit Tochter zugeteilt wurde und ich mit diesen ins Gespräch kam und erfuhr, daß sie Deutsche aus Kassel waren, faßte ich den Entschluß, mich nicht mehr an Exekutionen zu beteiligen. Mir war die ganze Sache jetzt so zuwider, daß ich erneut zu meinem Zugführer ging und ihm erklärte, daß mir noch immer übel sei und ich nicht mehr könne und um meine Ablösung bäte.»[63]

Kageler wurde daraufhin zur Bewachung des Marktplatzes abkommandiert. Er war übrigens nicht der einzige, der sich vor der Erschießung mit seinen Opfern unterhielt und dabei entdeckte, daß sich in Józefów auch deutsche Juden befanden. Schimke, der als erster um einen anderen Auftrag gebeten hatte, stieß auf dem Marktplatz auf einen Juden aus Hamburg; genauso erging es auch einem anderen Polizisten.[64] Und ein weiterer Beteiligter konnte sich daran erinnern, daß der erste Jude, den er trotz flehentlicher Bitte um Gnade erschossen hatte, einen Orden aus dem Ersten Weltkrieg besaß und aus Bremen stammte.[65]

Franz Kastenbaum* hatte bei der offiziellen Vernehmung noch behauptet, sich nicht an die Ermordung von Juden in Polen erinnern zu können. Doch dann erschien er eines Tages unaufgefordert bei der Hamburger Staatsanwaltschaft, die gegen das Reserve-Polizeibataillon 101 ermittelte, und erklärte, er habe damals zu einem 7 oder 8 Mann starken Erschießungskommando gehört. Sie hätten ihre Opfer in den Wald geführt und durch einen Genickschuß aus nächster Nähe getötet. Beim vierten Opfer habe er dann Schwierigkeiten damit bekommen.

«Mir war das Erschießen der Männer so zuwider, daß ich den vierten Mann nicht mehr traf. Es war mir einfach nicht mehr möglich, genau zu zielen. Ich fühlte plötzlich ein Übelkeitsgefühl und lief von der Erschießungsstelle fort. Ich bin soeben falsch verstanden worden. Es war nicht so, daß ich nicht mehr richtig zielen konnte, sondern ich habe das vierte Mal mit Absicht danebengeschossen. Ich lief dann in den Wald hinein, mußte mich übergeben und setzte mich dann an einen Baum. Um mich zu vergewissern, daß niemand in der Nähe war, rief ich laut in den Wald hinein, denn ich wollte alleine sein. Heute möchte ich sagen, daß ich völlig mit den Nerven fertig war. Ich möchte meinen, daß ich mich etwa 2 bis 3 Stunden lang alleine im Wald aufgehalten habe.»

Er sei dann wieder zum Waldrand gegangen und habe sich von einem leeren Lastwagen zum Marktplatz zurückbringen lassen. Sein Verhalten habe für ihn keine negativen Folgen gehabt, denn da die Erschießungskommandos wahllos zusammengestellt worden waren, sei seine Abwesenheit niemandem aufgefallen. Er habe sich jetzt zu dieser Aussage durchgerungen, so erklärte Kastenbaum dem ermittelnden Staatsanwalt, weil es ihm keine Ruhe mehr gelassen habe, daß er zunächst versucht hätte, die Erschießungsaktion zu verheimlichen.[66]

Von den Männern, die die Erschießungen nicht ertragen konnten, ließen sich die meisten sehr schnell ablösen.[67] Das war jedoch nicht bei allen so. In einem Fall hatten die Angehörigen eines Exekutionskommandos schon je zehn bis zwanzig Juden erschossen, ehe sie schließlich um eine Ablösung baten. Einer von ihnen erklärte dazu später: «Meine Ablösung erbat ich insbesondere deshalb, weil mein Nebenmann so unmöglich schoß. Scheinbar hielt er den Lauf des Gewehres immer zu hoch, denn es entstanden gräßliche Wunden bei den Opfern. In manchen Fällen wurde dem Opfer die ganze Gehirnschale hinten aufgerissen, so daß die Gehirnmasse umherspritzte. Ich konnte das einfach nicht mehr mitansehen.»[68] Vom Abladeplatz aus beobachtete Hauptwachtmeister Toni [Anton] Bentheim*, wie manche Männer mit Blut und Gehirnmasse bespritzt und nervlich völlig am Ende aus dem Wald kamen. Wer darum bat, abgelöst zu werden, erhielt von ihm den Rat, sich auf den Marktplatz zu «verkrümeln».[69] Dadurch wuchs die Zahl der Polizisten auf dem Marktplatz ständig weiter an.[70]

Genau wie bei der 1. Kompanie wurde auch an die Polizisten, die unter der Führung von Drucker und Steinmetz im Wald blieben und die Erschießungen fortsetzten, Alkohol ausgegeben.[71] Als dann nach einem langen Sommertag der Mordauftrag bei einbrechender Dunkelheit noch immer nicht vollständig erfüllt war, wurden die Erschießungen noch unorganisierter und hektischer.[72] Der Wald war so voller Leichen, daß es schwierig wurde, für die verbliebenen Opfer noch freie Plätze zum Hinlegen zu finden.[73] Als es gegen 21 Uhr – das heißt, rund 17 Stunden nach Eintreffen des Reserve-Polizeibataillons 101 am Ortsrand von Józefów – schließlich völlig dunkel war und man auch die letzten Juden umgebracht hatte, fanden sich die beteiligten Polizisten wieder auf dem Marktplatz ein und machten sich für die Rückfahrt nach *Biłgoraj* fertig.[74] Für die Bestattung der Leichen waren keinerlei Vorbereitungen getroffen worden, und so ließ man die toten Juden im Wald liegen. Offiziell waren weder Kleidungsstücke noch Wertgegenstände eingesammelt worden, aber zumindest einige der Polizisten hatten sich an Uhren, Schmuck und Geld der Opfer bereichert.[75] Die vielen Gepäckstücke, die die Juden auf dem Marktplatz hatten zurücklassen müssen, wurden einfach verbrannt.[76] Als die Polizisten gerade in die Mannschaftswagen steigen und Józefów verlassen wollten, tauchte ein zehnjähriges Mädchen auf, das am Kopf blutete. Man brachte es zu Trapp, und der nahm es in den Arm und sagte: «Du sollst leben bleiben.»[77]

Als die Männer wieder in ihren Unterkünften in Biłgoraj ankamen, waren sie bedrückt, empört, verbittert und erschüttert.[78] Sie aßen wenig und tranken viel. Es wurde reichlich Alkohol ausgegeben, und viele Polizisten betranken sich ziemlich stark. Major Trapp ging herum und versuchte, seine Männer zu trösten und wieder aufzubauen, wobei er von neuem betonte, daß höhere Stellen die Verantwortung hätten.[79] Doch vielen Polizisten konnten weder der Alkohol noch Trapps tröstende Worte das Entsetzen und die Scham nehmen, die sie empfanden. Trapp bat die Männer, nicht darüber zu reden[80], aber dieser Bitte hätte es gar nicht bedurft. Die Polizisten, die nicht im Wald gewesen waren, wollten keine Einzelheiten hören[81], und diejenigen, die selbst mit dabeigewesen waren, hatten weder damals noch später den Wunsch, darüber zu reden. So herrschte innerhalb des Reserve-Polizeibataillons 101 die stillschweigende Übereinkunft, über das Massaker von Józefów einfach nicht zu sprechen: «Die ganze Sache war ein Tabu.»[82] Die Verdrängung bei Tage konnte aber nicht die Alpträume bei Nacht verhindern. In der ersten Nacht nach den geschilderten Ereignissen schoß ein Polizist im Schlaf in die Decke seiner Stube.[83]

Ein paar Tage später entging das Bataillon anscheinend nur knapp der Beteiligung an einem zweiten Massaker. Unter der Führung von Trapp und Wohlauf drangen Einheiten der 1. und 2. Kompanie in Alekzandrów ein, einem sogenannten Straßendorf, dessen Häuser sich 12 Kilometer westlich von Józefów entlang der Landstraße erstreckten. Man nahm einige Juden fest, und sowohl die Polizisten als auch die Juden befürchteten, daß ein weiteres Massaker bevorstehe. Nach einigem Zögern wurde die Aktion jedoch von Trapp abgebrochen und den Juden erlaubt, wieder in ihre Häuser zu gehen. Ein Polizist konnte sich lebhaft daran erinnern, «wie einzelne Juden vor Major Trapp auf die Knie fielen und ihm Hände und Füße küssen wollten. Trapp ließ dies jedoch nicht zu und wandte sich ab.» Die Polizisten kehrten daraufhin nach Biłgoraj zurück, ohne daß sie eine Erklärung für die merkwürdige Wendung der Ereignisse bekommen hätten.[84] Am 20. Juli – genau einen Monat nach der Abfahrt aus Hamburg und eine Woche nach dem Massaker von Józefów – wurde das Reserve-Polizeibataillon 101 von *Biłgoraj* in den nördlichen Abschnitt des Distrikts Lublin verlegt.

KAPITEL 8

Mörder in Uniform

In Józefów hatte nur ein Dutzend der knapp 500 Männer instinktiv auf Major Trapps Angebot reagiert und sich gemeldet, um nicht bei dem bevorstehenden Massenmord mitmachen zu müssen. Warum waren es nur so wenige Männer, die gleich von Anfang an erklärten, daß sie nicht bereit seien zu schießen? Zum Teil lag es wohl daran, daß das Angebot so plötzlich kam. Die Männer wurden von der «Aktion» in Józefów völlig überrascht [1]; sie waren durch nichts vorgewarnt und hatten keine Zeit nachzudenken. Sofern sie nicht spontan auf Trapps Angebot eingegangen waren, hatten sie diese erste Chance vertan.[2]

Eine ebenso wichtige Rolle wie die fehlende Zeit zum Nachdenken spielte der Konformitätsdruck: Als Uniformierter identifiziert man sich grundsätzlich mit seinen Kameraden und hat das starke Bedürfnis, sich nicht durch rasches Aus-der-Reihe-Treten von der Gruppe zu trennen. Das Bataillon war erst kurz vorher zu voller Stärke aufgestockt worden, und viele der Polizisten kannten einander noch nicht gut; die bei kasernierten Verbänden übliche kameradschaftliche Bindung war noch nicht voll entwickelt. Dennoch bedeutete für jeden, der sich an jenem Morgen in Józefów meldete, daß er sich von seinen Kameraden absetzte und zugab, daß er zu «schwach» oder «feige» war. Wer hätte «gewagt», sich vor versammelter Truppe «bloß[zu]stellen», meinte dazu später mit Nachdruck einer der beteiligten Polizisten.[3] «Wenn mir die Frage gestellt wird, weshalb ich überhaupt zuerst mitgeschossen habe», erklärte ein anderer, der nach mehreren «Durchgängen» schließlich um Ablösung vom Erschießungskommando gebeten hatte, «so muß ich dazu sagen, daß man nicht gern als Feigling gelten wollte.» Sich gleich von Anfang an dem Auftrag zu verweigern, so fügte er hinzu, wäre etwas ganz anderes gewesen, als zunächst zu versuchen, mitzumachen, dann aber nicht mehr schießen zu können.[4] Ein weiterer Beteiligter, der sich eher bewußt war, was wirklich Mut erfordert hätte, sagte einfach: «Ich war feige.»[5]

Die meisten der vernommenen Polizisten bestritten, überhaupt eine Wahl gehabt zu haben. Als sie daraufhin mit der Aussage ihrer ehemaligen Kollegen konfrontiert wurden, stellten viele von ihnen Trapps Angebot nicht in Abrede, behaupteten aber, diesen Teil seiner Rede nicht gehört zu haben beziehungsweise sich nicht daran erinnern zu können. Ein paar der Täter machten den Versuch, sich der Frage nach der eigenen Entscheidungsfreiheit zu stellen, fanden aber nicht die entsprechenden Worte – so als wären sie früher politisch auf einem anderen Planeten gewesen und nun an einen anderen Ort und in eine ganz andere Zeit – die der sechziger Jahre – verschlagen worden, deren politische Wertvorstellungen und dessen Vokabular sich nicht zur Erklärung jener Lage gebrauchen ließen, in der sie sich 1942 befunden hatten. Recht atypisch in der Beschreibung seiner damaligen Einstellung war ein Polizist, der gestand, bis zu 20 Juden umgebracht zu haben, ehe er sich ablösen ließ. «Ich war der Meinung, daß ich die Angelegenheit überwinden könnte und die Juden auch ohne mich ihrem Schicksal nicht hätten entgehen können. [...] Ich muß eigentlich sagen, daß wir uns damals überhaupt keine Überlegungen gemacht haben. Erst in späteren Jahren ist einem eigentlich richtig bewußt geworden, was damals geschehen ist. [...] Vorher hatte ich mir keine Gedanken gemacht. Hinterher kam mir erst der Gedanke, daß das nicht richtig war.»[6]

Neben der bequemen, rationalisierenden Erklärung, daß das Schicksal der Juden unabhängig von der eigenen Beteiligung oder Nichtbeteiligung an den Erschießungen auf jeden Fall das gleiche geblieben wäre, entwickelten die Polizisten noch weitere Rechtfertigungen für ihr Verhalten. Die erstaunlichste davon war wohl die eines fünfunddreißigjährigen Metallarbeiters aus Bremerhaven:

«Ich habe mich, und das war mir möglich, bemüht, nur Kinder zu erschießen. Es ging so vor sich, daß die Mütter die Kinder bei sich an der Hand führten. Mein Nachbar erschoß dann die Mutter und ich das dazugehörige Kind, weil ich mir aus bestimmten Gründen sagte, daß das Kind ohne seine Mutter doch nicht mehr leben konnte. Es sollte gewissermaßen eine Gewissensberuhigung für mich selbst sein, die nicht ohne ihre Mutter mehr lebensfähigen Kinder zu erlösen.»[7]

Das ganze Gewicht dieser Aussage des ehemaligen Polizisten und die volle Bedeutung seiner Wortwahl werden erst richtig deutlich, wenn man sich die zweite, religiöse Bedeutung des Wortes «erlösen» bewußt macht: Wer Menschen erlöst, ist «der Erlöser» – der «Heiland» und «Retter»!

Im Hinblick auf die Motivation und das Bewußtsein der Polizisten fällt als eklatanteste Auslassung auf, daß bei den Vernehmungen die Frage des Antisemitismus überhaupt nicht diskutiert wurde. In den meisten Fällen sind die vernehmenden Beamten diesem Thema gar nicht erst nachgegangen. Und die betroffenen Zeugen waren als potentielle Angeklagte aus verständlichen Gründen nicht darauf erpicht, von sich aus erhellende Aussagen zu machen. Von wenigen Ausnahmen abgesehen wurde die ganze Antisemitismusfrage mit Schweigen übergangen. Eindeutig ist, daß den Polizisten die Sorge um das eigene Ansehen bei den Kameraden wichtiger war als irgendein Gefühl menschlicher Verbundenheit mit den Opfern. Die Juden standen für sie außerhalb des Kreises, in dem man mitmenschliche Verpflichtung und Verantwortung empfand. Eine derartige Polarisierung in «wir» und «die», in Kameraden und Feinde, ist im Krieg natürlich die Norm.

Auch wenn die Angehörigen des Reserve-Polizeibataillons 101 die antisemitische Doktrin des NS-Regimes vielleicht nicht bewußt übernommen hatten, so akzeptierten sie anscheinend doch zumindest, daß die Juden zum allgemeinen Feindbild gehörten. An diese verbreitete Vorstellung von den Juden als «Volksfeinden» knüpfte Major Trapp in seiner Rede am frühen Morgen des 13. Juli an: Bei der Erschießung jüdischer Frauen und Kinder sollten seine Männer am besten daran denken, daß zur gleichen Zeit deutsche Frauen und Kinder durch feindliche Bomben umkämen.

Wenn sich anfangs auch nur ein Dutzend Polizisten meldeten, um von der Beteiligung an dem bevorstehenden Massaker freigestellt zu werden, so versuchte doch eine weit größere Zahl, sich dem Morden auf unauffälligere Weise zu entziehen, oder bat nach Beginn der Erschießungen um Ablösung von den Exekutionskommandos. Wie viele der Polizisten diesen Kategorien zuzurechnen sind, läßt sich nicht mit Bestimmtheit sagen, doch dürfte es kaum übertrieben sein, von schätzungsweise 10 bis 20 Prozent der eingeteilten Schützen auszugehen. Hauptwachtmeister Hergert erklärte beispielsweise, er habe fünf Männer seines 40 bis 50 Mann starken Trupps von ihrer Aufgabe entbunden. Von der Drucker und Steinmetz unterstellten Abteilung, aus deren Reihen die meisten der Vernommenen stammten, sind sechs Polizisten bekannt, die nach maximal vier Erschießungen um Ablösung baten, und außerdem ein ganzes Kommando von fünf bis acht Mann, das geraume Zeit später von seinem Auftrag entbunden wurde. Die Zahl der Männer, die sich dem Massaker auf die eine oder andere Art entzogen, ist also keineswegs gering, sollte aber nicht über die Tatsache hinwegtäuschen, daß umgekehrt mindestens 80 Prozent der in den Kommandos eingesetzten Polizisten die Erschießungen so lange fortsetzten, bis 1500 Juden aus Józefów umgebracht waren.

Auch 20 oder 25 Jahre danach nannten die meisten der Polizisten, die sich der Beteiligung an den Erschießungen früher oder später entzogen hatten, als Hauptmotiv nicht irgendwelche ethischen oder politischen Prinzipien, sondern rein körperlichen Ekel vor ihrem Tun. Angesichts des Bildungsniveaus dieser Reservepolizisten konnte man von ihnen auch nicht erwarten, daß sie in komplexer Weise auf abstrakte Prinzipien Bezug nehmen würden. Doch selbst wenn Äußerungen in dieser Richtung fehlen, heißt das noch nicht, daß bei ihnen der erwähnte Ekel nicht auf menschliche Instinkte zurückging, die der Nationalsozialismus radikal ablehnte und zu überwinden trachtete. Die Männer scheinen sich jedoch des Widerspruchs zwischen dem Wesen des Regimes, dem sie dienten, und ihren eigenen Empfindungen nicht bewußt gewesen zu sein. Daß diese Polizisten zu «schwach» waren, um mit den Erschießungen fortzufahren, führte im Hinblick auf die «Produktivität» und die moralische Verfassung des Bataillons natürlich zu Problemen, bedeutete aber nicht, daß die grundsätzliche polizeiliche Disziplin oder generell die Autorität des Regimes in Frage gestellt worden wäre. Tatsächlich war es so, daß Heinrich Himmler in seiner berüchtigten Posener Rede am 4. Oktober 1943 gegenüber hohen SS-Führern die Tolerierung dieser Art von «Schwäche» persönlich sanktionierte. Er hob den Gehorsam als eine der Haupttugenden aller SS-Leute hervor, meinte aber gleichzeitig, wenn man bemerke, daß jemand «mit den Nerven fertig» und «schwach» sei, «dann kann man sagen: Gut, gehen Sie in Pension.»[8]

Daß die Polizisten zur Begründung ihres Verhaltens explizit eine politisch oder ethisch motivierte oppositionelle Einstellung anführten, kam relativ selten vor. Einer erklärte, er sei ganz entschieden gegen die «Judenmaßnahmen» der Nationalsozialisten gewesen, da er als aktives Mitglied der Kommunistischen Partei den Nationalsozialismus insgesamt abgelehnt habe.[9] Ein anderer meinte, als langjähriger Sozialdemokrat sei er gegen die Erschießung der Juden gewesen.[10] Ein dritter sagte aus, er sei bei den Nazis als «politisch unzuverlässiger Querulant» bekannt gewesen, machte aber keine weiteren Angaben zu seiner politischen Einstellung.[11] Mehrere Polizisten begründeten ihre Haltung speziell damit, daß sie den Antisemitismus des Regimes abgelehnt hätten. «Diese Einstellung hatte ich bereits vorher in Hamburg», erklärte ein Landschaftsgärtner, «da ich durch die bereits früher durchgeführten Judenmaßnahmen den größten Teil meiner geschäftlichen Kundschaft verloren hatte.»[12] Ein anderer Polizist bezeichnete sich als großen «Judenfreund», ohne dies weiter zu erläutern.[13]

Die zwei Bataillonsangehörigen, die am ausführlichsten darlegten, warum sie eine Beteiligung an den Erschießungen abgelehnt hatten, betonten beide, ihnen sei ihre Weigerung insofern leichter gefallen, als sie nicht auf eine Karriere versessen gewesen seien. So sagte ein Polizist, er habe bei seiner Handlungsweise mögliche Nachteile in Kauf genommen, «denn ich war kein aktiver Polizist und wollte auch keiner werden, sondern selbständiger Handwerksmeister und ich hatte zu Hause meinen Betrieb. [...] deshalb machte es mir nichts aus, daß meine Karriere keinen Aufstieg haben würde.»[14]

Leutnant Buchmann hatte damals für seine Weigerung ethische Gründe angeführt und erklärt, daß er als Reserveoffizier und Hamburger Geschäftsmann nicht wehrlose Frauen und Kinder erschießen könne. Auch er hob bei der Vernehmung jedoch die wichtige Rolle der eigenen wirtschaftlichen Unabhängigkeit hervor und meinte, daß seine Situation insofern nicht mit der seiner Offizierskollegen zu vergleichen gewesen sei. «Ich war damals etwas älter und außerdem Reserveoffizier, mir kam es insbesondere nicht darauf an, befördert zu werden, oder sonstwie weiterzukommen, denn ich hatte ja zuhause mein gutgehendes Geschäft. Die Kompaniechefs [...] dagegen waren junge Leute vom aktiven Dienst, die noch etwas werden wollten.» Buchmann bekannte sich aber auch zu einer Einstellung, die von den Nazis zweifellos als kosmopolitisch und «judenfreundlich» verurteilt worden wäre. «Ich hatte durch meine kaufmännische Tätigkeit, die sich insbesondere auch auf das Ausland erstreckte, einen besseren Überblick über die Dinge. Außerdem kannte ich schon durch meine geschäftliche Tätigkeit von früher viele Juden.»[15]

Praktisch alle Bataillonsangehörigen – selbst die, die sich den ganzen Tag über an den Erschießungen beteiligt hatten – waren über das, was man von ihnen in Józefów verlangt hatte, empört und verbittert. Ein Polizist brachte zum Ausdruck, was viele empfanden, als er Hauptwachtmeister Kammer von der 1. Kompanie zurief: «Ich werde verrückt, wenn ich so was wieder machen muß.»[16] Aber nur wenige gingen über das bloße Klagen hinaus und entzogen sich zukünftigen Einsätzen dieser Art. Mehrere ältere Polizisten, die Großfamilien zu versorgen hatten, machten sich eine Vorschrift zunutze, nach der sie zum Dienst in Kampfgebieten nur mit ihrer ausdrücklichen schriftlichen Zustimmung eingesetzt werden konnten. Einer verweigerte seine Unterschrift, ein anderer widerrief sein bereits erteiltes Einverständnis. Beide wurden letztlich nach Deutschland zurückversetzt.[17] Am drastischsten reagierte wiederum Leutnant Buchmann, der Trapp um die Versetzung nach Hamburg bat und erklärte, sich ohne dessen direkten persönlichen Befehl nicht mehr an Einsätzen gegen Juden zu beteiligen. Am Ende schrieb Buchmann nach Hamburg und bat, ihn wieder nach dort zu versetzen, da er für gewisse «polizeifremde Aufgaben», die seine derzeitige Einheit in Polen durchführe, «nicht geeignet» sei.[18] Er mußte bis November warten, doch dann waren seine Versetzungsbemühungen schließlich erfolgreich.

Nicht die ethisch und politisch begründete Opposition einiger weniger war also das Problem, vor dem Trapp und seine Vorgesetzten in Lublin standen, sondern die weitgehende Demoralisierung sowohl derjenigen, die sich bis zum Ende an den Erschießungen beteiligt hatten, als auch der anderen, die irgendwann nicht mehr hatten weiterschießen können. Die Demoralisierung war vor allem eine Reaktion auf das Entsetzliche des Tötungsverfahrens selbst. Wenn das Reserve-Polizeibataillon 101 auch weiterhin Einsatzkräfte für die Verwirklichung der «Endlösung» im Distrikt Lublin stellen sollte, mußte folglich die psychische Belastung der Polizisten berücksichtigt und möglichst verringert werden.

Bei nachfolgenden «Aktionen» wurden zwei wichtige Änderungen eingeführt und – bis auf einige auffallende Ausnahmen – von da an beibehalten. Erstens wurde das Reserve-Polizeibataillon 101 nun größtenteils zur Räumung von Ghettos und zur Durchführung von Deportationen eingesetzt und nicht mehr zu offenen Massakern vor Ort. Dadurch waren die Polizisten nicht mehr unmittelbar mit dem Grauen des Tötens konfrontiert, das jetzt (für die aus dem nördlichen Abschnitt des Lubliner Distrikts deportierten Juden) in das Vernichtungslager von Treblinka verlagert war. Zweitens wurde das grauenvolle Deportationsverfahren, das durch brutalen Zwang beim Verladen der Opfer auf die Todeszüge und durch die systematische Ermordung der «nicht transportfähigen» Juden gekennzeichnet war, nun nicht mehr allein von Einheiten des Reserve-Polizeibataillons 101 durchgeführt, sondern meist gemeinsam mit Verbänden der «Trawnikis» – jenen aus den besetzten sowjetischen Gebieten stammenden Hilfsmannschaften, die in Kriegsgefangenenlagern angeworben und von der SS ausgebildet worden waren und denen bei den Ghettoräumungen und Deportationen in der Regel die schlimmsten Aufgaben zugewiesen wurden.

Der merkwürdige Vorfall von Alekzandrów läßt sich in der Tat wohl am ehesten dadurch erklären, daß die psychische Demoralisierung des Bataillons aufgrund der erst wenige Tage zurückliegenden «Aktion» von Józefów Anlaß zur Sorge gab. Wahrscheinlich hatte Trapp vor dem neuerlichen Einsatz dic Zusicherung erhalten, daß die Erschießungen diesmal von Trawniki-Einheiten vorgenommen würden, und als diese dann nicht eintrafen, ordnete er die Freilassung der von seinen Männern zusammengetriebenen Juden an. Kurz gesagt, hoffte man also, durch eine doppelte Arbeitsteilung jene psychische Entlastung der Polizisten zu erreichen, die für eine effektive Einbindung des Reserve-Polizeibataillons 101 in das Tötungsverfahren erforderlich war. Die Ermordung der Juden sollte größtenteils im Vernichtungslager erfolgen, und die schlimmste «Dreckarbeit» vor Ort wollte man den Trawnikis überlassen. Wie sich zeigte, führte diese Änderung dazu, daß die Reservepolizisten sich an ihre Beteiligung an der «Endlösung» gewöhnten. Als sie kurze Zeit darauf wieder vor der Aufgabe standen zu töten, wurden sie keineswegs «verrückt», sondern entwickelten sich zunehmend zu effizienten und gefühllosen Henkern.

KAPITEL 9

Łomazy: Der Abstieg der 2. Kompanie

Bereits vor dem Massaker vom 13. Juli in Józefów erging der Befehl zur Verlegung der Polizeibataillone im Distrikt Lublin.[1] Der Distrikt war in die «Sicherheitszonen» Nord, Mitte und Süd unterteilt. Dem Reserve-Polizeibataillon 101 wurde die nördliche Zone zugewiesen, die von Westen nach Osten gesehen die Kreise *Puławy*, Radzyn und *Biała* Podlaska umfaßte. Oberleutnant Gnades 2. Kompanie wurde für *Biała* Podlaska eingeteilt, und Gnade stationierte seinen Kompaniestab in der Kreisstadt *Biała*. Ein Teil des 1. Zuges kam nach Piszczac, der andere nach Tuczna, beide im südöstlichen Teil des Kreises gelegen, während der 2. Zug nach Wisznice im Süden beordert wurde. Den 3. Zug stationierte man im südwestlich gelegenen Parczew, das heißt, genaugenommen im Nachbarkreis Radzyn.

Für den Kreis *Biała* Podlaska hatte die «Endlösung» am 10. Juni 1942 begonnen, als 3000 Juden von *Biała* nach Sobibor deportiert wurden. Aus kleineren Gemeinden brachte man Hunderte von Juden in die Ortschaft *Łomazy*, die auf halber Strecke zwischen *Biała* und Wisznice lag.[2] Dann wurde die Mordkampagne bis zur Ankunft von Oberleutnant Gnades 2. Kompanie unterbrochen. Die Juden von *Łomazy* waren als Angriffsziel der nächsten Mordaktion vorgesehen, die das Reserve-Polizeibataillon 101 zum erstenmal gemeinsam mit einer

Einheit aus Trawniki durchführen sollte. Für das Zusammentreiben der Juden sollte der Großteil der Einsatzkräfte aus den Reihen der 2. Kompanie kommen, während die Trawnikis in erster Linie die Schützen zu stellen hatten. Damit wollte man verhindern, daß die deutschen Polizisten noch einmal der großen psychischen Belastung ausgesetzt wären, die sie in Józefów erlebt hatten.

Anfang August wurde eine 15 bis 18 Mann starke Gruppe des 3. Zuges unter dem Befehl von Hauptwachtmeister Heinrich Bekemeier* direkt in *Łomazy* stationiert, einem Ort, dessen Einwohnerschaft je zur Hälfte aus Polen und Juden bestand. Dort verbrachte die sogenannte Gruppe Bekemeier mehrere ereignislose Wochen. Die jüdischen und die polnischen Einwohner lebten zwar getrennt voneinander, das jüdische Viertel war aber weder eingezäunt noch bewacht.[3] Die deutschen Polizisten waren in der Schule des Judenviertels untergebracht.

Am 16. August, erst einen Tag vor der «Aktion», erhielt Heinrich Bekemeier in *Łomazy* einen Anruf von Oberleutnant Gnade, der ihm mitteilte, daß am nächsten Morgen Juden «umgesiedelt» würden und seine Männer um 4 Uhr bereitstehen sollten. Was das bedeutete, war Bekemeier «klar».[4] Am selben Tag beorderte Gnade Leutnant Drucker und Leutnant Scheer nach *Biała* und informierte sie, angeblich in Anwesenheit eines SD-Offiziers, über den Einsatz, der am nächsten Tag gemeinsam mit der SS durchgeführt werden sollte. Alle jüdischen Einwohner seien zu erschießen.[5] Für den im nahe gelegenen Wisznice stationierten 2. Zug wurden frühmorgens Lastwagen für die halbstündige Fahrt bereitgestellt.[6] Da dem 1. Zug keine Lastwagen zur Verfügung standen, wurden für ihn polnische Pferdewagen requiriert, mit denen die Polizisten die ganze Nacht unterwegs waren. Sie trafen erst am frühen Morgen vor Ort ein.[7]

In *Łomazy* rief Gnade seine Unteroffiziere zusammen und teilte ihnen mit, daß sie das Judenviertel räumen und die Juden auf dem Schulhof zusammentreiben sollten. Er erklärte ihnen, die Erschießungen würden von «Hilfswilligen» aus Trawniki durchgeführt, so daß diese Arbeit den Polizisten größtenteils erspart bliebe, aber die Gefangennahme der Juden solle «wie gehabt» erfolgen – mit anderen Worten: Kleinkinder sowie Alte, Kranke und Schwache, die nicht so einfach zum Sammelplatz zu führen waren, sollten an Ort und Stelle erschossen werden. Der Aussage eines Gruppenführers zufolge kamen jedoch auch dieses Mal die meisten Kinder zur Sammelstelle mit. Genau wie in Józefów stießen die Polizisten bei dieser Räumungsaktion nicht nur auf deutsche, sondern gerade auch auf Hamburger Juden. Schon bald reichte der Schulhof als Sammelstelle nicht mehr aus, so daß auch der benachbarte Sportplatz miteinbezogen wurde. Von Erschießungen begleitet, war das Zusammentreiben nach knapp zwei Stunden abgeschlossen.[8]

Dann zwang man die 1700 Juden von *Łomazy*, sich hinzusetzen und zu warten. Eine Gruppe von 60 bis 70 jungen Männern wurde ausgesondert, mit Schaufeln und Spaten versehen und auf Lastwagen zum Wald gebracht. Mehreren der jungen Juden gelang dabei durch einen Sprung vom fahrenden LKW die Flucht. Einer griff einen deutschen Gruppenführer an, der aber der beste Boxer des Bataillons war und den verzweifelten Angreifer prompt k. o. schlug. Im Wald wurde den Juden befohlen, ein Massengrab auszuheben.[9]

In *Łomazy* mußten die todgeweihten Juden und die sie bewachenden Polizisten unterdessen stundenlang warten. Dann marschierte plötzlich, angeführt von einem deutschen SS-Offizier, eine Abteilung von 50 «Hilfswilligen» aus Trawniki in den Ort. «Ich habe noch genau in Erinnerung», sagte später ein Polizist aus, «daß diese Trawnikis sofort nach ihrem Eintreffen Pause machten. Dabei habe ich gesehen, daß sie aus ihrem Gepäck neben der Verpflegung auch Flaschen mit Wodka hervorholten und davon tranken.» Auch der SS-Offizier und Gnade tranken reichlich. Andere Unteroffiziere rochen ebenfalls nach Alkohol, waren aber nicht so offensichtlich betrunken wie die zwei Kommandoführer.[10] Zur Verpflegung erhielten die Polizisten Butterbrote.[11]

Als die Grube beinahe fertig war und die «Hilfswilligen» sowie die Polizisten ihre Mahlzeit beendet hatten, begann der einen Kilometer lange «Todestransport».[12] Einige Polizisten fuhren mit den Pferdewagen zum Wald und bildeten dort eine neue Absperrungskette.[13] Andere marschierten mit Gruppen von jeweils 200 bis 300 Juden dorthin, wobei sie unterwegs jeden erschossen, der zusammenbrach.[14] Da sich dieses Verfahren als zu langsam erwies, wurde beschlossen, alle noch verbliebenen Juden auf einmal zum Wald zu bringen. Dazu sammelte man von den polnischen Dorfbewohnern Stricke ein, band sie zu einem langen Seil zusammen und legte es um die große Gruppe der Juden herum auf den Boden. Dann befahl man ihnen, aufzustehen, dabei das sie umgebende Seil aufzuheben und so zum Wald zu marschieren. Wie das vor sich ging, schilderte später Hauptwachtmeister Toni Bentheim:

«Dieser Abmarsch ging äußerst schleppend vonstatten. Vermutlich wurde an der Spitze zu schnell gegangen und es wurde am Seil gezogen, so daß sich am hinteren Ende eine riesige Traube zusammenballte, so daß kaum einer der Juden einen Fuß vor den anderen setzen konnte. Dadurch bedingt kam es auch zu Stürzen, und der Pulk hatte noch nicht den Sportplatz verlassen oder gerade verlassen, als bereits die ersten Gefallenen regulär im Seil hingen und mitgeschleift wurden. Es wurden sogar innerhalb der Traube Personen niedergetreten. Die auf diese Art und Weise Gestürzten und hinter der Kolonne liegengebliebenen Juden wurden nun rücksichtslos vorangetrieben und auch erschossen. Aber auch durch die ersten Schüsse änderte sich die Situation nicht, und die hinten zusammengeballte Menschentraube lockerte sich nach vorne kaum auf. Da wir zu diesem Zeitpunkt ohne Einsatzaufgabe waren, bin ich den Juden alleine oder mit einigen Kameraden gefolgt, da ich mir schon gedacht hatte, daß man so niemals vorankommen würde. Als sich nun nach den ersten Erschießungen keine Änderung zeigte, habe ich etwa sinngemäß laut gebrüllt: ‹Was soll dieser Unfug? Die Stricke weg!› Auf Grund meines Rufs hielt nun der ganze Pulk einschließlich der Hiwis an, die sich meiner Meinung nach recht ratlos nach mir umdrehten.

Sinngemäß habe ich ihnen nun nochmals zugerufen, sie seien doch alle bewaffnet, was da der Unsinn mit dem Strick solle. Der Strick weg!

[...] Bei meinem zweiten Zuruf ließen nun die Juden den Strick fallen und der ganze Pulk konnte sich unter Formierung einer normalen Kolonne in Bewegung setzen. Ich selbst bin dann zum Schulhof zurückgegangen. Vor Aufregung und Ärger habe ich dann sofort in der Schule einen Schnaps getrunken.»[15]

Sobald die Kolonne den Wald erreicht hatte, wurden die Juden nach Geschlechtern getrennt und zu drei verschiedenen Sammelstellen geschickt. Dort mußten sie sich ausziehen. Den Frauen erlaubte man, das Unterhemd anzubehalten, während die Männer an einer Sammelstelle völlig nackt dastanden, an der anderen aber wenigstens die Unterhose anbehalten durften. Einige Polizisten erhielten den Auftrag, die Kleidungsstücke und Wertgegenstände einzusammeln, wobei sie darauf hingewiesen wurden, daß anschließend ihre Taschen kontrolliert würden. Die Juden kamen mit ihren Kleiderbündeln und legten sie zur Durchsuchung auf einen Haufen. Ihre Wertgegenstände warfen sie in eine große Kiste beziehungsweise auf eine auseinandergefaltete Decke. Dann mußten sie sich mit dem Gesicht nach unten auf den Boden legen und wiederum, zum Teil stundenlang, in der sengenden Augustsonne warten.[16]

Bei Oberleutnant Gnade handelte es sich den meisten Zeugenaussagen zufolge um einen überzeugten Nazi und Antisemiten. Außerdem war er unberechenbar – manchmal freundlich und zugänglich, dann wieder brutal und bösartig. Wenn Gnade getrunken hatte, zeigten sich seine schlimmsten Charakterzüge noch deutlicher, und nach allem, was bekannt ist, war er an jenem Nachmittag in *Łomazy* sinnlos betrunken. In Polen hatte er sich vollends zum Trinker entwickelt.[17] Im Bataillon war aber die wachsende Abhängigkeit vom Alkohol nichts Ungewöhnliches. Ein Polizist, der sich nicht am Trinken beteiligte, sagte später aus, daß «die meisten der anderen Kameraden lediglich auf Grund der vielen Judenerschießungen soviel getrunken haben, da ein derartiges Leben nüchtern gar nicht zu ertragen war»[18].

Wenn schon nicht mit seinem großen Alkoholkonsum, so

stach Gnade doch zumindest mit dem sadistischen Charakterzug ab, den er in *Łomazy* zum erstenmal offen zeigte. Im Herbst hatten er und seine Leute noch den Nachtzug aus Minsk genommen, um nicht in die Erschießung der Juden verwickelt zu werden, die sie aus Hamburg dort hingebracht hatten. Auch in Józefów war Gnade im Vergleich zu seinen Offizierskameraden nicht durch besonders sadistisches Verhalten aufgefallen. Dies änderte sich im Wald von *Łomazy*, als er den Juden bei der Fertigstellung des Massengrabs zusah und sich beim Warten etwas «Unterhaltung» verschaffen wollte.

«Noch bevor die Erschießungen begannen, hatte sich Oberleutnant Gnade etwa 20 bis 25 ältere Juden herausgesucht. Es waren ausschließlich Männer mit Vollbärten. Diese alten Männer ließ Gnade auf dem Platz vor der Grube robben. Bevor er ihnen den Befehl zum robben gegeben hatte, mußten sie sich entkleiden. Während die Juden nun völlig nackt robbten, schrie Oberleutnant Gnade in die Gegend: ‹Wo sind denn meine Unterführer, habt ihr noch keinen Knüppel?› Daraufhin sind dann die Unterführer an den Waldrand gegangen, haben sich Knüppel geholt und schlugen nun kräftig mit diesen Knüppeln auf die Juden ein.»[19]

Als die Vorbereitungen für die Erschießungen abgeschlossen waren, begann Gnade, Juden von den Entkleidungsstellen zur Grube zu jagen.[20]

Die Juden wurden gezwungen, in kleinen Gruppen durch ein lichtes Spalier von Wachposten die etwa 30 bis 50 Meter von den Entkleidungsstellen zum Grab zu laufen.[21] Auf drei Seiten der Grube war die Erde zu Wällen aufgeworfen worden, während die vierte eine leichte Böschung bildete, die die Juden hinuntergetrieben wurden. Betrunken und aufgeregt wie die «Hilfswilligen» waren, erschossen sie die Juden anfangs gleich am Eingang zur Grube. «Das hatte zur Folge, daß die ersten toten Juden den Einstieg versperrten. So gingen dann einige Juden in die Grube hinein und zogen die Leichen vom Einstieg weg. Alsbald wurden die Juden in größeren Mengen in die Grube hineingetrieben, und die Hiwis hatten nun Aufstellung auf den aufgeworfenen Wällen genommen. Von dort aus erschossen sie die Opfer.»[22] Mit jedem neuen Schuß füllte sich die Grube weiter. «Die nachfolgenden Juden mußten nun selbst auf die zuvor Erschossenen steigen, bzw. später sogar klettern, da die Leichen innerhalb der Grube fast bis zum Grubenrand aufgetürmt waren.»[23]

Die «Hilfswilligen», die in vielen Fällen mit der Flasche in der Hand dastanden, wurden genau wie Gnade und der SS-Offizier immer betrunkener.[24] «Während Oberltn. Gnade mit seiner Pistole vom Erdwall aus schoß, wobei er mehrmals Gefahr lief, in die Grube zu stürzen, war der SD-Offizier [sic] genau wie die Hiwis in die Grube hineingegangen und schoß von hier aus, da er sich infolge seiner Trunkenheit nicht mehr auf dem Wall gehalten hätte.» In der Grube stieg das mit Blut vermischte Grundwasser bald so weit an, daß es den «Hilfswilligen» bis über die Knie reichte. Mit zunehmender Trunkenheit fielen die Schützen, einer nach dem anderen, aus. Gnade und der SS-Offizier machten sich deswegen gegenseitig Vorwürfe und schrien einander dabei so laut an, daß es jeder im Umkreis von 30 Metern um die Grube hören konnte. Der SS-Offizier brüllte: «Ihre Scheißpolizisten schießen überhaupt nicht.» Worauf ihm Gnade entgegnete: «Gut, dann müssen eben meine Leute schießen.»[25]

Leutnant Drucker und Leutnant Scheer riefen daraufhin ihre Unteroffiziere zu sich und gaben ihnen den Befehl weiter, Erschießungskommandos zu bilden und die Exekutionen genauso durchzuführen, wie es die «Hilfswilligen» vorgemacht hatten. Hauptwachtmeister Hergert zufolge lehnten die Unteroffiziere deren Methode allerdings ab, da «das Grundwasser in der Grube bereits über 50 cm hoch stand. Außerdem lagen bereits im ganzen Grubenbereich bzw. schwammen im ganzen Grubenbereich Leichen umher. Als besonders schrecklich habe ich in Erinnerung, daß auch [viele] der erschossenen Juden bei der Exekution gar nicht tödlich getroffen waren und trotzdem ohne Abgabe von Gnadenschüssen von nachfolgenden Opfern zugedeckt wurden.»[26]

Die Unteroffiziere beschlossen, die Exekution so fortzusetzen, daß jeweils zwei Erschießungskommandos auf gegenüberliegenden Seiten der Grube Aufstellung nahmen. Die Juden mußten sich am Grubenrand in Reihen hinlegen und wurden dann von den Polizisten erschossen, die auf dem gegenüberliegenden Erdwall standen. Alle drei Züge stellten mehrere je acht bis zehn Mann starke Kommandos, die einander nach fünf oder sechs Schüssen ablösten. Nach etwa zwei Stunden wurden die vom Alkohol betäubten «Hilfswilligen» geweckt und setzten die Erschießungen dann an Stelle der deutschen Polizisten bis gegen 19 Uhr fort. Die «Arbeitsjuden», die man bis dahin verschont hatte, schaufelten am Ende die Grube zu und wurden dann ihrerseits erschossen.[27] Unter der dünnen Deckschicht des überfüllten Massengrabs war immer noch Bewegung.[28]

Der 1. und 2. Zug kehrten noch am selben Abend in ihre Unterkünfte zurück, während die Gruppe Bekemeier in *Łomazy* blieb. Einige Tage später durchkämmte sie das Judenviertel noch einmal. Die Polizisten kontrollierten die Keller der Häuser, suchten unter den Holzböden nach Verstecken und nahmen noch einmal 20 bis 30 Juden fest. Bekemeier erstattete Gnade telefonisch Meldung, und der ordnete die Erschießung der Gefangenen an. In Begleitung von drei oder vier polnischen Polizisten brachten Bekemeier und seine Leute die Juden zum Waldrand, zwangen sie, sich auf den Boden zu legen, und töteten sie dann mit einem Genickschuß, wobei sie wiederum das Bajonett als Zielhilfe benutzten. Alle schossen mindestens einmal, manche zweimal. Mit der Beerdigung der Leichen wurde der polnische Bürgermeister beauftragt.[29]

Das Reserve-Polizeibataillon 101 hatte damit zum zweitenmal bei einer «Aktion» über tausend Menschen erschossen, doch das Massaker von *Łomazy* unterschied sich von dem in Józefów in mehrfacher Hinsicht. In *Łomazy* scheinen viel mehr Fluchtversuche unternommen worden zu sein[30], vermutlich weil auch die jungen, kräftigen «Arbeitsjuden» nicht verschont blieben und sich die Opfer von Anfang an deutlicher über das ihnen zugedachte Schicksal im klaren waren. Obwohl sich die Juden im zweiten Fall noch stärker anstrengten, zu fliehen oder sich zu verstecken, war das Tötungsverfahren im Vergleich zu dem improvisierten und ungeübten Vorgehen in Józefów diesmal weit «effizienter». Mit nur rund einem Drittel der Schützen benötigte man zur Ermordung von noch mehr Juden (1700) nur etwa halb soviel Zeit. Außerdem wurden nun Wertgegenstände und Kleidungsstücke eingesammelt und die Leichen in einem Massengrab verscharrt.

Die psychische Belastung war für die Mörder stark reduziert. Die meisten Erschießungen wurden von den «Hilfswilligen» vorgenommen, die sich nicht erst nach dem Einsatz mit Alkohol vollaufen ließen, um leichter vergessen zu können, sondern gleich von Anfang an betrunken waren. Laut Hauptwachtmeister Bentheim waren seine Leute «heilfroh», diesmal nicht schießen zu müssen.[31] Wenn sie die Erschießungen nicht unmittelbar selbst durchführten, hatten die Polizisten offenbar kaum das Gefühl, mit dem Massenmord etwas zu tun zu haben. Nach Józefów erschien es ihnen als relativ harmlos, Juden zusammenzutreiben und zu bewachen, die dann von anderen Beteiligten umgebracht wurden.

Selbst die Polizisten, die am späten Nachmittag anstelle der «Hilfswilligen» die Erschießungen mehrere Stunden lang fortsetzen mußten, erinnerten sich daran keineswegs mit dem gleichen Entsetzen wie an die Vorgänge von Józefów. Dieses Mal standen sich Täter und Opfer nicht paarweise Auge in Auge gegenüber, und so entstand keinerlei persönliche Nähe. In deutlichem Gegensatz zu Józefów konnte sich nur ein einziger Polizist an die Identität eines bestimmten, von ihm erschossenen Juden erinnern.[32] Zur Entpersönlichung des Mordverfahrens kam noch hinzu, daß den Tätern durch die jeweils rasche Ablösung das Gefühl des pausen- und endlosen Tötens erspart blieb, das in Józefów akut vorhanden gewesen war. Die direkte Beteiligung am Töten war für sie nun nicht nur unpersönlicher, sondern auch begrenzter. Der Faktor Gewöhnung spielte ebenfalls eine Rolle. Da die Männer schon einmal getötet hatten, erlebten sie beim zweiten Mal keinen so traumatischen Schock mehr. Wie viele andere Dinge war auch das Morden etwas, an das man sich gewöhnen konnte.

Noch in einem anderen Punkt unterschieden sich die Vorgänge von *Łomazy* deutlich von denen in Józefów: Diesmal hatten die Polizisten nicht die «Qual der Wahl», vor der sie durch Trapps Angebot beim ersten Massaker gestanden hatten – auch dies vielleicht eine Art psychische «Erleichterung» für sie. Wer sich zum Schießen nicht in der Lage fühlte, erhielt diesmal nicht die Gelegenheit wegzutreten, und niemand sorgte systematisch für die Ablösung derjenigen, die offensichtlich zu erschüttert waren, um weiterzumachen. Jeder, der zu den Erschießungskommandos eingeteilt war, kam wie befohlen an die Reihe.[33] Die Schützen mußten daher anschließend nicht in dem deutlichen Bewußtsein leben, daß ihre Tat vermeidbar gewesen wäre.

Damit soll nicht gesagt werden, daß den Männern keine Wahl blieb, sondern nur, daß sie ihnen in diesem Fall nicht so offen und ausdrücklich zugestanden wurde wie in Józefów. Wer sich dem Morden entziehen wollte, mußte sich schon anstrengen. Zwar hob Hauptwachtmeister Hergert später besonders hervor, daß man bei dem Einsatz nicht erst nach Freiwilligen gesucht habe, sondern praktisch jeder Angehörige der Kompanie mit dem Schießen an die Reihe gekommen sei, doch auch er mußte zugeben, daß sich manche der Männer möglicherweise in den Wald «verdrückt» hätten.[34] Deren Zahl war jedoch anscheinend ziemlich gering: Anders als beim Massaker von Józefów gaben in diesem Fall nur zwei Beteiligte an, daß sie den Erschießungen bewußt auf die eine oder andere Weise aus dem Wege gegangen seien. Georg Kageler erklärte, er habe zweimal zusammen mit anderen Polizisten Juden aus *Łomazy* in den Wald eskortiert und sich dann «mehr oder weniger ‹verdrückt›, um einer weiteren Einteilung zu entgehen»[35]. Paul Metzger* gab an, zur äußeren Absperrungskette am Waldrand gehört zu haben, die die

Juden an einer plötzlichen Flucht von den Entkleidungsstellen hindern sollte. In Józefów habe er sich nach zwei Exekutionen zu den Lastwagen «verdrückt». Und als in *Łomazy* ein fliehender Jude auf ihn zulief, habe er ihn vorbeigelassen. «Oberleutnant Gnade, der [...] zu der Zeit bereits betrunken war, wollte wissen, welcher Posten den Juden hatte laufen lassen. Ich habe mich nicht gemeldet und auch keiner meiner Kameraden hat Meldung erstattet. Oberlt. Gnade war infolge seiner Trunkenheit nicht in der Lage, die Sache zu übersehen, und deshalb wurde ich auch nicht zur Rechenschaft gezogen.»[36]

Was Kageler und Metzger taten, war nicht ganz risikolos, blieb für sie aber ohne Folgen. Die meisten Polizisten jedoch scheinen keinerlei Anstrengungen gemacht zu haben, den Exekutionen zu entgehen. In *Łomazy* kam zu der allgemeinen Tendenz, sich dem Verhalten der eigenen Kameraden anzupassen, die Bereitschaft, Befehle zu befolgen, als verstärkender Faktor hinzu. Dies war viel leichter zu ertragen als die Situation in Józefów, wo den Polizisten zwar gestattet worden war, sich persönlich gegen eine Beteiligung am Töten zu entscheiden, ein solcher Schritt aber gleichzeitig bedeutet hatte, sich von seinen Kameraden abzuheben und als «schwach» dazustehen.

In Józefów war durch Trapp nicht nur die Entscheidung freigestellt, sondern auch der Charakter der «Aktion» bestimmt worden, indem er gesagt hatte, man hätte «die Aufgabe, die Juden zu erschießen», nicht aber, sie «zu quälen und zu schlagen».[37] Wie sehr ihn das Ganze belastete, war dort für alle erkennbar gewesen. Die meisten der nachfolgenden «Judenaktionen» wurden aber in Kompanie- oder Zugstärke durchgeführt und nicht vom ganzen Bataillon. Damit war es nun Sache der Kompanieführer – wie Gnade in *Łomazy* – und nicht mehr des Bataillonskommandeurs, festzulegen, welches Verhalten sie von den Untergebenen erwarteten und befürworteten. Gnades unnötiger und erschreckender Sadismus am Rande des Massengrabs ist nur ein Beispiel für den von ihm in dieser Hinsicht gewählten Führungsstil, doch solche Vorfälle sollten sich bald häufen. Als nach dem Massaker Gnade und der SS-Befehlshaber der Trawnikis auf dem Schulhof von *Łomazy* in immer noch betrunkenem Zustand Toni Bentheim begegneten, fragte ersterer: «Na, wie viele haben Sie denn erschossen?», worauf ihm der Hauptwachtmeister entgegnete, daß er niemanden erschossen habe. Da meinte Oberleutnant Gnade verächtlich: «Kann man auch nicht anders erwarten, Sie sind ja katholisch.»[38] Unter einer solchen Führung und mit Hilfe der Trawnikis machten die Männer von der 2. Kompanie in *Łomazy* einen wesentlichen Schritt auf ihrem Weg hin zu abgebrühten Mördern.

KAPITEL 10

Die Todeszüge nach Treblinka im August

In der Nähe von *Łomazy* gab es nirgendwo einen Bahnhof, so daß man die Juden, die im Juni 1942 dort konzentriert worden waren, nicht so einfach deportieren konnte – daher das Massaker vom 17. August. Im nördlichen Abschnitt des Distrikts Lublin wohnten die meisten Juden jedoch in den Orten *Radzyń*, *Łuków*, Parczew und *Międzyrzec*, die alle in der Nähe von Bahngleisen lagen. So bestand von nun an der Beitrag, den das Reserve-Polizeibataillon 101 zur «Endlösung» leistete, im wesentlichen nicht mehr in lokalen Massakern, sondern in der Räumung von Ghettos und der Deportation der Juden in das Vernichtungslager von Treblinka, das sich rund 110 Kilometer nördlich des Radzyńer Bataillonshauptquartiers befand.

Der erste Deportationszug nach Treblinka verließ Warschau am Abend des 22. Juli 1942 und traf am folgenden Morgen im Vernichtungslager ein. Ab da kamen täglich «Judentransporte» aus Warschau und dem umliegenden Distrikt an. Zwischen dem 5. und dem 24. August wurden auch ca. 30000 Juden aus Radom und Kielce nach Treblinka geschafft. Obwohl die Tötungskapazität des Lagers bereits bis zum äußersten ausgelastet war, beschloß Globocnik voller Ungeduld, nun auch mit den Deportationen aus dem nördlichen Abschnitt des Lubliner Distrikts zu beginnen. Als erstes sollte gegen die Juden vorgegangen werden, die in den Orten Parczew und *Międzyrzec* im Kreis *Radzyń* wohnten und sich somit in der Mitte der «Sicherheitszone» des Reserve-Polizeibataillons 101 befanden.

In Parczew war Steinmetz' 3. Zug der 2. Kompanie stationiert, allerdings ohne die Gruppe Bekemeier, die nach *Łomazy* abkommandiert worden war. Im Judenviertel, das man von der übrigen Stadt weder durch einen Zaun noch durch eine Mauer abgetrennt hatte, wohnten über 5000 Juden. Auch wenn das Ghetto bislang nicht abgeriegelt war, so litt die jüdische Gemeinde doch unter der üblichen Diskriminierung und Demütigung der deutschen Besatzung. Steinmetz konnte sich beispielsweise daran erinnern, daß bei der Ankunft seiner Männer die Hauptstraße bereits mit jüdischen Grabsteinen gepflastert war.[1] Anfang August wurden in Parczew etwa 300 bis 500 Juden auf Pferdewagen verladen und unter Polizeibewachung in einen fünf oder sechs Kilometer entfernten Wald gefahren, wo sie an eine SS-Einheit übergeben wurden. Die Polizisten machten sich sofort auf den Rückweg, und da sie dabei keine Schüsse hörten, konnten sie später nicht genau sagen, was mit den Juden geschehen war.[2]

Aufgrund des Gerüchts, daß eine noch weit größere Deportation bevorstehe, flohen viele Juden aus Parczew in die Wälder.[3] Die meisten befanden sich jedoch noch in der Stadt, als die 1. und 2. Kompanie des Reserve-Polizeibataillons 101 zusammen mit einer Hilfswilligeneinheit dort am Morgen des 19. August einrückten – nur zwei Tage nach dem Massaker von *Łomazy*. Trapp informierte seine Leute, daß sie die Juden zu einer Bahnstation zu bringen hätten, die zwei bis drei Kilometer außerhalb des Ortes lag. Er deutete dabei «indirekt», aber unmißverständlich an, daß alle Juden, die für den Marsch zu alt oder zu schwach seien, an Ort und Stelle erschossen werden sollten.[4]

Während die 2. Kompanie das jüdische Viertel absperrte, führte die 1. Kompanie die Durchsuchungsaktion durch.[5] Am Nachmittag erstreckte sich dann eine lange Kolonne gefangener Juden vom Marktplatz bis zur Bahnstation. An jenem Tag wurden ungefähr 3000 der Parczewer Juden deportiert. Einige Tage später wurde die ganze Aktion wiederholt – diesmal allerdings ohne die Hilfswilligeneinheit –, und nun kamen auch die noch verbliebenen 2000 Juden aus Parczew nach Treblinka.[6]

Die Polizisten können sich an keine besonderen Vorkommnisse bei diesen beiden Deportationen erinnern. Alles ging relativ reibunglos vonstatten. Es wurde nur wenig geschossen, und bei der erstgenannten Deportation scheinen die beteiligten «Hilfswilligen» nicht so betrunken und brutal wie sonst gewesen zu sein. Wohl weil so wenig «Dreckarbeit» zu leisten war, hielt man die Anwesenheit der «Hiwis» bei der zweiten Deportation nicht mehr für erforderlich. Zwar wußten die Polizisten in diesen Fällen nicht genau, wohin die Juden geschickt wurden und was mit ihnen geschehen würde, aber es war ihnen «allen [...] klar und bekannt», wie Heinrich Steinmetz später gestand, daß «diese Aussiedlungen für die betroffenen Juden den Weg in den Tod» bedeuteten. «Wir ahnten, daß man die Juden in irgendwelchen Lagern umbringen würde.»[7] Das scheint die Männer vom Reserve-Polizeibataillon 101 jedoch kaum gestört zu haben, solange sie selbst am Morden nicht direkt beteiligt waren. Dabei war die Zahl der Opfer bei den Deportationen aus Parczew größer als bei den Massakern von Józefów und Łomazy zusammen. Für die Polizisten galt offenbar: «Aus den Augen, aus dem Sinn.» Von den ganzen Vorgängen war manchen Männern aus Steinmetz' Zug später noch am ehesten gegenwärtig, daß sie auf einer sumpfigen Wiese nördlich von Parczew Wachdienst geschoben hatten und den ganzen Tag über mit nassen Füßen hatten Posten stehen müssen.[8]

Weit besser war den Polizisten des Bataillons 101 der Abtransport von 11000 Juden in Erinnerung, die am 25. und 26. August von *Międzyrzec* nach Treblinka deportiert wurden.[9] Das Ghetto von Międzyrzec war im August 1942 das größte im ganzen Kreis Radzyń. Dort lebten 12000 Juden im Vergleich zu 10000 in Łuków und 6000 in der Stadt Radzyń. Im Distrikt Lublin war die Ghettoverwaltung im Juni 1942 von den Zivilbehörden an die SS übergegangen, so daß die Aufsicht über die genannten drei Ghettos jetzt in der Hand von Männern lag, die vom Sicherheitspolizeiamt in Radzyń kamen.[10]

Genau wie Izbica und Piaski im Süden des Lubliner Distrikts sollte auch Międzyrzec zum «Durchgangsghetto» werden, in dem die Juden aus dem Umland gesammelt und dann nach Treblinka geschickt wurden. Damit Juden aus anderen Orten aufgenommen werden konnten, mußte das Ghetto von Międzyrzec regelmäßig geräumt werden. Die erste und umfangreichste dieser Räumungen wurde am 25. und 26. August gemeinsam von der 1. Kompanie, dem 3. Zug der 2. Kompanie und dem 1. Zug der 3. Kompanie des Reserve-Polizeibataillons 101 sowie einer Hilfswilligeneinheit und der Radzyńer Sicherheitspolizei vorgenommen.[11]

Bei der Verlegung des Bataillonshauptquartiers von Bitgoraj nach Radzyń waren Ende Juli Teile der 1. Kompanie nicht nur dort, sondern auch in Kock, Łuków und Komarówka stationiert worden. Der 1. Zug der 3. Kompanie befand sich ebenfalls im Kreis Radyzń, und zwar in Czemierniki, und der 3. Zug der 2. Kompanie war in Parczew. Diese fünf Züge wurden für die «Aktion» in Międzyrzec in Marsch gesetzt. Einige der Polizisten trafen in Międzyrzec in der Nacht vom 24. auf den 25. August ein, wobei eine Einheit weitere Juden in einem Pferdewagenkonvoi dorthin transportierte.[12] Die meisten Polizisten sammelten sich jedoch unter der Aufsicht von Hauptwachtmeister Kammer am frühen Morgen des 25. August in Radzyń. Warum Hauptmann Wohlauf zunächst nicht dabei war, klärte sich auf, als der Lastwagenkonvoi auf dem Weg aus der Stadt vor seinem Privathaus anhielt. Zusammen mit seiner jungen Frau, die im vierten Monat schwanger war und sich jetzt einen Uniformmantel über die Schultern gelegt und ein Käppi aufgesetzt hatte, trat Wohlauf aus dem Haus und bestieg einen der Lastwagen. «Während Hauptmann Wohlauf vorne auf dem Beifahrersitz Platz nahm, mußte ich nun gleichfalls meinen Platz dort räumen, um seiner Ehefrau Platz zu machen», erinnerte sich ein Polizist.[13]

Vor seinem Dienstantritt beim Reserve-Polizeibataillon 101 hatte Hauptmann Wohlauf hinsichtlich seiner Karriere einige Schwierigkeiten gehabt. Im April 1940 war er mit dem Polizeibataillon 105 nach Norwegen geschickt worden, doch sein dortiger Vorgesetzter hatte nach einiger Zeit Wohlaufs Ablösung verlangt, da er – bei aller Tatkraft und Intelligenz – viel zu undiszipliniert und zu sehr von sich eingenommen sei.[14] Wohlauf wurde daraufhin nach Hamburg zurückgeschickt, und sein dortiger Vorgesetzter urteilte über ihn, daß er sich nicht genügend für den Dienst an der Heimatfront interessiere und einer strengen Aufsicht bedürfe.[15] Im Frühjahr 1941 wurde Wohlauf dann dem gerade aus Lodz zurückgekehrten Polizeibataillon 101 zugeteilt. Dies war der ersehnte Wendepunkt in seiner Karriere. Nach wenigen Monaten schlug ihn der neue Bataillonskommandeur, Major Trapp, für eine Beförderung und die Ernennung zum Kompanieführer vor. Wohlauf sei ein guter Soldat, tatkräftig und voller Energie, und besitze Führungsqualitäten, schrieb Trapp. Außerdem sei er bestrebt, nach nationalsozialistischen Grundsätzen zu handeln und auf seine Untergebenen in diesem Sinne einzuwirken. Er zeige jederzeit die Bereitschaft, «sich rückhaltlos für den nationalsozialistischen Staat einzusetzen»[16]. Wohlauf wurde zum Hauptmann befördert, übernahm die Führung der 1. Kompanie und wurde unter Trapp stellvertretender Bataillonskommandeur.

Die anderen Polizisten hielten Wohlauf für einen Angeber. Einer erzählte, daß sich der Hauptmann in seinem Wagen stehend wie ein General habe fahren lassen. Ein anderer erklärte, Wohlauf sei abschätzig «klein Rommel» genannt worden.[17] Der Personalsachbearbeiter der 1. Kompanie erinnerte sich an Wohlaufs Energie, die Entschiedenheit, mit der er sich für alle Aspekte seines Kommandos verantwortlich fühlte, und seine Fähigkeit, ihm übertragene Aufgaben zu erledigen.[18] Der nicht gerade mit Begeisterung tätige Zugführer Buchmann hielt ihn für «aufrichtiger» und «lauterer» als Oberleutnant Gnade (der zugegebenermaßen nicht als besonders hoher Vergleichsmaßstab gelten kann) und meinte, Wohlauf sei auch nicht als besonderer Antisemit aufgefallen. Er habe seine Verantwortung als Offizier ernst genommen, sei vor allem aber ein frisch verheirateter, verliebter junger Mann gewesen.[19]

Wohlauf hatte für den 22. Juni seine Hochzeit geplant, war dann jedoch von der plötzlichen Abreise des Bataillons nach Polen überrascht worden. Kaum in Bitgoraj angekommen, flehte er Trapp an, ihn für kurze Zeit nach Hamburg zurückkehren zu lassen, damit er seine schwangere Freundin heiraten könne. Trapp lehnte das zuerst ab, gewährte ihm dann aber doch Sonderurlaub. Wohlauf heiratete am 29. Juni und traf bei seinem Bataillon in Polen gerade rechtzeitig zur «Aktion» von Józefów ein. Sobald seine Kompanie in Radzyń stationiert war, ließ er seine junge Frau für die gemeinsamen Flitterwochen dorthin nachkommen.[20]

Es ist möglich, daß Wohlauf seine Frau zur «Aussiedlungsaktion» von Międzyrzec mitnahm, weil er von ihr mitten in den Flitterwochen unter keinen Umständen getrennt sein mochte, wie Buchmann meinte. Andererseits wollte der von sich eingenommene, angeberisch veranlagte Hauptmann vielleicht auch nur seiner jungen Frau demonstrieren, daß er Herr über Leben und Tod der polnischen Juden war, um sie so zu beeindrucken. Seine Untergebenen waren eindeutig von letzterem überzeugt und reagierten alle mit Entrüstung und Empörung darauf, daß eine Frau ihre schrecklichen Taten mitansehen sollte.[21] Sie besaßen noch so etwas wie Schamgefühl.

Als der Konvoi mit Wohlauf, seiner Frau und dem größten Teil der 1. Kompanie in Międzyrzec, knapp 30 Kilometer nördlich von Radzyń, eintraf, war die «Aktion» bereits im Gange. Schüsse und Schreie waren zu hören; die Hilfswilligen und die Sicherheitspolizei hatten begonnen, die Juden zusammenzutreiben. Während Wohlauf genauere Instruktionen einholen ging, mußten seine Männer warten. Nach 20 bis 30 Minuten kam er zurück und erteilte seinen Untergebenen verschiedene Aufträge. Einige schickte er zum Wachdienst an der äußeren

Absperrung, die meisten aber teilte er zur Räumungsaktion ein, die gemeinsam mit den Hilfswilligen durchgeführt werden sollte. Sie erhielten den üblichen Befehl, jeden zu erschießen, der zu fliehen versuche, sowie alle, die für den Marsch zur Bahnstation vor der Stadt zu krank, alt oder schwach seien.[22]

Während die Männer noch auf Wohlauf warteten, begegnete ihnen ein Offizier der Sicherheitspolizei, der bereits am frühen Morgen ziemlich stark betrunken war.[23] Und schon bald wurde deutlich, daß dies auch auf die Hilfswilligen zutraf.[24] Sie schossen so häufig und unkontrolliert, daß die Polizisten wiederholt in Deckung gehen mußten, um nicht von Kugeln getroffen zu werden.[25] «Überall in den Straßen und Häusern» waren die Leichen erschossener Juden zu sehen.[26]

Von den Hilfswilligen und den Polizisten getrieben, strömten Tausende von Juden auf den Marktplatz. Hier mußten sie sich hinsetzen oder hinhocken und durften weder aufstehen noch sonst sich bewegen. Aufgrund einer spätsommerlichen Hitzewelle war es an diesem Augusttag so heiß, daß während des stundenlangen Wartens viele Juden einen Kreislaufkollaps erlitten und ohnmächtig wurden. Außerdem wurde auch auf dem Marktplatz weiter geprügelt und geschossen.[27] Angesichts der steigenden Temperaturen hatte Frau Wohlauf, die die Vorgänge aus nächster Nähe beobachtete, inzwischen den Uniformmantel abgelegt und war in ihrem Kleid auf dem Marktplatz deutlich auszumachen.[28]

Gegen 14 Uhr wurden die äußeren Wachposten zum Marktplatz beordert, und eine bis zwei Stunden später begann der Marsch zur Bahnstation. Sämtliche Hilfswilligen- und Polizeikräfte waren im Einsatz, um die Tausenden von Juden dort hinzutreiben. Erschießungen waren wiederum an der Tagesordnung. Die «Fußkranken», die nicht mehr weiter konnten, wurden erschossen und am Straßenrand liegengelassen, so daß Leichen den Weg zur Bahnstation säumten.[29]

Dort stand zum Abschluß noch ein schrecklicher Vorgang bevor: die Beladung der Waggons. Während die Hilfswilligen und die Sicherheitspolizisten jeweils 120 bis 140 Juden in die einzelnen Waggons trieben, standen die Reservepolizisten Wache und schauten zu. Ein Augenzeuge sagte aus:

«Wenn es nicht klappen wollte, wurde von ihnen mit Reitpeitschen und Schußwaffen nachgeholfen. Die Verladung war einfach fürchterlich. Es gab ein unheimliches Geschrei der armen Menschen, da diese in 10 oder 20 Waggons gleichzeitig verladen wurden. Der ganze Güterzug war unheimlich lang. Er war nicht zu übersehen. Es mögen aber 50 bis 60 Waggons, wenn nicht mehr, gewesen sein. Nachdem ein Waggon beladen war, wurden die Türen geschlossen und vernagelt.»[30]

Sobald alle Waggons verschlossen waren, rückten die Reservepolizisten des Bataillons 101 noch vor der Abfahrt des Zuges eilig ab.

Die Räumung des Ghettos von Międzyrzec blieb die größte Deportationsmaßnahme, die das Bataillon in der gesamten Zeit seiner Beteiligung an der «Endlösung» durchführte. In Międzyrzec hatten nur 1000 Juden eine vorläufige Arbeitserlaubnis erhalten, mit der man sie so lange im Ghetto zu halten gedachte, bis sie durch Polen ersetzt werden konnten.[31] Insofern waren rund 11 000 Juden von der Deportation betroffen. Später wußten die Polizisten zu berichten, daß im Laufe der Aktion «mehrere hundert Juden» erschossen worden waren; wie viele es genau gewesen waren, war ihnen natürlich nicht bekannt.[32] Das aber wußten die überlebenden Juden, die später die Leichen geborgen und begraben hatten; 960 waren von ihnen gezählt worden.[33]

In größerem Zusammenhang betrachtet, läßt diese Zahl erkennen, mit welcher Schärfe die Deportation von Międzyrzec selbst nach damaligen nationalsozialistischen Maßstäben durchgeführt wurde. Zwischen dem 22. Juli und dem 21. September 1942 wurden 300 000 Juden aus Warschau deportiert. In diesen zwei Monaten wurden den Berichten des Warschauer Judenrats zufolge insgesamt 6687 Juden erschossen.[34] In Warschau war demnach das Verhältnis von sofort getöteten zu deportierten Juden ungefähr 2 zu 100, während es in Międzyrzec 9 zu 100 betrug. Die Juden von Międzyrzec gingen nicht «wie die Schafe zur Schlachtbank», sondern wurden mit einer solchen Brutalität hingetrieben, daß diese Vorgänge selbst in der Erinnerung der zunehmend abgestumpften und gefühllosen Männer vom Bataillon 101 einen unauslöschlichen Eindruck hinterließen. Von «Aus den Augen, aus dem Sinn» konnte in diesem Fall keine Rede sein.

Wie kommt es, daß die Reservepolizisten die Deportationen aus Parczew als relativ ereignislos erinnerten, während sie die Deportation aus Międzyrzec, die nur eine Woche später erfolgte, als entsetzlich empfanden? Auf deutscher Seite war der Schlüsselfaktor das Zahlenverhältnis zwischen Tätern und Opfern. In Parczew stellten die Deutschen den über 5000 Juden zwei Ordnungspolizeikompanien und eine Hilfswilligeneinheit gegenüber, insgesamt also 300 bis 350 Mann. In Międzyrzec, aus dem doppelt so viele Juden deportiert werden sollten, setzten die Deutschen fünf Züge Ordnungspolizei, die örtliche Sicherheitspolizei und eine Hilfswilligeneinheit ein, mithin 350 bis 400 Mann. Je größer demnach bei einer Ghettoräumung aufgrund der Zahl der eingesetzten Kräfte die Belastung des einzelnen war, desto heftiger und brutaler wurde vorgegangen.

Die Deportationen aus dem nördlichen Lublin nach Treblinka, die Globocnik aus Ungeduld gleichzeitig mit denen aus dem Warschauer und Radomer Distrikt einzuleiten versuchte, überforderten die Kapazität des Vernichtungslagers. In der zweiten Augusthälfte schwoll die Zahl der Juden, die umgebracht werden sollten, so stark an, daß sich die Leichen, die nicht schnell genug beseitigt werden konnten, türmten. Die überlastete Tötungsmaschinerie kam zum Stillstand. Die Deportationen aus den Distrikten Warschau, Radom und Lublin wurden vorübergehend eingestellt, darunter auch zwei Transporte von Łuków nach Treblinka, von denen der erste für den 28. August vorgesehen gewesen war.[35] Globocnik und der für die Beaufsichtigung der Vernichtungslager zuständige Christian Wirth begaben sich rasch nach Treblinka, um das Lager umzuorganisieren. Franz Stangl, der in Sobibor nicht viel zu tun hatte, solange sein Lager aufgrund von Gleisarbeiten höchstens für Transporte aus den umliegenden Orten erreichbar war, wurde nach Treblinka beordert und zum Lagerkommandanten ernannt. Nach einer Woche der Umorganisierung wurden die Deportationen von Warschau nach Treblinka am 3. September und die aus dem Distrikt Radom etwa zwei Wochen später wiederaufgenommen. Dem Reserve-Polizeibataillon 101 war unterdessen eine kurze Ruhepause vergönnt, da das Morden im nördlichen Abschnitt des Lubliner Distrikts erst gegen Ende September fortgesetzt wurde.

KAPITEL 11

Die Erschießungen Ende September

Kurz bevor das Deportationsprogramm in der nördlichen Sicherheitszone des Lubliner Distrikts fortgesetzt wurde, war das Reserve-Polizeibataillon 101 noch an mehreren anderen Massenerschießungen beteiligt. Die erste fand in Serokomla, neun Kilometer nordwestlich von Kock, statt. Das Dorf hatte bereits im Mai 1940 ein Massaker erlebt, das von volksdeutschen «Selbstschutz»-Einheiten verübt worden war. Diese bürgerwehrartigen Verbände waren im Herbst 1939 und im Frühjahr 1940 unter der Führung von Ludolph von Alvensleben, einem Vertrauten Heinrich Himmlers, im besetzten Polen gebildet worden. Nach Verübung mehrerer Massaker, darunter das oben erwähnte, wurden die «Selbstschutz»-Verbände zum sogenannten Sonderdienst zusammengefaßt und den zivilen Kreisverwaltungsleitern unterstellt.[1]

Im September 1942 wurde Serokomla von den Deutschen erneut heimgesucht. Der von Leutnant Brand kommandierte Zug der 1. Kompanie war im nahe gelegenen Kock stationiert. Brand befahl Hauptwachtmeister Hans Keller und zehn weiteren Untergebenen, die um Serokomla herum lebenden Juden zusammenzutreiben und ins Dorf zu bringen.[2] Am 22. September brach Brands Zug dann frühmorgens in Kock auf und fuhr zu einer Straßenkreuzung im Nordwesten des Ortes. Dort traf er mit anderen Einheiten der 1. Kompanie zusammen, die unter der Führung von Hauptmann Wohlauf aus dem 20 Kilometer nordwestlich gelegenen Radzyń kamen; außerdem stieß der von Leutnant Peters befehligte 1. Zug der 3. Kompanie zu ihnen, der 15 Kilometer weiter östlich in Czemierniki stationiert war. Unter dem Kommando von Hauptmann Wohlauf setzten die Reservepolizisten ihre Fahrt nach Serokomla fort.

Kurz vor den Dorf ließ Wohlauf den Konvoi anhalten und gab Befehle aus. Auf zwei Hügeln in unmittelbarer Dorfnähe, von denen aus man die ganze Gegend überblicken konnte, wurden Maschinengewehre in Stellung gebracht. Einige Männer aus Brands Zug erhielten Befehl, das Judenviertel der Ortschaft abzuriegeln, während der Rest der 1. Kompanie dazu abkommandiert wurde, die Juden zusammenzutreiben.[3]

Von Erschießungen hatte Wohlauf bis dahin noch nichts gesagt, sondern seinen Leuten nur erklärt, sie sollten wie üblich verfahren. Diese indirekte Anweisung wurde so verstanden, daß jeder Jude, der versuchen sollte, zu fliehen oder sich zu verstekken, und alle, die nicht mehr laufen könnten, an Ort und Stelle zu erschießen seien. Allerdings wurde nun Leutnant Peters' Zug, der bisher in Reserve gehalten worden war, zu einem Kiesgrubengelände knapp einen Kilometer außerhalb des Dorfes geschickt. Für Hauptwachtmeister Keller, der Abmarsch und Aufstellung dieses Zuges von seinen MG-Nestern auf den beiden Hügeln aus beobachten konnte, stand fest, daß die Juden von Serokomla an diesem warmen, sonnigen Tag erschossen werden sollten, auch wenn Wohlauf bis dahin nur von «Aussiedeln» gesprochen hatte.

Nachdem gegen 11 Uhr vormittags die 200 bis 300 Juden des Ortes zusammengetrieben worden waren, erklärte Wohlauf «plötzlich», daß alle zu erschießen seien.[4] Nun wurden weitere Angehörige der 1. Kompanie unter dem Befehl von Hauptwachtmeister Jurich* zur Verstärkung der Schützen von Leutnant Peters' Zug zu den Kiesgruben abkommandiert. Gegen 12 Uhr begannen die übrigen Polizisten der 1. Kompanie, die

Juden in Gruppen von jeweils 20 bis 30 Personen aus dem Ort zu treiben.

In Józefów war Leutnant Peters' Zug mit Absperrmaßnahmen beschäftigt gewesen und daher vom Dienst in den Erschießungskommandos verschont geblieben. Auch in Łomazy waren seine Männer nicht an den von der 2. Kompanie durchgeführten Erschießungen beteiligt gewesen. Doch in Serokomla wurden schließlich auch sie herangezogen.

Genau wie in Łomazy wurden hier die Exekutionen ohne die Unterstützung erfahrener «Hilfswilliger» in Angriff genommen und von Wohlauf ähnlich wie die Erschießungen in Józefów organisiert. Sobald die Gruppen von 20 bis 30 Juden bei den Kiesgruben eintrafen, wurden sie eine nach der anderen von zahlenmäßig gleichstarken Exekutionskommandos übernommen. So stand auch diesmal jeweils ein Polizist einem Juden gegenüber, den er erschießen sollte. Es wurden keine Wertgegenstände eingesammelt, und niemand mußte sich ausziehen. Es fand auch keine Selektion von Arbeitskräften statt. Ohne Rücksicht auf Alter und Geschlecht sollten alle Juden erschossen werden.

Die Schützen führten «ihre» Juden jeweils auf eine der Abraumhalden neben den Kiesgruben. Dort mußten die Opfer vor der zwei Meter tiefen Böschung nebeneinander so Aufstellung nehmen, daß sie den Polizisten den Rücken kehrten. Von diesen wurden sie dann auf Kommando aus nächster Nähe ins Genick geschossen und stürzten tot die Böschung hinunter. Eine Zeitlang wurden die Gruppen von Juden nacheinander an die gleiche Stelle geführt, so daß sie den wachsenden Berg der Leichen ihrer Angehörigen und Freunde vor Augen hatten, ehe sie selbst erschossen wurden. Erst nach mehreren «Durchgängen» wechselten die Schützen den Erschießungsort.

Während die Exekutionen ihren Fortgang nahmen, schlenderte Hauptwachtmeister Keller von seiner Maschinengewehrstellung zu Hauptwachtmeister Jurich hinunter und sah sich mit ihm die Erschießungen aus der Nähe an. Jurich beklagte sich bei ihm darüber, daß Hauptmann Wohlauf diese «Scheiße» angeordnet und sich dann in die polnische Polizeiwache von Serokomla «verdrückt» habe.[5] Da Wohlauf diesmal nicht von seiner jungen Frau begleitet worden war und sich folglich nicht vor ihr produzieren konnte, hatte er anscheinend kein Verlangen danach, das Morden direkt mitzuerleben. Später behauptete Wohlauf, sich an eine Aktion in Serokomla überhaupt nicht erinnern zu können. Vielleicht war er mit seinen Gedanken schon bei der bevorstehenden Reise gewesen: Er wollte seine Frau auf der Heimfahrt nach Deutschland begleiten.

Die Erschießungen dauerten bis 15 Uhr an. Es wurden keinerlei Anstalten getroffen, die Juden zu bestatten; man ließ ihre Leichen einfach in den Kiesgruben liegen. Auf dem Rückweg hielten die Polizisten in Kock an und stärkten sich mit einem nachmittäglichen Imbiß. Am Abend erhielten sie in ihren Unterkünften eine Sonderration Alkohol.[6]

Drei Tage nach dem Massaker von Serokomla machte sich Hauptwachtmeister Jobst* von der 1. Kompanie in Zivilkleidung und nur von einem polnischen Dolmetscher begleitet von Kock aus zu einem arrangierten Treffen auf den Weg, bei dem er einen polnischen Partisanen zu fangen hoffte, der sich in der Gegend zwischen den Dörfern Serokomla und Talcyn versteckt hielt. Jobst hatte mit seiner Falle Erfolg und nahm den Mann gefangen. Auf dem Rückweg nach Kock geriet der Hauptwachtmeister jedoch in Talcyn in einen Hinterhalt und wurde getötet. Der polnische Dolmetscher konnte entkommen, er traf in Kock aber erst lange nach Einbruch der Dunkelheit mit der Nachricht von Jobsts Tod ein.[7]

Um Mitternacht meldete Hauptwachtmeister Jurich dem Bataillonshauptquartier in Radzyń telefonisch den Vorfall.[8] Bei einem anschließenden Gespräch mit ihm hatte Keller den Eindruck, daß man im Hauptquartier nicht zu einer Strafaktion gegen das Dorf neigte. Wenig später rief jedoch Major Trapp aus Radzyń an und sagte, daß von Lublin angeordnet worden sei, zur Vergeltung 200 Personen zu erschießen.[9]

Dieselben Einheiten, die vier Tage vorher über Serokomla hergefallen waren, trafen am frühen Morgen des 26. September wieder an derselben Straßenkreuzung nordwestlich von Kock zusammen. Befehlshaber war diesmal nicht Hauptmann Wohlauf, weil er schon auf dem Weg nach Deutschland war. Statt dessen leitete Major Trapp, der in Begleitung seines Adjutanten Oberleutnant Hagen und des Bataillonsstabs erschienen war, selbst den Einsatz.

Bei ihrer Ankunft in Talcyn wurde der gesamten 1. Kompanie der Leichnam von Hauptwachtmeister Jobst gezeigt, den man am Ortsrand auf der Straße hatte liegen lassen.[10] Dann riegelten die deutschen Polizisten die Ortschaft ab, holten die polnischen Einwohner aus ihren Häusern und brachten sie in die Schule. Aus dem Dorf waren bereits viele Männer geflohen[11], aber die, die man noch im Ort antraf, wurden zur Turnhalle geschafft, wo Trapp sie einer Selektion unterzog.

Der Bataillonskommandeur und sein Adjutant waren offensichtlich darauf bedacht, die örtliche Bevölkerung möglichst wenig gegen sich aufzubringen, und so führten sie die Selektion in Absprache mit dem polnischen Bürgermeister durch. Es waren nur zwei Kategorien von Polen betroffen: Fremde beziehungsweise Leute, die nur vorübergehend in Talcyn wohnten, und Personen «ohne ausreichende Existenzgrundlage»[12]. Trapp schickte mindestens einen Polizisten zu den Klassenzimmern nebenan, um die dort festgehaltenen Frauen zu beruhigen, die vor Verzweiflung schrien und weinten.[13] 87 polnische Männer wurden auf diese Weise ausgesondert, aus dem Dorf geführt und in der Nähe erschossen. Einer der deutschen Polizisten sagte später aus, man habe nur «die Ärmsten der Armen» getötet.[14]

Leutnant Buchmann fuhr mit einigen Männern aus der Kompanie direkt nach Radzyń zurück, während andere in Kock eine Mittagsrast einlegten. Beim Essen erfuhren sie, daß es mit dem Töten an diesem Tag noch nicht zu Ende war. Die festgelegte Vergeltungsquote von 200 Personen war längst nicht erfüllt. So hatte Trapp sich etwas scheinbar Geniales einfallen lassen, um seinem Auftrag zu genügen, ohne das Verhältnis zur örtlichen Bevölkerung weiter zu belasten. Anstatt in Talcyn noch mehr Polen zu erschießen, sollten seine Polizisten nun Juden aus dem Ghetto von Kock erschießen.[15]

Einer seiner Untergebenen, ein deutscher Fahrer, behauptete später, er habe auf dem Weg nach Radzyń beim Ghetto am Ortsrand angehalten und die Menschen vor der bevorstehenden «Aktion» gewarnt.[16] Derartige Warnungen waren für die eingeschlossenen Ghettobewohner natürlich zwecklos. Suchtrupps der deutschen Polizei drangen ins Ghetto ein und ergriffen ohne Rücksicht auf Alter und Geschlecht jeden, den sie finden konnten. Ältere Juden, die nicht zum Exekutionsplatz laufen konnten, wurden auf der Stelle erschossen. Ein Polizist erklärte später: «Obwohl ich an den Durchsuchungen teilnehmen sollte, gelang es mir auch hier, mich so auf den Straßen umherzudrücken. Ich habe die Judenaktion in jeder Form mißbilligt und daher nicht einen einzigen Juden der Erschießung zugeführt.»[17]

Wie gewöhnlich hatte jedoch das Verhalten der wenigen, die sich einer Beteiligung am Morden auf die eine oder andere Weise entzogen, keine Auswirkung auf die anderen, die fest entschlossen waren, ihren Auftrag zu erfüllen. Die Juden, die den Polizisten ins Netz gingen, wurden aus dem Ghetto zu einem großen Haus getrieben, an dessen Rückseite sich ein ummauerter Hof befand. In Gruppen von je 30 Personen wurden sie in den Hof geführt und gezwungen, sich entlang der Mauer hinzulegen. Auf ein Kommando von Leutnant Brand hin wurden die Juden dann von Unteroffizieren mit Maschinenpistolen erschossen. Ihre Leichen ließ man liegen, bis sie am nächsten Tag von «Arbeitsjuden» aus dem Ghetto in einem Massengrab beigesetzt wurden.[18] Major Trapp meldete unverzüglich nach Lublin, daß zur Vergeltung für den Überfall auf Hauptwachtmeister Jobst 3 «Banditen», 78 polnische «Helfershelfer» und 180 Juden exekutiert worden seien.[19] Die Polizisten hatten also statt 200 Menschen 286 erschossen. Offenbar hatte der Mann, der beim Massaker von Józefów noch geweint hatte und vor einer wahllosen Ermordung von Polen bislang zurückschreckte, keine Hemmungen mehr, zur Erfüllung der vorgegebenen Vergeltungsquote mehr als genug Juden erschießen zu lassen.

Während Major Trapp sich mit seiner Rolle bei der Ermordung der polnischen Juden vielleicht abzufinden begann, war das bei Leutnant Buchmann nicht der Fall. Nach den Vorfällen von Józefów hatte er Trapp davon in Kenntnis gesetzt, daß er sich ohne direkten, persönlichen Befehl nicht an «Judenaktionen» beteiligen würde. Er hatte außerdem um Versetzung gebeten. Gegenüber seinen Kameraden war Buchmann dabei insofern im Vorteil, als er 1939 – vor seiner Teilnahme am Offizierslehrgang und vor der Ernennung zum Reserveleutnant – beim ersten Einsatz des Bataillons in Polen unter Trapp als Fahrer gedient hatte. Von daher kannte er den Bataillonskommandeur persönlich und meinte später, daß der für seine Lage Verständnis gehabt habe und über die von ihm vertretene Position «keineswegs empört» gewesen sei.[20]

Trapp setzte für Buchmann zwar keine sofortige Versetzung nach Deutschland durch, schützte ihn aber und kam seiner Bitte nach, ihn aus «Judenaktionen» herauszuhalten. Buchmann war in Radzyń im selben Gebäude wie der Bataillonsstab untergebracht, und so war es nicht schwer, ein Verfahren zu finden, bei dem eine «Befehlsverweigerung» vermieden wurde. Jedesmal, wenn ein Einsatz gegen Juden geplant war, wurden die Befehle vom Hauptquartier des Bataillons direkt seinem Stellvertreter, Hauptwachtmeister Grund*, übermittelt. Wenn Buchmann dann von diesem gefragt wurde, ob er den Zug bei dem bevorstehenden Einsatz begleiten wolle, wußte er, daß es sich um eine «Judenaktion» handelte, und lehnte ab. So war er weder in Międzyrzec noch in Serokomla dabeigewesen. In Talcyn jedoch, wo zunächst keine «Judenaktion» geplant war, befand sich Buchmann im Schulgebäude, als Trapp die Selektion der Polen vornahm. Es war aber kein Zufall, daß der Major ihn dann direkt nach Radzyń zurückschickte, noch ehe er den Befehl zur Ermordung der Juden aus dem Ghetto von Kock erteilte.

Buchmann hatte sich in Radzyń keine Mühe gegeben, seine Gefühle zu verbergen. Er «war über die Art der Judenbehandlung empört und brachte diese Einstellung auch bei jeder Gelegenheit offen zum Ausdruck»[21]. Seinen Kollegen erschien er als ein sehr «zurückhaltender», «vornehmer» Mann und als «typischer Zivilist», der kein Verlangen danach hatte, Soldat zu sein.[22]

Talcyn war für Buchmann der «Tropfen», der das Faß zum Überlaufen brachte. Bei seiner Rückkehr am Nachmittag versuchte der wachhabende Polizist ihm Meldung zu machen, doch Buchmann zog sich sofort in seine Unterkunft zurück und schloß sich ein. «Auch in den folgenden Tagen hat Leutnant B[...] zu mir nichts gesagt, obwohl wir uns persönlich gut kannten. Er war lediglich sehr aufgebracht und schimpfte fürchterlich, wobei er etwa sinngemäß äußerte: ‹Nun mache ich aber die Scheiße nicht mehr mit. Ich habe die Nase voll.›»[23] Doch Buchmann beklagte sich nicht nur. Ende September schrieb er direkt nach Hamburg und drang auf seine Versetzung, da er die seiner Einheit in Polen übertragenen «polizeifremden» Aufgaben nicht erfüllen könne.[24]

Während sein Verhalten von Trapp toleriert wurde, stieß es bei den ihm unterstellten Polizisten auf unterschiedliche Reaktionen. «Von meinen Untergebenen hat zwar mancher mein Verhalten verstanden, andere machten allerdings auch abfällige Bemerkungen über mich und sahen mich über die Schulter an.»[25] Von den Mannschaftsgraden folgten aber einige seinem Beispiel und erklärten dem «Spieß» der Kompanie, Kammer, daß «sie nicht in der Lage und auch nicht gewillt seien, derartige Einsätze weiter mitzumachen». Kammer erstattete darüber keine Meldung, sondern schrie sie an und bezeichnete sie als «Scheißkerle», die «zu nichts zu gebrauchen seien». In den meisten Fällen sorgte er aber dafür, daß diese Männer bei Einsätzen gegen Juden nicht mitzumachen brauchten.[26] Damit folgte Kammer dem Beispiel, das Trapp von Anfang an gegeben hatte. Solange es nicht an Polizisten mangelte, die bereit waren, den jeweils anstehenden Mordauftrag zu erfüllen, war es viel leichter, wenn man Männern wie Buchmann entgegenkam, anstatt sich ihretwegen Ärger einzuhandeln.

KAPITEL 12

Die Wiederaufnahme der Deportationen

Bis Ende September 1942 hatte sich das Reserve-Polizeibataillon 101 an der Erschießung von rund 4600 Juden und 78 Polen beteiligt und bei der Deportation von ca. 15 000 Juden ins Vernichtungslager von Treblinka mitgeholfen. Die Mordaktivitäten hatten sich auf acht verschiedene Einsätze in drei Monaten verteilt. Dabei hatten die Polizisten dreimal – bei der ersten Deportation aus Parczew, den Erschießungen bei Łomazy und der Deportation aus Międzyrzec – mit Hilfswilligeneinheiten aus Trawniki zusammengearbeitet, während sie in den fünf übrigen Fällen – in Józefów, bei der zweiten Deportation aus Parczew, in Serokomla, in Talcyn und in Kock – allein vorgegangen waren.

Diese Einsätze behielten die Polizisten als getrennte Ereignisse im Gedächtnis: Sie konnten von jeder «Aktion» einige Einzelheiten schildern und sie jeweils auch recht genau datieren. Zwischen Anfang Oktober und Anfang November nahm die Zahl der Einsätze des Reserve-Polizeibataillons 101 jedoch stark zu. Ein Einsatz folgte auf den anderen; Zehntausende von Juden wurden bei wiederholten Ghettoräumungen aus dem Kreis Radzyń deportiert. Es ist daher ein schwieriges Unterfangen, die genauen Vorgänge dieser sechs tödlichen Wochen zu rekonstruieren. Da ein Einsatz in den nächsten überging, hatten die Polizisten daran nur noch verschwommene Erinnerungen. Sie konnten sich zwar bestimmter Vorfälle entsinnen, diese aber nicht mehr in eine chronologische Abfolge einzelner Aktionen einordnen. Die vorliegende Rekonstruktion dieser rasch aufeinanderfolgenden Ereignisse, der man die ungeordneten Erinnerungen der Polizisten gegenüberstellen muß, stützt sich vor allem auf die unmittelbar nach dem Krieg vorgenommenen Untersuchungen der polnisch-jüdischen Historikerin Tatiana Brustin-Berenstein und des Jüdischen Historischen Instituts in Warschau.[1]

Anfang September änderte sich im Distrikt Lublin die räumliche Zuständigkeit der Ordnungspolizei. Es wurde eine vierte «Sicherheitszone» geschaffen, die die drei Kreise Biała Podlaska, Hrubieszów und Chełm umfaßte. Dieser Schritt ermöglichte die Verlegung des 1. und 2. Zuges der von Gnade geführten 2. Kompanie aus dem Kreis Biała Podlaska in die Orte Międzyrzec und Komarówka im nördlichen Bereich des Kreises Radzyń.[2]

In der letzten Septemberwoche wurden die meisten der noch in Biała Podlaska verbliebenen Juden zusammengetrieben und in das nun fast leere Ghetto von Międzyrzec verlegt.[3] Im September und Oktober wurde dieses «Durchgangsghetto» von neuem «aufgefüllt», und zwar mit Juden aus Ortschaften im Kreis Radzyń und direkt aus Komarówka sowie – über Parczew – aus Wohyn und Czemierniki.[4] Von all diesen Transporten konnten sich die Polizisten nur noch an den aus Komarówka erinnern, dem regulären Stationierungsort des 2. Zuges der 2. Kompanie.[5] Unter den dortigen Juden fand sich die ehemalige Besitzerin des Hamburger Kinos am Millerntor, in das einer der Polizisten früher oft gegangen war.[6] Das Ghetto von Łuków diente ebenfalls als «Durchgangsghetto» und nahm Juden aus anderen kleinen Orten im Kreis Radzyń auf.[7] Dieser Konzentrierungsprozeß war natürlich nur der unheilverkündende Auftakt zu weiteren Todestransporten nach Treblinka und zu dem systematischen Bemühen, den nördlichen Abschnitt des Lubliner Distrikts «judenfrei» zu machen.

Die Koordinierung der Oktober-«Offensive» gegen die Ghettos des Kreises Radzyń lag in der Hand von Untersturmführer Fritz Fischer und des von ihm geleiteten Sicherheitspolizeiamts. Die Verwaltung der Ghettos von Radzyń, Łuków und Międzyrzec war im Juni 1942 von Offizieren der Sicherheitspolizei übernommen worden[8], obwohl vor Ort nur in recht begrenztem Maße eigenes Personal dafür zur Verfügung stand. In der Radzyńer Dienststelle und der Außenstelle in Łuków gab es insgesamt vielleicht 40 deutsche Sicherheits- und volksdeutsche Hilfspolizisten. Außerdem stand Fischer ständig eine Einheit von 20 «Hilfswilligen» zur Verfügung. Die Gendarmerie von Międzyrzec, Łuków und Radzyń umfaßte 40 bis 50 Mann.[9] Trotz seiner Hilfwilligeneinheit war Fischer angesichts dieser begrenzten Zahl von Gendarmerie- und Sicherheitspolizisten für die Deportation der Juden aus den genannten Ghettos unbedingt auf Unterstützung von außen angewiesen. Wieder einmal war es das Reserve-Polizeibataillon 101, das den größten Teil der Einsatzkräfte stellte, ohne die die Ghettoräumungen niemals hätten durchgeführt werden können.

Am 1. Oktober wurden die Deportationen nach Treblinka wieder aufgenommen und 2000 Juden aus dem Ghetto von Radzyń ins Vernichtungslager geschafft. Aus Łuków deportierte man am 5. Oktober 5000 und drei Tage später weitere 2000 Juden. Parallel dazu wurden am 6. und 9. Oktober Tausende von Juden aus Międzyrzec deportiert. Die Züge aus Łuków und Międzyrzec wurden nach dem Beladen vermutlich aneinandergekoppelt, auch wenn es hierzu keine bestätigenden Zeugenaussagen gibt. Die Räumung des Radzyńer Ghettos wurde zwischen dem 14. und 16. Oktober mit der Verlegung der verbliebenen 2000 bis 3000 Juden nach Międzyrzec abgeschlossen. Doch auch dort blieben sie nicht lange, sondern wurden am 27. Oktober und 7. November weiter deportiert. Die 700 noch in Kock befindlichen Juden brachte man am 6. November nach Łuków. Parallel zu der Räumung des Ghettos von Międzyrzec wurden aus Łuków am folgenden Tag 3000 Juden nach Treblinka deportiert.[10] Zwischen den Deportationen fanden hin und wieder Erschießungen statt, um auch diejenigen Juden zu «liquidieren», die sich während der Ghettoräumung erfolgreich versteckt hatten oder absichtlich zurückgelassen worden waren, weil es entweder im Zug keinen Platz mehr für sie gegeben hatte oder weil sie mit «Aufräumarbeiten» beschäftigt gewesen waren. Insgesamt gesehen halfen die Männer vom Reserve-Polizeibataillon 101, in diesen sechs mörderischen Wochen bei acht Einsätzen über 27000 Juden nach Treblinka zu deportieren; außerdem brachten sie bei Durchsuchungs- und mindestens vier «Säuberungsaktionen» schätzungsweise noch einmal 1000 Juden um.

Was die Polizisten später von den einzelnen «Aktionen» erinnerten, war sehr unterschiedlich. Der erste Einsatz, bei dem am 1. Oktober 2000 Juden aus Radzyń deportiert wurden, war eine gemeinsame Aktion von Angehörigen der 1. Kompanie und 20 Hilfswilligen unter der Leitung von Untersturmführer Fischer. Dabei wurden anscheinend nur wenige Juden sofort erschossen, allerdings feuerten die Hilfswilligen zahlreiche Warnschüsse ab, um ihre Opfer zur Bahnstation zu treiben.[11] Am folgenden Tag, dem 2. Oktober, erschoß der von Hauptwachtmeister Steinmetz geführte 3. Zug der 2. Kompanie auf Gnades Befehl über 100 Juden, die offenbar zu spät für den Transport nach Międzyrzec eingetroffen waren. Damit war die «Liquidierung» des Ghettos von Parczew abgeschlossen.[12]

Anschließend führten die 1. und 2. Kompanie gleichzeitig Deportationen aus den beiden Durchgangsghettos in Łuków und Międzyrzec durch. Anfang September hatte Oberleutnant Gnade das neue Hauptquartier seiner Kompanie in Międzyrzec eingerichtet. Da dieser polnische Name für die Männer von der 2. Kompanie schwer auszusprechen war, tauften sie den Ort auf deutsch passenderweise in «Menschenschreck» um. Gnades Fahrer Alfred Heilmann* berichtete, er habe den Oberleutnant eines Abends zu einem Gebäude im Zentrum von Międzyrzec fahren müssen, das der Sicherheitspolizei als Hauptquartier und Gefängnis diente. Während der fünfstündigen Zusammenkunft waren aus dem Keller auf einmal entsetzliche Schreie zu hören, wie Heilmann weiter erzählte. Daraufhin kamen zwei oder drei SS-Offiziere aus dem Gebäude und schossen mit ihren Maschinenpistolen durch die Fenster in den Keller hinein. Als sie wieder ins Gebäude gingen, sagte einer von ihnen: «So, jetzt haben wir Ruhe.» Heilmann näherte sich dann vorsichtig einem der Kellerfenster, doch ihm schlug ein solcher Gestank entgegen, daß er wieder umkehrte. Oben im Haus ging es mit der Zeit immer lauter zu, bis Gnade schließlich gegen Mitternacht ziemlich betrunken auftauchte und seinem Fahrer mitteilte, daß das Ghetto am nächsten Morgen geräumt würde.[13]

Die in Międzyrzec stationierte 2. Kompanie wurde gegen 5 Uhr früh geweckt. Zu ihr stießen dann der von Drucker befehligte 2. Zug aus Komarówka und ein ziemlich großer Trupp Hilfswilliger. Druckers Männer sorgten offenbar für die Abriegelung des Ghettos, während die Hilfswilligen und die übrigen Ordnungspolizisten die Juden auf den größten Platz des Ortes trieben. Gnade und andere Polizisten setzten ihre Peitschen ein, um die versammelte Menge zur Ruhe zu zwingen. Einige der Juden starben an den Schlägen, noch bevor sich die Menge zur Bahnstation in Bewegung setzte.[14] Heilmann beobachtete, wie die Insassen des Sicherheitspolizeigefängnisses aus dem Keller herausgezerrt und weggeschafft wurden. Sie waren mit Exkrementen besudelt und hatten offensichtlich seit Tagen nichts zu essen bekommen. Als die Opfer in der festgelegten Zahl zusammengetrieben waren, mußten die Gefangenen zur Bahnstation laufen. Wer dazu nicht in der Lage war, wurde an Ort und Stelle erschossen, und die Wachen feuerten außerdem rücksichtslos in die Kolonne, sobald die Juden langsamer wurden.[15]

Ein kleiner Trupp von Polizisten befand sich bereits an der Bahnstation, um schaulustige Polen fernzuhalten. Gnade beaufsichtigte die Beladung des Zuges, bei der hemmungslos Schußwaffen und Knüppel eingesetzt wurden, um in jeden Viehwaggon möglichst viele Juden hineinzuzwängen. 22 Jahre danach machte Gnades «Spieß» eine äußerst ungewöhnliche Aussage, wenn man bedenkt, wie wenig die Zeugen sonst bereit waren, Kritik an ihren ehemaligen Kameraden zu äußern: «Zu meinem Bedauern muß ich sagen, daß Oberleutnant Gnade in mir den Eindruck erweckte, daß ihm die ganze Angelegenheit riesigen Spaß bereitete.»[16]

Aber selbst die brutalste Gewalt konnte nichts daran ändern, daß die verfügbare Transportkapazität nicht ausreichte: Am Ende standen immer noch 150 Juden – in der Mehrzahl Frauen und Kinder, aber auch einige Männer – vor den mit Mühe geschlossenen Waggontüren. Gnade rief Drucker zu sich und beauftragte ihn, diese Juden auf den Friedhof zu schaffen. Am Friedhofseingang verscheuchten die Polizisten die «Schaulustigen»[17] und warteten dann, bis Hauptwachtmeister Ostmann* mit einem Lastwagen Wodka für die Schützen brachte. Einen seiner Untergebenen namens Pfeiffer*, der sich einer Beteiligung an den Erschießungen bisher erfolgreich entzogen hatte, forderte Ostmann auf: «Nun trinken Sie man, P[...], denn nun sind Sie auch dran, denn die Jüdinnen müssen erschossen werden. Sie haben sich bisher gedrückt, aber jetzt müssen Sie sich ran [machen].» Ein etwa 20 Mann starkes Exekutionskommando wurde auf den Friedhof beordert. Diesem Trupp wurden dann die Juden in Gruppen von jeweils 20 Personen zugeführt – zuerst die Männer, anschließend die Frauen und Kinder. Sie mußten sich entlang der Friedhofsmauer mit dem Gesicht nach unten auf den Boden legen und wurden dann mit einem Genickschuß getötet. Jeder Polizist feuerte sieben- oder achtmal.[18] Einer der Juden ging am Friedhofseingang mit einer Spritze auf Drucker los, wurde aber rasch überwältigt. Die übrigen Juden saßen schicksalergeben da und blieben auch dann ruhig, als die ersten Schüsse zu hören waren. «Sie waren recht abgezehrt und sahen halbverhungert aus», erinnerte sich einer der Wachposten später.[19]

Wie viele Menschen dieser Deportation vom 6. Oktober aus Międzyrzec und einem weiteren Transport drei Tage später zum Opfer fielen, läßt sich nicht mehr genau feststellen. Die Zeugenaussagen hierzu unterscheiden sich erheblich.[20] Auf jeden Fall wurde das Ghetto Mitte Oktober mit 2000 bis 3000 Juden wiederaufgefüllt. Am 14. Oktober wurden diese Menschen frühmorgens in Radzyń zusammengetrieben und auf über 100 Pferdewagen verladen. Von polnischen Polizei- und volksdeutschen Sonderdienstseinheiten sowie ein paar Angehörigen der 1. Kompanie bewacht, machte sich dieser langsame Konvoi zu dem 29 Kilometer nördlich gelegenen Międzyrzec auf den Weg und traf dort nach Einbruch der Dunkelheit ein. Die leeren Wagen kehrten nach Radzyń zurück.[21]

Am 27. Oktober und 7. November wurde das Ghetto von Międzyrzec bis auf 1000 «Arbeitsjuden» völlig geräumt. Bei diesen Einsätzen dürfte es sich um kleinere Aktionen als die von Anfang Oktober gehandelt haben, denn die Ordnungspolizisten wurden dabei weder von Hilfswilligeneinheiten noch von Sicherheitspolizisten aus Radzyń unterstützt. Gnade hatte nun die volle Verantwortung. Er scheint in die Deportationsprozedur als neues Element die «körperliche Durchsuchung» eingeführt zu haben. Sobald die zu deportierenden Juden auf dem Marktplatz «zusammengefaßt» waren, wurden sie in zwei Baracken getrieben, wo sie sich ausziehen mußten und nach Wertgegenständen durchsucht wurden. Trotz des kühlen Herbstwetters durften sie anschließend nur ihre Unterwäsche wieder anziehen. In dieser spärlichen Bekleidung mußten sie zur Bahnstation laufen und sich in Viehwaggons zwängen lassen, die für Treblinka bestimmt waren.[22] Von Ende August bis einschließlich zum 7. November deportierte das Reserve-Polizeibataillon 101 mindestens 25 000 Juden aus der «Menschenschreck»-Stadt nach Treblinka.

Während Gnade und seine Leute Juden aus Międzyrzec deportierten, tat die 1. Kompanie in Łuków das gleiche. Dort hatte allerdings nicht mehr Hauptmann Wohlauf die Führung. Sein Verhältnis zu Trapp war in der Zwischenzeit zusehends schlechter geworden; der Major hatte offen seine Bestürzung darüber zum Ausdruck gebracht, daß Wohlauf seine junge Frau zur Räumung des Ghettos von Międzyrzec als Zuschauerin mitgenommen hatte.[23] Nach dem Massaker in Serokomla hatte Wohlauf seine Frau nach Hamburg begleitet und war erst nach einigen Tagen von dort zurückgekehrt. Mitte Oktober erkrankte er in Radzyń an Gelbsucht. Anfang November kam sein einziger Bruder, ein Pilot der Luftwaffe, ums Leben, und ein paar Tage später starb in Dresden sein Vater. Wohlauf fuhr zur Beerdigung nach Dresden, meldete sich krank und ließ seine Gelbsucht dann in Hamburg ambulant behandeln. Während seiner Genesung wurde ihm mitgeteilt, daß man seiner Bitte entsprochen habe, als einziger überlebender Sohn vom Frontdienst abberufen zu werden. Nach Radzyń kehrte er im Januar 1943 nur kurz zurück, um seine persönliche Habe zu holen.[24]

Während der Hauptmann auf diese Weise vom Dienst beim Reserve-Polizeibataillon 101 freigekommen war, war seinen Untergebenen keine solche Atempause vergönnt. Zusammen mit Steinmetz' Leuten (vom 3. Zug der 2. Kompanie) aus Łomazy und Parczew deportierten sie am 5. Oktober 5000 und am 8. Oktober 2000 Juden aus Łuków. Die Polizisten hatten später sehr unterschiedliche Erinnerungen an diese Deportationen. Einige behaupteten, es sei nur gelegentlich geschossen und praktisch niemand erschossen worden.[25] Andere erinnerten sich, daß viele Schüsse gefallen seien.[26] Und ein Polizist entging offenbar nur knapp einem Querschläger.[27] Bei der ersten Deportation wurden der Vorsitzende des Judenrats und andere prominente Juden auf dem Sammelplatz am Schweinemarkt umgebracht. Viele, die sich bei dieser ersten Deportation noch verstecken konnten, wurden kurz darauf entdeckt und drei Tage später deportiert.[28] Die Bemerkung eines Polizisten, daß die Deportation aus Łuków «entschieden geordneter und humaner» verlaufen sei als die aus Międzyrzec im August, ist angesichts der beispiellosen Brutalität, mit der bei letzterer vorgegangen wurde, wenig aussagekräftig.[29]

Nach den ersten Deportationen kehrte Steinmetz' Zug nach Parczew zurück, und das Bataillonshauptquartier wurde von Radzyń nach Łuków verlegt. Am 6. November beaufsichtigten Leutnant Brand und Hauptwachtmeister Jurich den Transport der letzten 700 Juden von Kock nach Łuków. Als Jurich entdeckte, daß viele Juden fehlten, erschoß er den Vorsitzenden des Judenrats. Genau wie bei dem Transport von Radzyń nach Międzyrzec wurden auch in diesem Fall Pferdewagen benutzt, die erst mitten in der Nacht in Łuków ankamen.[30]

Am nächsten Morgen, dem 7. November, wurde mit der abschließenden Deportation von 3000 bis 4000 Juden aus Łuków begonnen; diese Aktion nahm mehrere Tage in Anspruch.[31] Beim Abmarsch sangen die Juden, die inzwischen wußten, was ihnen bevorstand: «Wir fahren nach Treblinka.» 40 bis 50 Juden wurden von den Ordnungspolizisten als Vergeltung dafür erschossen, daß die jüdische Ghettopolizei versteckte Juden nicht gemeldet hatte.[32]

Bei dieser letzten Deportationsaktion waren viele Juden anscheinend beharrlich in ihren Verstecken geblieben. Nach Abfahrt der Züge versuchte die Sicherheitspolizei, die überlebenden Juden mit einer List aus ihren Unterschlüpfen zu locken. Es wurde überall im Ghetto verkündet, daß neue Ausweispapiere ausgestellt würden und jeder, der sich meldete, von der Deportation verschont bliebe. Wen man jedoch ohne die neuen Papiere anträfe, der würde sofort erschossen. In der Hoffnung, daß ihnen auf diese Weise wenigstens eine kurze Atempause zwischen den Deportationen vergönnt sei, kamen viele verzweifelte Juden aus ihren Verstecken. Als man mindestens 200 von ihnen beisammen hatte, schaffte man sie aus Łuków hinaus und erschoß sie am 11. November. Eine weitere Gruppe von Juden wurde am 14. November erschossen.[33]

Verschiedene Angehörige des Reserve-Polizeibataillons 101 waren zumindest in eine, wenn nicht sogar in beide dieser zuletzt genannten Erschießungen verwickelt. Da Trapp und der größte Teil der 1. Kompanie sich zu der Zeit offenbar an einem anderen Ort aufhielten, mußte Buchmann vorübergehend ohne den Schutz des Majors auskommen. Er und praktisch alle verfügbaren Angehörigen des Bataillonsstabs – Schreiber, Mitglieder des Nachrichtenzugs und Fahrer, die bis dahin um eine direkte Beteiligung an den Massenexekutionen herumgekommen waren – sahen sich plötzlich von der örtlichen Sicherheitspolizei zum Einsatz gezwungen. Im Gegensatz zu den Kameraden, die bis dahin durch die zahlreichen Einsätze gegen Juden schon abgestumpft waren und sich später nur verschwommen erinnern konnten, blieb diesen «Neulingen» die Erschießung der Juden in Łuków ziemlich lebhaft in Erinnerung.[34] Ein Polizist sagte aus, daß sich die Nachricht von der bevorstehenden Exekution bereits am Abend vor der Aktion herumgesprochen habe.

«An diesem Abend war als sogenannte Frontbetreuung eine Unterhaltungstruppe Berliner Polizisten bei uns zu Gast. Diese Unterhaltungstruppe bestand aus Musikern und Vortragskünstlern. Die Angehörigen dieser Truppe hatten von der bevorstehenden Erschießung der Juden ebenfalls erfahren und sich nun erboten bzw. sogar ausdrücklich darum gebeten, sich an der Exekution dieser Juden beteiligen zu dürfen. Diesem Ansinnen wurde von seiten des Bataillons stattgegeben.»[35]

Am nächsten Morgen kam Buchmann von einer Besprechung zurück und führte seine Männer zum Gebäude der Sicherheitspolizei, in dessen Nähe sich der Eingang zum Ghetto befand. Nachdem die Polizisten zu beiden Seiten der Straße Aufstellung genommen hatten, öffnete man das eiserne Ghettotor und trieb mehrere hundert Juden hinaus. Die Polizisten marschierten mit ihnen vor die Stadt.[36]

Zur Bewachung einer weiteren Kolonne von Juden wurden mehr Kräfte benötigt. Daraufhin erhielten Angehörige des Bataillonsstabs den Befehl, sich in der Sicherheitspolizeizentrale zu melden. Ein paar Tage zuvor hatten sie von den Fenstern des Schulgebäudes aus, in dem sie untergebracht waren, noch zugesehen, wie die Juden von Łuków zur Bahnstation getrieben wurden. Jetzt waren sie selbst damit an der Reihe, mußten von der

Sicherheitspolizei eine Gruppe von 50 bis 100 Juden übernehmen und auf demselben Weg aus der Stadt bringen.[37]

Unterdessen war die erste Kolonne von der Straße abgebogen und einem Weg gefolgt, der auf ein sandiges Gelände führte. Ein SS-Offizier ließ die Kolonne anhalten und forderte Buchmanns Stellvertreter Hans Prutzmann* auf, mit der Erschießung der Juden zu beginnen. Prutzmann stellte daraufhin ein 15 bis 25 Mann starkes Erschießungskommando zusammen. Es bestand in erster Linie aus Freiwilligen von der «Unterhaltungstruppe», die mit Gewehren aus Bataillonsbeständen ausgerüstet worden waren. Die jüdischen Männer mußten sich ganz ausziehen, die Frauen bis auf die Unterwäsche. Sie legten ihre Schuhe und Kleider auf einen Haufen und wurden dann gruppenweise zu dem etwa 50 Meter entfernten Exekutionsplatz geführt. Dort mußten sie sich mit dem Gesicht nach unten auf den Boden legen und wurden wie üblich mit einem Genickschuß getötet, wobei die Polizeischützen wiederum das aufgesetzte Bajonett als Zielhilfe benutzten. Buchmann stand nicht weit davon entfernt bei mehreren SS-Offizieren.[38]

Als die Männer vom Bataillonsstab auf dem Gelände eintrafen, waren die Erschießungen schon im Gange. Buchmann ging auf sie zu und teilte ihnen mit, daß sie für die Exekution der Juden, die sie hergebracht hatten, ein Erschießungskommando stellen müßten. Ein Stabsangestellter, der für die Kleiderkammer zuständig war, bat darum, nicht mitmachen zu müssen. «Da sich unter den von uns gebrachten Juden auch Kinder befanden und ich selbst zu diesem Zeitpunkt Familienvater von drei Kindern war, erklärte ich nun dem Leutnant etwa sinngemäß, daß ich zu den Erschießungen nicht in der Lage sei und ob er mich nicht anders einteilen könne.» Mehrere andere brachten sofort die gleiche Bitte vor.[39]

Buchmann befand sich somit in der gleichen Lage wie Trapp in Józefów und reagierte im Grunde in gleicher Weise. Als ihm von höheren SS-Offizieren der Sicherheitspolizei direkt befohlen wurde, mit den ihm unterstehenden Ordnungspolizisten eine Massenexekution von Juden durchzuführen, fügte er sich. Und als er dann mit Untergebenen konfrontiert war, die ihn explizit um einen anderen Auftrag baten (so wie er das auch selbst in Józefów getan hatte), erklärte er sich einverstanden und stellte vier Männer frei. Im weiteren Verlauf der Erschießungen zog Buchmann sich zurück. In Begleitung des dienstältesten Stabsangehörigen, den er gut kannte und den er auf seine Bitte hin vom Dienst im Erschießungskommando freigestellt hatte, entfernte er sich ein ganzes Stück vom Exekutionsort.

Einige Zeit später wurden die Mitglieder des Nachrichtenzugs und Fahrer des Bataillonsstabs zu einer weiteren Erschießung von Juden beordert, die von der Sicherheitspolizei in Łuków zusammengetrieben worden waren. Diesmal war Buchmann nicht dabei.[40] Seinen zahlreichen Bitten um eine Versetzung nach Hamburg war endlich stattgegeben worden. Dort bekleidete er zunächst einen Offiziersposten bei der Luftabwehr. Von Januar bis August 1943 diente er dem Hamburger Polizeipräsidenten als Adjutant. Dann durfte Buchmann die Arbeit in seiner Holzhandlung wiederaufnehmen, deren Geschäfte ihn in den letzten Kriegsjahren nach Frankreich, Österreich und in die Tschechoslowakei führten. Unmittelbar vor seiner Entlassung aus der Ordnungspolizei war er noch zum Reserve-Oberleutnant befördert worden.[41] Trapp hatte ihn also in Polen (abgesehen von der Exekution in Łuków) nicht nur vor Einsätzen gegen Juden bewahrt, sondern ganz eindeutig auch dafür gesorgt, daß seine Personalakte eine äußerst positive Beurteilung enthielt und keine, die seiner Karriere in irgendeiner Weise geschadet hätte.

KAPITEL 13

Hauptmann Hoffmanns Gesundheitsprobleme

Bis zum Herbst 1942 hatte die 3. Kompanie des Reserve-Polizeibataillons 101 unter Hauptmann und SS-Hauptsturmführer Wolfgang Hoffmann das Glück, daß ihr das Morden, das immer mehr zur Hauptbeschäftigung der übrigen Einheiten des Bataillons wurde, weitgehend erspart blieb. In Józefów waren zwei Züge der 3. Kompanie anfangs der äußeren Absperrungskette zugeteilt, aber keiner der Männer zu den Erschießungskommandos in die Wälder geschickt worden. Bei der Verlegung des Bataillons in die nördliche Sicherheitszone des Distrikts Lublin kamen der 2. und 3. Zug der 3. Kompanie in den Kreis Puławy, während der 3. Zug, den Hoffmann selbst kommandierte, direkt in der Stadt Puławy stationiert wurde. Leutnant Hoppners 2. Zug kam ganz in der Nähe unter, zunächst in Kurów und dann in Wandolin. Die Juden aus dem Kreis Puławy waren größtenteils bereits im Mai 1942 nach Sobibor deportiert und als erste in diesem Lager ermordet worden. Die übrigen jüdischen Bewohner der Region hatte man in der Kleinstadt Końskowola, etwa sechs Kilometer östlich von Puławy, in einem Sammellager konzentriert. Dadurch bedingt hatte nur der im Nachbarkreis Radzyń stationierte 1. Zug von Leutnant Peters mit den Deportationen im August und den Erschießungen Ende September zu tun bekommen. Der Aufenthalt der 3. Kompanie in Puławy wurde zunächst auch nicht durch polnische Widerstandskämpfer gestört. Hoffmann berichtete später, die Gegend sei ihnen «verhältnismäßig ruhig» vorgekommen und bis einschließlich September habe es keinen einzigen Zusammenstoß mit «bewaffneten Banditen» gegeben.[1]

Anfang Oktober war die Glückssträhne der 3. Kompanie jedoch zu Ende. Der «Sammelpunkt» von Końskowola mit seinen 1500 bis 2000 Juden[2] sollte ebenso geräumt werden wie die Ghettos im benachbarten Radzyń, damit der nördliche Abschnitt des Lubliner Distrikt «judenfrei» wäre. Für diese Aufgabe wurden beträchtliche Kräfte zusammengezogen: alle drei Züge der 3. Kompanie (darunter auch der in Czemierniki stationierte Zug von Leutnant Peters), der örtliche Gendarmerieposten mit einem Dutzend Polizisten unter dem Kommando von Oberleutnant Jammer* (mit der Hauptaufgabe, die Arbeit der polnischen Ortspolizei zu beaufsichtigen), eine motorisierte Gendarmeriekompanie unter Oberleutnant Messmann* sowie rund hundert «Hilfswillige» und drei SS-Leute aus Lublin.[3] Vor der versammelten 3. Kompanie verlas Hoffmann in Puławy von einem Blatt Papier seine Anweisungen. Seine Leute sollten das Ghetto durchkämmen und die Juden zum Sammelpunkt auf dem Marktplatz treiben. Wer von den Juden zu alt, zu gebrechlich oder zu krank zum Laufen sei, müsse ebenso wie alle Kleinkinder auf der Stelle erschossen werden. Dieses Verfahren sei üblich und werde schon seit längerem so praktiziert, fügte er hinzu.[4]

Die Polizisten fuhren nach Końskowola. Hoffmann, der ranghöchste Polizeioffizier vor Ort, beriet sich mit Jammer und Messmann und teilte die Mannschaften ein. Anders als sonst wurden die «Hilfswilligen» diesmal dazu abkommandiert, zusammen mit einigen Polizisten die Absperrung zu besorgen. Die Durchsuchungskommandos, die als erste ins Ghetto eindrangen, bestanden aus Angehörigen der 3. Kompanie und Teilen von Messmanns motorisierter Gendarmerie. Jedem Kommando wurde ein bestimmter Häuserblock zugewiesen.[5]

Im Ghetto wütete zu der Zeit eine Ruhrepidemie, und viele der Juden waren nicht in der Lage, zum Marktplatz zu gehen oder auch nur das Bett zu verlassen. So waren bei der ersten Durchsuchung von überallher Schüsse zu hören. Ein Polizist erinnerte sich: «Ich selbst habe etwa 6 alte Leute in den Wohnungen erschossen; es waren bettlägerige Menschen, die mich darum ausdrücklich gebeten hatten.»[6] Nachdem man diese erste Aktion beendet und die meisten der überlebenden Juden auf dem Marktplatz zusammengetrieben hatte, wurden die Einheiten, die bis dahin zur Absperrung eingeteilt waren, mit der nochmaligen Durchsuchung des Ghettos beauftragt. Die ständigen Schüsse hatten sie auf ihren Posten schon gehört. Als sie nun das Ghetto durchkämmten, stießen sie überall auf Leichen.[7]

Viele der Vernommenen erinnerten sich vor allem an das Gebäude, das im Ghetto als Krankenhaus gedient hatte. Es war eigentlich nichts anderes als ein großer Saal voller drei- bis vierstöckiger Pritschenbetten, in dem es entsetzlich stank. Eine Gruppe von fünf oder sechs Polizisten hatte Befehl, in den Saal einzudringen und die vierzig bis fünfzig Patienten zu liquidieren, von denen die meisten offenbar an Ruhr litten. «Auf jeden Fall waren fast alle stark abgezehrt und völlig unterernährt. Man konnte sagen, sie bestanden nur noch aus Haut und Knochen.»[8] Wohl in der Hoffnung, dem fürchterlichen Geruch so schnell wie möglich zu entkommen, begannen die Polizisten, sobald sie in dem Saal waren, wild um sich zu schießen. Aus den oberen Pritschen stürzten die Opfer dieses Kugelhagels zu Boden. «Diese Handlungsweise hat mich derartig angeekelt, und ich habe mich derartig geschämt, daß ich mich sofort umdrehte und den Raum wieder verließ», berichtete später einer der Polizisten.[9] Ein anderer erinnerte sich: «Bei dem Anblick der Kranken war es mir aber nicht möglich, einen der Juden wirklich zu erschießen, und ich habe absichtlich bei allen Schüssen danebengehalten.» Seinem Gruppenführer, der sich an der Schießerei beteiligte, fiel dieses Verhalten auf, denn «nach Abschluß der Aktion nahm er mich beiseite und beschimpfte mich mit ‹Verräter› und ‹Feigling› und drohte mir, den Fall Hauptmann Hoffmann zu melden. Dies hat er dann aber nicht getan.»[10]

Auf dem Marktplatz wurden die Juden nach Männern auf der einen und Frauen und Kindern auf der anderen Seite getrennt. Dann suchte man die Achtzehn- bis Fünfundvierzigjährigen, insbesondere die Facharbeiter, heraus. Möglicherweise waren auch ein paar Frauen darunter. Diese Juden wurden dann vom Ghetto zur Bahnstation vor den Toren von Puławy getrieben, um von dort in die Lubliner Arbeitslager verfrachtet zu werden. Sie waren so geschwächt, daß viele von ihnen den fünf Kilometer langen Fußmarsch zur Bahnstation nicht schafften. Laut Zeugenaussagen wurden schätzungsweise 500 bis 1000 Juden als Arbeitskräfte selektiert, von denen aber 100 unterwegs vor Erschöpfung zusammenbrachen und erschossen wurden.[11]

Während man die als arbeitsfähig erachteten Juden aus der Stadt trieb, wurden die übrigen – etwa 800 bis 1000 Frauen und Kinder sowie eine große Anzahl älterer Männer – zum Erschießen in einen Wald außerhalb der Stadt geführt. Leutnant Peters' 1. Zug und einige Männer von Messmanns Gendarmerie bildeten die Exekutionskommandos. Als erstes wurden die jüdischen Männer in den Wald gebracht, gezwungen, sich mit dem Gesicht nach unten auf den Boden zu legen, und erschossen. Dann kamen die Frauen und Kinder an die Reihe.[12] Einer der Polizisten unterhielt sich mit dem Vorsitzenden des Judenrats, der aus München stammte, bis auch dieser schließlich abgeführt wurde.[13] Als das Wachkommando, das die «Arbeitsjuden» zur Bahnstation begleitet hatte, wieder nach Końskowola zurückkehrte, war der Marktplatz leer, aber vom Wald her waren Schüsse zu hören. Die Männer erhielten den Befehl, das Ghetto noch einmal zu «säubern», dann durften sie wegtreten, um sich auszuruhen. Unterdessen war es bereits später Nachmittag, und einige der Polizisten suchten sich ein gemütliches Bauernhaus und spielten dort Karten.[14]

25 Jahre später behauptete Wolfgang Hoffmann, daß er sich

in bezug auf den Einsatz an Końskowola an nichts mehr erinnern könne, dabei waren dort unter seinem Kommando an einem einzigen Tag 1100 bis 1600 Juden umgebracht worden. Sein Gedächtnisschwund gründete sich möglicherweise nicht nur auf juristische Überlegungen, sondern auch auf Gesundheitsprobleme, die ihm während der Stationierung in Puławy zu schaffen machten. Damals hatte Hoffmann seine Beschwerden auf einen Impfstoff gegen Ruhr zurückgeführt, der ihm Ende August verabreicht worden war. In den sechziger Jahren hielt er es für opportuner, seine Krankheit mit dem durch das Massaker in Jósefów verursachten psychischen Streß zu begründen.[15] Was auch immer der Grund gewesen sein mag, Hoffmann litt jedenfalls ab September/Oktober 1942 an Durchfall und heftigen Magenkrämpfen; diagnostiziert wurde eine vegetative Kolitis. Seinen eigenen Angaben zufolge verschlimmerte sich sein Zustand bei Erschütterungen, wie sie etwa bei einer Fahrrad- oder Autofahrt vorkommen, jeweils drastisch, so daß er im genannten Zeitraum seine Kompanie nur bei wenigen Einsätzen selbst kommandiert habe. Aus «soldatischer Begeisterung» und in der Hoffnung auf baldige Besserung habe er sich bis Ende Oktober dennoch nicht krankmelden wollen und sich erst am 2. November auf ärztliche Anordnung hin ins Lazarett begeben.

Hoffmanns Untergebene äußerten übereinstimmend eine andere Sicht der Dinge. Nach ihren Beobachtungen bekam er die «angeblichen» Magenkrämpfe, die ihn ans sichere Bett fesselten, mit schöner Regelmäßigkeit gerade dann, wenn seiner Kompanie eine unangenehme oder gefährliche «Aktion» bevorstand. Wenn den Männern also am Abend für den nächsten Tag ein Einsatz angekündigt wurde, meinten sie, darauf wetten zu können, daß der Kompaniechef am nächsten Morgen krank im Bett liegen würde.

Hoffmanns Verhalten wurmte seine Leute um so mehr, als noch zwei Faktoren hinzukamen. Erstens war er immer streng und unnahbar gewesen – ein typischer «Etappenoffizier», der weiße Kragen und Handschuhe liebte, sein SS-Abzeichen an der Uniform trug und gebührenden Respekt forderte. Angesichts seiner offensichtlichen Angst vor Einsätzen erschienen Hoffmanns Ausflüchte den Männern als Gipfel der Heuchelei, und sie verspotteten ihn als «Pimpf» – wie die zehn- bis vierzehnjährigen «Hitlerjungen» genannt wurden.

Zweitens war Hoffmann bemüht, seinen Mangel an Mobilität durch möglichst intensive Beaufsichtigung seiner Untergebenen wettzumachen. Er bestand darauf, vom Bett aus für alles und jedes Befehle zu erteilen, und fungierte im Grunde nicht nur als Kompaniechef, sondern auch als Zugführer. Vor jeder Patrouille und «Aktion» mußten sich die Unteroffiziere in Hoffmanns Schlafzimmer genaue Anweisungen abholen und ihm hinterher wiederum persönlich Bericht erstatten. Der in Puławy stationierte 3. Zug hatte keinen Leutnant an der Spitze, sondern wurde von Zugwachtmeister Justmann* geführt. Ohne Hoffmanns ausdrückliche Zustimmung durfte vor allem er keine Anordnungen über den Einsatz der Mannschaften treffen. Justmann und die anderen Zugwachtmeister fühlten sich zu bloßen Gruppenführern degradiert.[16]

Hoffmanns Lazarettaufenthalt in Puławy dauerte vom 2. bis zum 25. November. Dann ging er bis nach Neujahr auf Genesungsurlaub nach Deutschland. Anschließend kommandierte er wieder für einen Monat seine Kompanie, ehe er zur weiteren Behandlung erneut nach Deutschland fuhr. Während dieses zweiten Heimaturlaubs erfuhr Hoffmann, daß ihm auf Trapps Veranlassung das Kommando über die Kompanie entzogen worden war.

Hoffmanns Beziehungen zu Trapp hatten sich bereits im Januar verschlechtert, als der Bataillonskommandeur allen seinen Offizieren, Unteroffizieren und Mannschaften befohlen hatte, in einer speziellen Selbstverpflichtung zu erklären, daß sie weder stehlen noch plündern oder Waren unbezahlt mitnehmen würden. Hoffmann hatte Trapp daraufhin in einem scharf formulierten Brief mitgeteilt, daß er sich weigere, diesem Befehl Folge zu leisten, weil durch dieses Ansinnen sein «Ehrgefühl» zutiefst verletzt werde.[17] Darüber hinaus hatte Trapp auch von Oberleutnant Messmann – der Hoffmann zeitweilig vertreten hatte und im übrigen die motorisierte Gendarmeriekompanie befehligte, die am Massaker von Końskowola beteiligt gewesen war – wenig Schmeichelhaftes über Hoffmanns Untätigkeit in Puławy gehört. Als sich der Major daraufhin bei Hauptwachtmeister Karlsen* von der 3. Kompanie näher erkundigte, bestätigte der die Berichte über Hoffmanns Krankheitsmuster. Am 23. Februar 1943 stellte Trapp den Antrag, den Hauptmann seines Postens als Kompanieführer zu entheben, da er sich ständig vor wichtigen Einsätzen krankmelde und diese «mangelhafte Dienstauffassung» nicht gut für die Moral der Truppe sei.[18]

Der stolze, empfindliche Hoffmann zeigte sich über den Verlust seines Postens sehr verbittert und erklärte noch einmal nachdrücklich, in seiner «Ehre als Offizier und Soldat» zutiefst verletzt worden zu sein. Er beschuldigte Trapp, aus persönlichen Motiven gehandelt zu haben.[19] Trapp wies diese Anschuldigung detailliert zurück und wurde in seiner Auffassung «von oben» bestätigt: Der Kommandeur der Ordnungspolizei für den Distrikt Lublin kam zu dem Schluß, daß Hoffmanns Verhalten «keineswegs zufriedenstellend» gewesen sei und er unverantwortlich gehandelt habe, wenn er sich – bei einer tatsächlichen Erkrankung – nicht vorschriftsmäßig krankmeldete; er solle daher Gelegenheit erhalten, sich bei einer anderen Einheit zu bewähren.[20]

Hoffmann wurde zu einem Polizeibataillon versetzt, das im Herbst 1943 in Rußland zum Fronteinsatz kam, bei dem er sich das Eiserne Kreuz 2. Klasse verdiente. Später erhielt er in der Nähe von Minsk das Kommando über ein Bataillon weißrussischer Hilfstruppen/Hilfspolizisten; anschließend befehligte er ein Bataillon kaukasischer «Hilfswilliger». Bei Kriegsende war er Erster Stabsoffizier des kommandierenden Polizeigenerals in Posen.[21] Von seiner späteren Karriere her gesehen, läßt sich schwerlich sagen, daß Hoffmanns Verhalten im Herbst 1942 auf Feigheit beruhte, auch wenn seine Untergebenen und Major

Trapp das damals vermuteten. Er war zweifellos krank. Ob seine Krankheit durch die Mordaktionen des Reserve-Polizeibataillons 101 ausgelöst wurde, läßt sich nicht feststellen, er zeigte jedoch Symptome einer psychosomatisch bedingten Dickdarmreizung. Sicherlich verschlimmerte sich sein Zustand aufgrund seiner dienstlichen Verpflichtungen. Außerdem steht fest, daß Hoffmann alle möglichen Anstrengungen unternahm, um seine Erkrankung vor seinen Vorgesetzten zu verheimlichen und eine Einweisung ins Lazarett zu vermeiden; er nutzte die Krankheit nicht aus, um sich vor Einsätzen zu drücken, bei denen polnische Juden umgebracht wurden. Falls der Massenmord Hoffmann tatsächlich Magenschmerzen bereitete, dann waren sie ihm so peinlich, daß er so gut wie möglich mit ihnen fertig zu werden versuchte.

KAPITEL 14

Die «Judenjagd»

Während der Massaker in Józefów, Łomazy, Serokomla, Końskowola und anderen Orten sowie an der Liquidierung der Ghettos von Międzyrzec, Łuków, Parczew, Radzyń und Kock hatten die Angehörigen des Reserve-Polizeibataillons 101 bis Mitte November 1942 an der unmittelbaren Exekution von mindestens 6500 polnischen Juden und an der Deportation von noch einmal mindestens 42 000 Opfern zu den Gaskammern von Treblinka mitgewirkt. Doch damit war ihre Rolle bei der Massenmordkampagne noch nicht beendet. Sobald die Städte und Ghettos im nördlichen Abschnitt des Lubliner Distrikts von Juden geräumt waren, bekam das Bataillon den Auftrag, nun noch all jene aufzuspüren und systematisch zu «eliminieren», die bei den vorangegangenen Einsätzen entkommen waren und sich nun versteckt hielten. Kurz gesagt, sollte das Bataillon dafür sorgen, daß die Region völlig «judenfrei» wurde.

Am 15. Oktober des Vorjahres hatte Generalgouverneur Hans Frank verfügt, jeder Jude, der außerhalb des Ghettos angetroffen werde, sei vor ein Sondergericht zu stellen und zum Tode zu verurteilen. Diese Anordnung ging zumindest teilweise auf eine Bitte deutscher Amtsärzte in Polen zurück, die glaubten, daß die verhungernden Juden nur durch drakonische Maßnahmen davon abzuhalten wären, auf der Suche nach Lebensmitteln heimlich die Ghettos zu verlassen, wodurch die Gefahr einer Ausbreitung der in den Ghettos wütenden Typhusepidemie bestand. So hatte sich beispielsweise der Leiter der Abteilung Gesundheitswesen im Distrikt Warschau, Dr. Lambrecht, für die Einführung eines Gesetzes ausgesprochen, das den Aufenthalt von Juden außerhalb der Ghettos mit «dem Tode durch Aufhängen» bedrohen sollte, damit ihre Angst davor größer wäre «als die Angst vor dem Hungertode»[1]. Im Hinblick auf die Durchführung des Frankschen Erlasses wurde jedoch schon bald darüber geklagt, daß für den Transport der festgenommenen Juden nicht genügend Begleit- und Wachkommandos zur Verfügung stünden, außerdem die Entfernungen zu groß und die Prozesse vor den Sondergerichten zu langwierig und zeitaufwendig seien. Dabei wäre eine einfache Lösung denkbar: Man müßte nur auf jegliche Gerichtsverfahren verzichten und alle Juden, die außerhalb der Ghettos angetroffen würden, auf der Stelle erschießen. Bei einer Besprechung der Distriktschefs mit Frank äußerte der stellvertretende Warschauer Distriktschef am 16. Dezember 1941: «Dankbar habe man einen Schießbefehl des BdO [Bataillonskommandeur der Ordnungspolizei], aufgrund dessen auf Juden auf den Landstraßen geschossen werden dürfe, begrüßt.»[2]

Mit anderen Worten, schon bevor Polens Juden systematisch in die Vernichtungslager gebracht wurden, drohte ihnen außerhalb der Ghettos die sofortige Erschießung. Im Distrikt Lublin wurde dieser «Schießbefehl» allerdings nicht besonders streng befolgt, denn anders als im übrigen Generalgouvernement war dort nur ein Teil der Juden in Ghettos konzentriert. Die Juden, die im nördlichen Teil des Lubliner Distrikts in den kleineren Städten und Dörfern lebten, wurden erst im September und Oktober 1942 in die Durchgangsghettos von Międzyrzec und Łuków gebracht. Das Polizeibataillon 306, das vor Trapps Einheit in der Gegend stationiert war, hatte zwar tatsächlich hin und wieder Juden erschossen, wenn sie außerhalb der Ortschaften angetroffen wurden.[3] Aber die systematische Jagd begann erst, als alle in Ghettos konzentriert waren, und verschärfte sich beträchtlich, nachdem die Ghettos liquidiert worden waren.

Ende August wurde Parczew als erstes Ghetto innerhalb der «Sicherheitszone» des Bataillons vollständig geräumt. Laut Hauptwachtmeister Steinmetz, dessen 3. Zug der 2. Kompanie dort stationiert war, wurden in diesem Gebiet auch weiterhin immer wieder Juden entdeckt und im örtlichen Gefängnis festgehalten. Gnade befahl Steinmetz, die inhaftierten Juden zu erschießen. «Dieser Befehl Oberleutnant Gnades erstreckte sich auch ausdrücklich auf zukünftige weitere Fälle. [...] Ich [hatte] den Auftrag erhalten, mein Gebiet judenfrei zu halten.»[4] Leutnant Drucker konnte sich ebenfalls daran erinnern, Ende August aus dem Bataillonshauptquartier den Befehl erhalten zu haben, daß «herumstreunende Juden im freien Lande beim Antreffen an Ort und Stelle zu erschießen» seien. Doch bis zur endgültigen Deportation der Juden in die «Durchgangsghettos» wurde dieser Befehl nicht lückenlos befolgt.

Spätestens ab Oktober wurde der Befehl dann aber ernst genommen.[5] Plakate verkündeten überall, alle Juden, die nicht in die Ghettos gingen, würden erschossen.[6] Der «Schießbefehl» gehörte bei der Kompanie nun zu den regulären Dienstanweisungen, und vor allem vor Streifengängen wurden die Polizisten wiederholt auf ihn hingewiesen.[7] Damit dürfte allen klar gewesen sein, daß in der «Sicherheitszone» des Bataillons kein einziger Jude mehr am Leben bleiben sollte. Nach offiziellem Sprachgebrauch suchte das Bataillon bei «Waldstreifen» nach «Verdächtigen».[8] Da die noch überlebenden Juden jedoch wie Tiere aufgespürt und erschossen werden sollten, bezeichneten die Angehörigen des Reserve-Polizeibataillons 101 diese Phase der «Endlösung» untereinander als «Judenjagd».[9]

Diese «Judenjagd» nahm verschiedene Formen an. Am aufsehenerregendsten waren zwei «Walddurchkämmungen» bei Parczew im Herbst 1942 und Frühjahr 1943, letztere zusammen mit Wehrmachtseinheiten. Dabei wurde nicht nur nach Juden gesucht, sondern auch nach Partisanen und entflohenen russischen Kriegsgefangenen, doch zumindest der ersten «Aktion» vom Oktober 1942 scheinen vor allem Juden zum

Opfer gefallen zu sein. Georg Leffler* von der 3. Kompanie erinnerte sich:

«Uns war gesagt worden, in dem Wald hätten sich mehrere Juden versteckt. Wir durchsuchten den Wald also in Schützenkette, konnten jedoch nichts feststellen, denn die Juden waren offensichtlich gut getarnt. Daraufhin durchkämmten wir das Waldstück ein zweites Mal. Hierbei konnten wir jetzt feststellen, daß aus der Erde einzelne Rauchabzugsrohre hervorsteckten. Wir stellen dann weiter fest, daß sich hier Juden in Erdbunkern versteckt hatten. Sie wurden dort herausgeholt, wobei es lediglich bei einem Bunker Widerstand gab. In diesen Bunker stiegen dann einige Kameraden hinein und holten die Juden heraus. Die Juden wurden dann an Ort und Stelle erschossen. [Ich erinnere mich, daß sich] die Juden mit dem Gesicht zur Erde hinlegen mußten und dann durch Genickschuß getötet wurden. Wer zu diesen Erschießungskommandos eingeteilt wurde, kann ich nicht sagen. Ich meine, es war so, daß die Kameraden, die gerade in der Nähe standen, aufgefordert wurden, sie zu erschießen. Es sind etwa 50 Juden erschossen worden, darunter alle Altersgruppen und beiderlei Geschlechts; denn dort hatten sich ganze Familien versteckt. [...] Diese Erschießung [fand] in aller Öffentlichkeit statt. Es war überhaupt nicht für eine Absperrung gesorgt; denn unmittelbar neben dem Erschießungsplatz standen eine Anzahl Polen aus Parczew. Diese wurden dann, vermutlich von Hoffmann, aufgefordert, die erschossenen Juden in einem halbfertigen Bunker zu bestatten.»[10]

Andere Einheiten des Bataillons konnten sich ebenfalls daran erinnern, Erdhöhlen aufgespürt und Juden in Gruppen von 20 bis 50 Personen erschossen zu haben.[11] Ein Polizist schätzte die Gesamtzahl der Opfer bei der Durchkämmungsaktion im Oktober auf 500.[12]

Im Frühjahr stand man dann vor einer etwas anderen Situation. Den wenigen überlebenden Juden war es größtenteils gelungen, sich Gruppen von Partisanen und entflohenen Kriegsgefangenen anzuschließen. Bei einer «Durchkämmung» wurde ein «Waldlager» geflohener Russen und Juden entdeckt, die sich mit Waffen zur Wehr setzten. Etwa 100 bis 200 Juden und Russen wurden getötet. Im Bataillon gab es mindestens einen Toten: Trapps Adjutant, Leutnant Hagen, wurde versehentlich von eigenen Leuten erschossen.[13]

Eine Reihe von Juden war zum Arbeiten auf verschiedene große Gutshöfe geschickt worden, die von den deutschen Besatzern konfisziert und nun unter eigener Verwaltung bewirtschaftet wurden. Auf dem Gut Jablon bei Parczew trieb eine Einheit des Zugs von Hauptwachtmeister Steinmetz die 30 jüdischen Arbeiter auf Lastwagen, fuhr mit ihnen zum Wald und tötete jeden mit einem – inzwischen zur Routine gewordenen – Genickschuß. Der deutsche Gutsverwalter, der über die bevorstehende «Liquidierung» seiner Arbeitskräfte nicht informiert worden war, beschwerte sich vergebens.[14] Auf Gut Pannwitz bei Puławy stand der deutsche Verwalter hingegen vor dem umgekehrten Problem, zu viele jüdische Arbeitskräfte zu haben. Auf seinem Gut suchten immer wieder Juden Zuflucht, die aus den Ghettos in die umliegenden Wälder geflohen waren und sich bei seinen «Arbeitsjuden» Hilfe und Nahrung erhofften. Jedesmal, wenn die Gutsverwaltung bei der Zahl ihrer jüdischen Arbeiter einen auffälligen Zuwachs bemerkte, rief sie Hauptmann Hoffmann an, der dann ein deutsches Polizeikommando schickte, das die überzähligen Juden erschoß.[15] Als Hoffmann ins Lazarett kam, stellte sein Nachfolger, Leutnant Messmann, ein Sonderkommando auf, das im Umkreis von 50 bis 60 Kilometern um Puławy systematisch kleinere Gruppen von jüdischen Arbeitern «eliminierte». Nach Aussage des Fahrers von Messmann, Alfred Sperlich*, wurde dabei folgendermaßen vorgegangen:

«In den Fällen, wo der Gutshof und die Unterkunft der Juden in schneller Fahrt erreicht werden konnte, [machten wir es so, daß] ich mit erhöhtem Tempo in den Hof einfuhr, die Gendarmerie dann absprang und sofort zur Unterkunft der Juden eilte. Es wurden dann alle anwesenden Juden herausgetrieben und auf dem Gutshof bei Strohdiemen, Kartoffelmieten oder Mistkuhlen erschossen. Die Opfer wurden fast immer nackend und auf dem Boden liegend mit einem Genickschuß erschossen.»

War der Weg zum Gutshof jedoch leicht einzusehen, dann näherten sich die Polizisten vorsichtig zu Fuß, damit ihre Opfer nicht vorzeitig flohen. Auf Höfen, die in Waldnähe lagen, fanden die Polizisten regelmäßig weit mehr Juden als erwartet vor.[16]

Einige Juden hatten dadurch überlebt, daß sie sich, statt im Wald, in der Stadt versteckten, doch auch sie wurden nach und nach aufgespürt.[17] Der denkwürdigste Vorfall ereignete sich in Kock, wo ein polnischer Dolmetscher, der für die Deutschen arbeitete, ein Kellerversteck meldete. Vier Juden wurden dort festgenommen. Bei der anschließenden «Befragung» gaben sie ein weiteres Kellerversteck preis, das sich in einem großen Haus am Stadtrand befand. Da man keinerlei Schwierigkeiten erwartete, gingen nur ein deutscher Polizist und der polnische Dolmetscher dorthin. Doch in diesem – äußerst seltenen – Fall waren die Juden bewaffnet, und der Polizist wurde beschossen. Er holte Verstärkung, und ein Scharmützel begann. Vier oder fünf Juden kamen am Ende bei einem Ausbruchsversuch ums Leben, und acht bis zehn weitere wurden tot oder schwerverletzt im Keller gefunden. Nur vier oder fünf wurden unverletzt gefangengenommen; auch sie wurden «verhört» und noch am selben Abend erschossen.[18] Dann machten sich die deutschen Polizisten nach der Hausbesitzerin auf die Suche, einer Polin, die rechtzeitig hatte fliehen können. Man fand sie in ihrem Elternhaus in einem nahe gelegenen Dorf. Leutnant Brand stellte den Vater vor eine schwere Wahl: entweder sein Leben oder das seiner Tochter. Der Mann lieferte seine Tochter aus, und sie wurde an Ort und Stelle erschossen.[19]

Am häufigsten fand die «Judenjagd» in Form kleinerer Waldpatrouillen zur Liquidierung einzelner, von Informanten gemeldeter «Bunker» statt. Das Bataillon baute ein Netz von «Vertrauensmännern» und «Waldläufern» auf, die nach Verstecken von Juden suchten. Zahlreiche Polen informierten auch von sich aus die deutschen Stellen, wenn Juden bei ihrem verzweifelten Überlebenskampf Nahrungsmittel von in Waldnähe gelegenen Feldern, Höfen oder Dörfern gestohlen hatten. Ging bei einer Ortspolizeikommandantur eine solche Meldung ein, dann wurde eine kleine Polizeistreife losgeschickt, um die versteckten Juden aufzuspüren. Der Ablauf war dabei fast immer der gleiche. Die Polizisten ließen sich von den Polen direkt zu den Erdhöhlen führen und warfen Handgranaten hinein. Wer von den Juden diesen ersten Angriff überlebte und aus dem «Bunker» herauskam, mußte sich mit dem Gesicht nach unten auf den Boden legen und wurde mit einem Genickschuß getötet. Die Bestattung der Leichen wurde regelmäßig den Bewohnern des nächsten polnischen Dorfes überlassen.[20]

Diese Streifengänge kamen «zu häufig» vor, als daß sich die meisten Polizisten später noch hätten erinnern können, wie viele sie genau mitgemacht hatten. «Es war mehr oder weniger unser täglich Brot», meinte einer dazu.[21] Diese Redewendung gebrauchte auch ein anderer Polizist im Zusammenhang mit der «Judenjagd»[22]. Am Verhalten ihrer Streifenführer konnten die Männer leicht erkennen, ob ihnen ein Kampf mit Partisanen bevorstand oder ob sie nur nach gemeldeten Juden suchten, von denen anzunehmen war, daß sie keine Waffen hatten.[23] Nach der Aussage mindestens eines Polizisten diente der größte Teil der Streifengänge der Jagd auf Juden. «Derartige Einsätze [waren] unsere Hauptaufgabe, und sie waren gegenüber echten Partisaneneinsätzen weitaus in der Überzahl.»[24]

Mit diesen Streifengängen zur Jagd auf überlebende Juden schloß sich beinahe der Kreis: Die Männer vom Reserve-Polizeibataillon 101 erlebten Ähnliches wie in Józefów. Während der großen Deportationsaktionen waren praktisch alle Polizisten zumindest bei Absperrungsmaßnahmen eingesetzt gewesen. Sie hatten Massen von Menschen in die Züge getrieben, sich aber innerlich von deren Ermordung am anderen Ende der Bahnstrecke distanzieren können. Ihnen war das unerschütterliche Gefühl geblieben, nichts mit dem weiteren Schicksal der von ihnen deportierten Juden zu tun zu haben.

Doch bei der «Judenjagd» war es anders. Da standen sie ihren

Opfern wieder von Angesicht zu Angesicht gegenüber, und das Töten war kein unpersönlicher Akt. Außerdem – und das war noch wichtiger – hatte jeder einzelne Polizist wiederum ein beträchtliches Maß an Entscheidungsfreiheit. Daran, wie diese genutzt wurde, zeigte sich, wie weit das Bataillon bereits in «harte Männer» und «Weichlinge» gespalten war. In den Monaten, die seit dem Einsatz in Józefów vergangen waren, hatten sich viele Bataillonsangehörige zu gefühllosen, gleichgültigen und in manchen Fällen auch sehr eifrigen Mördern entwickelt; andere hingegen machten beim Morden nur in begrenztem Maße mit und hielten sich heraus, sobald das ohne große Mühe und allzu unangenehme Folgen möglich war. Nur einer unangepaßten Minderheit gelang es jedoch, sich eine – ständig bedrohte – Sphäre moralischer Autonomie zu bewahren, aus der sie den Mut schöpften, sich dem gemeinschaftlichen Morden durch listiges Verhalten gänzlich zu entziehen.

Was nun die mordfreudigen unter den Bataillonsangehörigen betrifft, konnte sich die Frau von Leutnant Brand* lebhaft an einen Vorfall erinnern, den sie während eines Besuchs bei ihrem Mann in Polen erlebt hatte.

> «Ich saß eines morgens mit meinem Manne im Garten seiner Unterkunft beim Frühstück, als ein einfacher Mann seines Zuges auf uns zukam, stramme Haltung einnahm und erklärte: ‹Herr Leutnant, ich habe noch kein Frühstück gehabt!› Als mein Mann ihn fragend ansah, erklärte er weiter: ‹Ich habe noch keinen Juden umgelegt.› Dieses Ganze klang so zynisch, daß ich empört den Mann mit harten Worten zurechtgewiesen und ihn, glaube ich, auch als Lumpen bezeichnet habe. Mein Mann hat diesen Polizisten wieder weggeschickt und mir dann noch Vorwürfe gemacht und mir erklärt, ich werde mich mit meinen Äußerungen noch um Kopf und Kragen bringen.»[25]

Die wachsende Gefühllosigkeit zeigte sich auch im Verhalten der Polizisten nach solchen Liquidierungsaktionen. Nach Józefów und den ersten Erschießungen waren die Männer erschüttert und verbittert in ihre Quartiere zurückgekehrt, hatten keinen Hunger gehabt und keinerlei Bedürfnis verspürt, über das, was sie gerade getan hatten, zu sprechen. Durch das unaufhörliche Töten stumpften sie mit der Zeit gegenüber solchen Empfindungen ab. «Am Mittagstisch machten sich einige Kameraden über die Erlebnisse, die sie während der Aktion gehabt hatten, lustig», entsann sich ein Polizist Jahre später bei der Vernehmung. «Aus ihren Erzählungen konnte ich entnehmen, daß sie eine Erschießungsaktion hinter sich gebracht hatten. So erinnere ich als besonders krassen Fall, daß einer der Männer zum besten gab, daß wir nun ‹Judenbrägen› [Brägen, ein nordd. Ausdruck für Hirn] essen.»[26] Diesen «Witz» hatte nur der Zeuge nicht besonders lustig gefunden.

In einer solchen Atmosphäre war es für die Offiziere und Unteroffiziere nicht schwer, Erschießungskommandos oder Streifen für die «Judenjagd» zusammenzustellen: Sie brauchten nur nach Freiwilligen zu fragen. Dieser Punkt wurde besonders von Adolf Bittner* hervorgehoben: «Ich muß vor allen Dingen mit aller Entschiedenheit sagen, daß sich für die Exekutionskommandos auf eine entsprechende Anfrage der Vorgesetzten grundsätzlich genug Freiwillige gemeldet haben. [...] Ich muß noch hinzufügen, daß sich sogar zu viele Freiwillige gemeldet haben, so daß einige zurückgestellt werden mußten.»[27] Andere äußerten sich nicht ganz so kategorisch, sondern meinten, die Offiziere und Unteroffiziere hätten nicht nur um freiwillige Meldungen gebeten, sondern manchmal noch zusätzlich aus den Reihen der Umstehenden einige Leute bestimmt – meistens solche, von denen bekannt war, daß sie zum Schießen bereit waren. Hauptwachtmeister Bekemeier erklärte dazu: «Zusammenfassend kann man vielleicht in etwa sagen, daß bei kleineren Aktionen, bei denen nicht so viele Schützen benötigt wurden, genügend Freiwillige zur Verfügung standen. Bei größeren Aktionen, bei denen sehr viele Schützen benötigt wurden, gab es zwar auch viele Freiwillige, aber wenn diese nicht ausreichten, wurden auch andere eingeteilt.»[28]

Genau wie Bekemeier machte auch Walter Zimmermann*

einen Unterschied zwischen kleinen und großen Exekutionseinsätzen und sagte im Hinblick auf letztere:

«Auf keinen Fall kann ich mich daran erinnern, daß jemand gezwungen wurde, weiter an den Exekutionen teilzunehmen, wenn er erklärt hatte, nicht mehr zu können. Was die Zug- oder Gruppeneinsätze betrifft, muß ich hier ehrlich bekennen, daß sich bei diesen kleineren Exekutionen stets Kameraden fanden, denen es leichter fiel, die Juden zu erschießen, als den übrigen Kameraden, so daß der jeweilige Kommandoführer keine Mühe hatte, geeignete Schützen zu finden.»[29]

Wer nicht auf «Judenjagd» gehen und sich nicht an Erschießungskommandos beteiligen wollte, verhielt sich folgendermaßen: Er machte aus seiner Abneigung gegen die Erschießungen keinen Hehl, meldete sich nie freiwillig dazu und hielt sich von Offizieren und Unteroffizieren fern, wenn Erschießungskommandos oder Streifen für die «Judenjagd» zusammengestellt wurden. Manche wurden einfach deshalb nie dazu herangezogen, weil ihre Einstellung allgemein bekannt war. Otto-Julius Schimke, der in Józefów als erster um eine Entbindung vom Einsatz gebeten hatte, wurde zwar häufig zur Partisanenbekämpfung eingeteilt, doch nie zu einer «Judenjagd». «Es ist nicht ausgeschlossen», so meinte er, «daß man mich wegen dieses Vorfalles von anderen Judeneinsätzen befreite.»[30] Auch Adolf Bittner führte den Umstand, von weiteren Einsätzen dieser Art verschont geblieben zu sein, darauf zurück, daß er frühzeitig und offen seine ablehnende Haltung gegenüber den «Judenaktionen» zum Ausdruck gebracht hatte.

«Ich möchte betonen, daß ich vom ersten Tag an innerhalb meines Kameradenkreises keinen Zweifel daran gelassen habe, daß ich alle diese Maßnahmen mißbillige und mich niemals freiwillig dazu hergegeben habe. So habe ich gleich bei einer der ersten Durchsuchungen nach Juden einem Kameraden, der in meiner Gegenwart eine Jüdin mit dem Gewehrkolben niederschlug, einen Faustschlag ins Gesicht versetzt. Hierüber wurde eine Meldung geschrieben. Dadurch wurde meine Einstellung bei meinen Vorgesetzten bekannt. Offiziell bin ich deshalb zwar nie bestraft worden. Jeder, der den Kommissbetrieb kennt, weiß, daß es auch außerhalb einer offiziellen Bestrafung Möglichkeiten der Schikane gibt, die eine Strafe mehr als ersetzen. So wurde ich zu Sonntagsdienst und Sonderwachen eingesetzt.»[31]

Bittner wurde jedoch nie einem Erschießungskommando zugeteilt. Auch Gustav Michaelsen*, der sich in Józefów trotz der Sticheleien seiner Kameraden zu den Lastwagen «verdrückt» hatte, wurde aufgrund seines Rufes mit solchen Einsätzen schon bald nicht weiter behelligt. Mit Blick auf die häufige Jagd auf Juden erklärte er: «An mich ist man wegen dieser Unternehmen nicht herangetreten. Die Führer nahmen zu diesen Einsätzen ‹Männer› mit, und ich war in ihren Augen kein ‹Mann›. Auch andere Kameraden, die meine Einstellung und mein Verhalten zeigten, blieben von solchen Einsätzen verschont.»[32]

Als Heinrich Feucht* erläutern sollte, wie es ihm gelungen sei, sich – bis auf eine Ausnahme – aus allen Erschießungsaktionen herauszuhalten, führte er an, er habe sich aus taktischen Gründen von den Zugführern ferngehalten. «Man hatte ja immer eine gewisse Bewegungsfreiheit um etliche Meter, und aus der Erfahrung heraus merkte man sehr schnell, daß von dem Zugführer fast immer die nächststehenden Leute eingesetzt wurden. Ich habe daher ständig versucht, meinen Standpunkt möglichst weit vom Mittelpunkt des Geschehens zu halten.»[33] Andere versuchten ebenfalls, sich im Hintergrund zu halten, um bei den Erschießungen nicht mitmachen zu müssen.[34]

Manchmal genügte es jedoch nicht, sich fernzuhalten oder als «Weichling» bekannt zu sein; dann bedurfte es einer direkten Verweigerung, um sich dem Töten zu entziehen. Im 2. Zug der 3. Kompanie entwickelte sich Leutnant Hoppner zu einem eifrigen «Judenjäger». Er versuchte in seinem Zug schließlich durchzusetzen, daß jeder bei den Erschießungen mitmachte. Einige seiner Männer, die bis dahin noch nie geschossen hatten, töteten so zum erstenmal Juden.[35] Doch Arthur Rohrbauch* konnte einfach nicht auf wehrlose Menschen schießen. «Dem Leutnant H[...] war auch bekannt, daß ich das nicht konnte.

Schon bei früheren Gelegenheiten hatte er mir gesagt, daß ich noch härter werden müßte. Dem Sinne nach hatte er auch einmal gesagt, daß auch ich noch den Genickschuß lernen würde.» Auf einem Streifengang mit Unterführer Heiden* und fünf anderen Polizisten stieß Rohrbauch im Wald auf vier Juden – drei Frauen und ein Kind. Heiden befahl seinen Leuten, sie zu erschießen, doch Rohrbauch ging einfach weg. Heiden nahm daraufhin sein Gewehr und erschoß die Juden selbst. Rohrbauch meinte, er habe es Trapp zu verdanken, daß sein Verhalten keine negativen Folgen nach sich zog: «Wegen des alten Mannes habe ich meines Wissens keine Schwierigkeiten gehabt.»[36]

Andere Polizisten waren vorsichtiger und schossen nur dann nicht, wenn sie wußten, daß kein Offizier in der Nähe war und sie den umstehenden Kameraden vertrauen konnten, weil sie ähnlicher Ansicht waren. «Bei kleineren Aktionen», so erinnerte sich Martin Detmold*, «ist es oft vorgekommen, daß man Juden, die aufgegriffen worden waren, wieder laufen ließ. Das geschah dann, wenn man sicher war, daß kein Vorgesetzter etwas davon erfahren konnte. Im Laufe der Zeit wußte man, wie die Kameraden einzuschätzen waren und ob man es riskieren konnte, entgegen den gegebenen Befehlen aufgegriffene Juden nicht zu erschießen, sondern laufen zu lassen.»[37] Bei den Angehörigen des Nachrichtenzugs des Bataillons war es nach eigenem Bekunden ähnlich: Wenn sie auf dem Lande beim Verlegen von Leitungen auf Juden stießen und dabei unter sich waren, sahen sie einfach über sie hinweg.[38] Wenn es darum ging, Menschen aus größerer Entfernung und nicht mit einem Genickschuß aus nächster Nähe zu töten, will mindestens ein Polizist nur «in die Luft» geschossen haben.[39]

Wie viele hundert – oder wohl eher tausend – Juden hat das Reserve-Polizeibataillon 101 im Laufe der «Judenjagd» erschossen? Darüber sind von dieser Einheit keine Zahlenangaben erhalten geblieben. Wie wichtig die Komponente «Judenjagd» für die «Endlösung» war, läßt sich jedoch aus den noch vorhandenen Berichten von drei anderen Polizeieinheiten ersehen.

Zu einer Zeit, als die meisten der vor den Ghettoräumungen geflohenen Juden längst in ihren Verstecken aufgespürt und umgebracht waren, meldete der Kommandeur der Ordnungspolizei für den Distrikt Lublin (KdO) seinem Vorgesetzten in Krakau (BdO) von Mai bis Oktober 1943 monatlich die Zahl der von seinen Leuten erschossenen Juden (in der folglich auch die enthalten sind, die vom Reserve-Polizeibataillon 101 getötet wurden). Für diesen Halbjahreszeitraum – lange nach dem Höhepunkt der Exekutionen im Distrikt Lublin – betrug deren Zahl insgesamt 1695, das entspricht einem Monatsdurchschnitt von 283. Zwei Monate stachen dabei besonders hervor: der August, in dem noch einmal ein Großeinsatz zum Durchkämmen der Wälder stattfand, und der Oktober, in dem Insassen, die aus dem Vernichtungslager Sobibor ausgebrochen waren, wieder «eingefangen» wurden.[40]

Mehr Aufschluß über die Tötungsquote in der Hochphase der «Judenjagd» geben die Berichte des Warschauer Gendarmeriezuges. Diese nur 80 Mann starke Einheit, zu deren Aufgaben Streifengänge in den umliegenden Städten und ländlichen Gebieten gehörten, wurde von Leutnant Liebscher kommandiert, der dafür berüchtigt war, daß er sich eifrig und energisch an der «Endlösung» beteiligte. Aus seinen Tagesmeldungen geht hervor, daß seine Einheit vom 26. März bis zum 21. September 1943 insgesamt 1094 Juden umgebracht hat, also durchschnittlich rund 14 Juden pro Polizist. Die Monate April und Mai ragen, was kaum überraschen dürfte, besonders hervor, da die Juden damals verzweifelt versuchten, der endgültigen «Liquidierung» des Warschauer Ghettos zu entkommen, und auf ihrer Flucht Liebschers Territorium durchqueren mußten. Dessen Berichte enthalten jeweils eine detaillierte Schilderung der verschiedenen Vorkommnisse des Tages und schließen mit der Rubrik «Nach den bestehenden Richtlinien verfahren», unter der einfach Datum, Ort und Anzahl der männlichen und weiblichen Juden vermerkt sind. Am Ende hielt er auch diese Überschrift für überflüssig und listete, ohne jede weitere Erläuterung, nur noch Datum, Ort und Anzahl der jüdischen Männer und Frauen auf.[41]

Von seiner Situation her war das Reserve-Polizeibataillon 101 vielleicht noch am ehesten mit einer Kompanie des Reserve-Polizeibataillons 133 vergleichbar, die in Rawa Ruska im östlich von Lublin gelegenen Distrikt Galizien stationiert war. Aus sechs Wochenberichten geht hervor, daß diese Kompanie in der Zeit vom 1. November bis 12. Dezember 1942 481 Juden exekutierte, die sich in ihren Verstecken der Deportation entzogen hatten oder auf dem Weg nach Bełzec vom Zug abgesprungen waren. Somit tötete jeder Kompanieangehörige in diesem kurzen Zeitraum von sechs Wochen durchschnittlich rund drei Juden – in einem Gebiet, das bereits mittels Deportationen geräumt war und durch die Jagd auf Juden «judenfrei» gehalten wurde.[42]

Obwohl der «Judenjagd» bisher kaum Aufmerksamkeit geschenkt wird, war sie eine wichtige und statistisch signifikante Phase der «Endlösung». Auf diese Weise fand im Generalgouvernement ein nicht unerheblicher Prozentsatz der jüdischen Opfer den Tod. Und von statistischen Überlegungen einmal abgesehen, ist die «Judenjagd» in psychologischer Hinsicht ein Schlüsselelement zur Erforschung der Mentalität der Täter. Viele der deutschen Besatzer dürfen in Polen mehrfach Ghettoräumungen mitangesehen oder mit durchgeführt haben, doch waren das für den einzelnen nur ein paar kurze Momente im Leben, die sich leicht verdrängen ließen. Die «Judenjagd» war jedoch keine kurze Episode, sondern eine hartnäckige und unbarmherzige, über längere Zeit andauernde Hetzjagd, bei der die «Jäger» ihre «Beute» aufspürten und in direkter, persönlicher Konfrontation töteten. Hier handelte es sich nicht um eine vorübergehende Phase, sondern hier war die permanente Bereitschaft und Absicht vorausgesetzt, auch noch den letzten Juden, den man finden konnte, umzubringen.

KAPITEL 15

Die «Aktion Erntefest»

Am 28. Oktober 1942 verfügte der Höhere SS- und Polizeiführer für das Generalgouvernement Wilhelm Krüger, daß im Distrikt Lublin acht jüdische Ghettos fortbestehen könnten.[1] Von diesen acht lagen vier innerhalb der Sicherheitszone des Reserve-Polizeibataillons 101: Łuków, Międzyrzec, Parczew und Końskowola. Tatsächlich blieben nach den Deportationen im Herbst nur die beiden erstgenannten als jüdische Ghettos bestehen, außerdem – in anderen Teilen des Lubliner Distrikts – noch Piaski, Izbica und Włodawa. Von winterlicher Kälte, drohendem Hungertod, Angst und Verrat und Exekution getrieben, kehrten viele Juden, die vor den Deportationen im Oktober und November in die Wälder geflohen waren, schließlich in die wiederhergestellten Ghettos von Łuków und Międzyrzec zurück. Das Leben im Wald wurde durch das Winterwetter zunehmend schwierig und prekär: Im Schnee hinterließ jeder Schritt Spuren, und in mindestens einem Fall wurden Juden, die sich in einem Heuschober versteckt hatten, durch gefrorenen Kot verraten.[2] Als die Deportationen dann scheinbar zu Ende waren, überlegten sich viele Juden, daß sie im Wald als Gejagte wohl eine weit schlechtere Überlebenschance hätten als in einem der zugelassenen Ghettos.

Tatsächlich hatten die Deportationen aus dem Kreis Radzyń vorübergehend aufgehört, doch auch in den Ghettos von Łuków und Międzyrzec lebte es sich nicht ungefährdet. In Łuków ließ der SS-Ghettoverwalter Josef Bürger im Dezember 500 bis 600 Juden erschießen, um die Zahl der Ghettobewohner zu reduzieren.[3] Aus Międzyrzec wurden am 30. Dezember 1942 500 Juden, die bis dahin in einer Bürstenfabrik gearbeitet hatten und im Herbst vom Abtransport verschont geblieben waren, in das Arbeitslager des Ortes Trawniki deportiert.[4] Am nächsten Abend tauchten gegen 23 Uhr betrunkene Sicherheitspolizisten aus dem benachbarten Biała Podlaska im Ghetto von Międzyrzec auf und begannen in ihrer Silvesterstimmung, «aus Sport» auf die noch verbliebenen Juden zu schießen, bis sie von Kollegen aus Radzyń verscheucht wurden.[5]

Nach vier Monaten relativer Ruhe kam das Ende. Am 1. Mai umstellte die 2. Kompanie spätabends das Ghetto von Międzyrzec, in dem sie im vorigen Herbst so viele Deportationen vorgenommen hatte. Nachdem sie wieder durch eine Einheit gestellt von sogenannten Trawniki Verstärkung erhalten hatte, drang sie ins Ghetto vor und sammelte die Juden auf dem Marktplatz. Die Polizisten schätzten die Zahl der bei diesem Einsatz deportierten Menschen auf 700 bis 1000; einer gab allerdings zu, daß es bis zu 3000 gewesen sein sollen.[6] Ein jüdischer Zeuge schätzte ihre Zahl auf 4000 bis 5000.[7] Wiederum wurden die Juden in Gnades Entkleidungsbaracken gründlich durchsucht, mußten sämtliche Wertgegenstände abgeben und wurden dann zu so vielen in die Waggons gezwängt, daß sich die Türen kaum noch schließen ließen. Einige schickte man ins Arbeitslager von Majdanek, doch die meisten kamen zum Abschluß der sogenannten fünften Aktion von Międzyrzec in die Gaskammern von Treblinka.[8] Die «sechste Aktion» fand am 26. Mai statt; dabei wurden weitere 1000 Juden nach Majdanek deportiert[9], so daß nur noch 200 im Lager verblieben. Von ihnen konnten einige entkommen, aber die übrigen 170 wurden am 17. Juli 1943 bei der «siebten» und letzten «Aktion» von Sicherheitspolizisten erschossen. Danach galt Międzyrzec als «judenfrei». Parallel zur Wiederaufnahme der Deportationen aus Międzyrzec durch Gnades 2. Kompanie lösten am 2. Mai SS-Einheiten aus Lublin zusammen mit ukrainischen Hilfswilligen aus Trawniki das Ghetto in Łuków auf und deportierten noch einmal 3000 bis 4000 Juden nach Treblinka.[10]

Vielen der Männer, die im Juni 1942 mit dem Reserve-Polizeibataillon 101 nach Polen gekommen waren, wurden nach und nach neue Aufgaben zugewiesen. Im Winter 1942/43 schickte man die älteren von ihnen (bis einschließlich des Jahrgangs 1897) nach Deutschland zurück.[11] Gleichzeitig wurde aus jedem Zug des Bataillons eine Anzahl von Männern ausgewählt und zu einer Sondereinheit zusammengezogen, die Leutnant Brand befehligen sollte. Im Rahmen von Himmlers und Globocniks Plan, mitten in Polen ein rein deutsches Siedlungsgebiet zu schaffen, wurde diese Sondereinheit nach Zamość im südlichen Teil des Distrikts abkommandiert, um dort dabei zu helfen, Polen aus ihren Dörfern zu vertreiben.[12] Anfang 1943 wurde eine Gruppe jüngerer Unteroffiziere aus dem Bataillon der Waffen-SS zugeteilt und auf einen Sonderlehrgang geschickt.[13] Eine Weile später wurde Oberleutnant Gnade nach Lublin versetzt, um dort eine Wachkompanie zusammenzustellen. Hauptwachtmeister Steinmetz nahm er als Stellvertreter mit.[14] Gnade kehrte allerdings noch einmal kurz nach Międzyrzec zurück, um bei den Deportationen im Mai mitzuwirken. Schließlich wurde auch Leutnant Scheer nach Lublin versetzt und übernahm dort das Kommando über einen der beiden «Jagdzüge», die speziell zum verstärkten Kampf gegen Partisanengruppen geschaffen worden waren. Zur Auffüllung der gelichteten Reihen erhielt das Reserve-Polizeibataillon 101 einige Neuzugänge, insbesondere eine Gruppe von Berlinern, die der dezimierten 2. Kompanie zugeteilt wurden.[15] Im großen und ganzen erreichte das Bataillon von da an aber nicht mehr seine volle Stärke.

Von den Polizisten, die am ersten Massaker in Józefów teilgenommen hatten, war aufgrund der hohen Fluktuation und zahlreicher Versetzungen im November 1943 nur noch ein Teil beim Bataillon, als dessen Beteiligung an der «Endlösung» im großen Massaker des sogenannten «Erntefests» gipfelte. Während des gesamten Krieges blieb dies die größte Einzelaktion der Deutschen zur Vernichtung der Juden. Mit insgesamt 42000 jüdischen Opfern im Distrikt Lublin übertraf sie sogar das berüchtigte Massaker von Babi Yar, bei dem in der Nähe von Kiew über 33000 Juden den Tod fanden. Mehr Opfer gab es nur noch bei dem rumänischen Massaker an über 50000 Juden aus Odessa im Oktober 1941.

Die «Aktion Erntefest» war der Höhepunkt des Himmlerschen «Kreuzzugs» zur Vernichtung des polnischen Judentums. Bei der Beschleunigung der Mordkampagne im Jahre 1942 hatten sich maßgebliche industrielle und militärische Instanzen bei Himmler darüber beklagt, daß jüdische Arbeitskräfte von kriegswichtigen Arbeitsplätzen entfernt würden. Obwohl er die geäußerten Bedenken nur für vorgeschützt hielt, hatte er sich einverstanden erklärt, eine Reihe von «Arbeitsjuden» unter der Bedingung zu verschonen, daß sie in Lagern und Ghettos untergebracht würden, die ausschließlich der Kontrolle der SS unterstanden. So trug Himmler dem Hinweis auf die Erfordernisse der Kriegswirtschaft Rechnung, stellte aber gleichzeitig sicher, daß das Schicksal aller Juden letztlich in seiner Hand lag. Schließlich wurde die Zuflucht in den Arbeitslagern und -ghettos nur vorübergehend gewährt. Denn laut Himmler sollten auch dort «eines Tages dem Wunsche des Führers entsprechend die Juden verschwinden»[16].

Im Bezirk Lublin hatte man die Arbeitsghettos von Międzyrzec, Łuków, Piaski, Izbica und Włodawa den Winter 1942/43 über bestehen lassen. Die drei letztgenannten wurden im März und April 1943 beseitigt; Międzyrzec und Łuków traf, wie erwähnt, im Mai ein ähnliches Schicksal.[17] Die einzigen Juden, die danach im Distrikt Lublin von den Deutschen noch am Leben gelassen wurden, waren die etwa 45000 «Arbeitsjuden» im Arbeitslagerimperium des Odilo Globocnik. Darunter befanden sich neben ein paar Überlebenden aus den Lubliner Ghettos auch Arbeiter, die man aus den liquidierten Ghettos von Warschau und Białystok hergeschickt hatte.

Spätestens im Herbst 1943 wurden für Himmler zwei Dinge offensichtlich. Um seine «Mission» zum Abschluß zu bringen, müßten erstens auch die «Arbeitsjuden» in den Lagern umgebracht werden. Zweitens hatten Juden in den letzten sechs Monaten in Warschau (im April), Treblinka (im Juli), Białystok (im August) und Sobibor (im Oktober) begonnen, Widerstand zu leisten, als ihnen klar wurde, daß keine Hoffnung auf ein Überleben bestand. Bis zum Frühjahr waren die Juden in Polen von der nur allzu verständlichen, aber falschen Annahme ausgegangen, daß vom erwirtschafteten Nutzen her betrachtet selbst die Nationalsozialisten nicht so irrational sein könnten, die jüdischen Arbeiter, die einen wichtigen Beitrag zur deutschen Kriegswirtschaft leisteten, umzubringen. In ihrer Verzweiflung hatten sie daher eine Taktik der «Rettung durch Arbeit» verfolgt und darin die einzige Hoffnung gesehen, daß wenigstens ein Teil von ihnen überleben würde. Diese Taktik und die dahinterstehende Hoffnung waren die entscheidenden Voraussetzungen dafür, daß die Juden sich weiterhin willfährig verhielten. Schritt für Schritt wurden den Juden jedoch ihre Illusionen genommen. Als die Deutschen versuchten, die Ghettos von Warschau und Białystok endgültig zu liquidieren, stießen sie auf Widerstand, und in den Todeslagern von Treblinka und Sobibor kam es zu Unruhen, als die «Arbeitsjuden» merkten, daß die Schließung der Lager bevorstand. Himmler konnte nicht davon ausgehen, die Lubliner Arbeitslager allmählich oder eines nach dem anderen auflösen zu können, ohne daß es zu weiteren verzweifelten Widerstandsaktionen der Juden käme. So entstand der Gedanke, die Insassen der Lubliner Arbeitslager bei einem einzigen, überraschenden Großeinsatz, der «Aktion Erntefest», umzubringen.[18]

Ein derart umfangreicher Massenmord erforderte Planung und Vorbereitung. Jakob Sporrenberg, der Globocnik kurz zuvor als SS- und Polizeiführer (SSPF) abgelöst hatte, fuhr nach Krakau, um sich mit seinem Vorgesetzten, Wilhelm Krüger, zu beraten. Er kam von dort mit einem besonderen Aktenordner und verschiedenen Anweisungen für seine Leute zurück.[19]

Gegen Ende Oktober erhielten jüdische Gefangene den Befehl, direkt neben den Lagern von Majdanek, Trawniki und Poniatowa Gräben auszuheben. Zwar waren die Gräben drei Meter tief und eineinhalb bis drei Meter breit, aber ihre zickzackförmige Anlage ließ die Behauptung glaubwürdig erscheinen, daß sie dazu dienen sollten, bei Luftangriffen Schutz zu bieten.[20] Dann wurde im ganzen Generalgouvernement damit begonnen, SS- und Polizeieinheiten zu mobilisieren. Am Abend des 2. November traf SSPF Sporrenberg mit den Befehlshabern der verschiedenen Einsatzkräfte zusammen, zu denen Waffen-SS-Verbände aus den Distrikten Krakau und Warschau, das Polizeiregiment 22 aus Krakau, das in Lublin stationierte Polizeiregiment 25 (mit dem Reserve-Polizeibataillon 101) und die Lubliner Sicherheitspolizei gehörten. Anwesend waren außerdem die Lagerkommandanten von Majdanek, Trawniki und Poniatowa sowie Sporrenbergs Stab. Der Versammlungsraum war voll. Mit Hilfe der Sonderakte, die er aus Krakau mitgebracht hatte, erteilte Sporrenberg verschiedene Anweisungen.[21] Der Massenmord begann am nächsten Morgen.

An praktisch jeder Phase der «Aktion Erntefest» waren Angehörige des Reserve-Polizeibataillons 101 beteiligt. Das Bataillon traf am 2. November in der Distrikthauptstadt ein (so daß Trapp vermutlich an Sporrenbergs Besprechung teilnahm) und übernachtete dort. Am frühen Morgen des 3. November bezogen die Polizisten dann ihre Posten. Eine Gruppe von ihnen half, Juden aus mehreren um Lublin herum gelegenen kleinen Arbeitslagern in das Konzentrationslager von Majdanek zu schaffen, das sich einige Kilometer vom Stadtzentrum entfernt an der Ausfallstraße nach Südosten befand.[22] Die meisten Bataillonsangehörigen nahmen jeweils im Abstand von fünf Metern zu beiden Seiten der Straße Aufstellung, die in vielen Windungen von der Hauptstraße – am Haus des Lagerkommandanten vorbei – zum Eingang des inneren Lagers führte. An ihnen zog dann ein endloser Strom von Juden aus den verschiedenen Lubliner Arbeitslagern vorbei.[23]

Wächterinnen eskortierten auf Fahrrädern 5000 bis 6000 weibliche Gefangene, die im «Alten Flughafenlager» die Kleiderberge aus den Todeslagern hatten sortieren müssen. Außerdem marschierten im Laufe des Tages noch 8000 männliche Juden vorbei. Zusammen mit den 3500 bis 4000 schon vorhandenen Lagerinsassen schwoll die Zahl der Opfer damit auf 16 500 bis 18 000 an.[24] Während die Juden durch das Spalier der Reservepolizisten ins Lager zogen, wurden sie von zwei Lautsprecherwagen aus mit Musik beschallt, die alle anderen Geräusche übertönen sollte. Dennoch waren vom Lager her pausenlos Schüsse zu hören.[25]

Die Juden wurden zur hintersten Barackenreihe geführt und dort gezwungen, sich auszuziehen. Dann mußten sie völlig nackt und mit erhobenen Armen, die Hände im Nacken verschränkt, gruppenweise durch ein Loch im Zaun zu den Gräben gehen, die hinter dem Lager ausgehoben worden waren. Auch dieser Weg von den Baracken zu den Gruben wurde wieder von Angehörigen des Reserve-Polizeibataillons 101 bewacht.[26]

Einer der Wachtposten, Heinrich Bocholt* von der 1. Kompanie, sah aus nur zehn Meter Entfernung, was sich an den Gruben abspielte:

«Von meinem Standpunkt konnte ich nun beobachten, wie von anderen Angehörigen unseres Batl. die Juden nackend aus den Baracken herausgetrieben wurden. [...] die Schützen des Exekutionskommandos, die unmittelbar vor mir am Grubenrand saßen, [waren] SD-Angehörige [...] Hinter jedem Schützen standen in einigen Abständen einige weitere SD-Angehörige, die laufend die Magazine für die Maschinenpistolen füllten und sie dem Schützen zureichten. An jeder Grube waren mehrere solcher Schützen eingesetzt. Über die Anzahl der Gruben kann ich heute keine Angaben mehr machen. Es ist möglich, daß mehrere solcher Gruben, an denen gleichzeitig geschossen wurde, bestanden. Mit Sicherheit erinnere ich, daß die nackten Juden direkt auf die Gruben zugetrieben wurden und sich dann regelrecht auf die bereits erschossenen Vorgänger legen mußten. Auf diese liegenden Opfer schoß der Schütze dann jeweils eine Salve ab. [...] Wie lange die Aktion dauerte, kann ich nicht mehr mit Sicherheit sagen. Sie muß aber vermutlich den ganzen Tag gedauert haben, denn ich erinnere mich, dass ich auf meinem Posten einmal abgelöst wurde. Über die Zahl der Opfer kann ich keine Angaben machen, es waren aber unheimlich viele.»[27]

Sporrenberg beobachtete das Morden aus größerer Entfernung: Er kreiste in einem Fieseler Storch über dem Lager. Von den umliegenden Häuserdächern aus sahen auch Polen zu.[28]

Am selben Tag wurden die jüdischen Gefangenen im Arbeitslager von Trawniki 40 Kilometer östlich von Lublin (schätzungsweise 6000 bis 10000 Opfer) und in mehreren kleineren Lagern von deutschen Verbänden in gleicher Weise umgebracht. Noch lebten 14000 Juden in Poniatowa, 50 Kilometer westlich von Lublin, und weitere 3000 in Budzyn und Krasnik. Die beiden letztgenannten Lager sollten auch weiterhin bestehen bleiben; in Budzyn wurde für die Flugzeugwerke Heinkel produziert und in Krasnik für den persönlichen Bedarf des SSPF Lublin. In Poniatowa war das große Arbeitslager am 3. November hingegen nur deshalb nicht liquidiert worden, weil es den Deutschen an Einsatzkräften fehlte. Man hatte das Lager jedoch abgeriegelt und die Telefonleitungen durchtrennt, damit die Insassen nicht durch die Vorgänge von Majdanek und Trawniki vorgewarnt würden und sich am folgenden Tag, dem 4. November, unvorbereitet überrumpeln ließen.

Bei vielen ehemaligen Angehörigen des Reserve-Polizeibataillons 101 sind die beiden Massaker in den zwei Lagern in der Erinnerung zu einer einzigen zwei- bis dreitägigen Aktion in einem einzelnen Lager – Majdanek oder Poniatowa – verschmolzen. Mehrere Zeugen – und zwar aus jeder Kompanie mindestens einer – konnten sich jedoch an Exekutionen in zwei Lagern erinnern.[29] Von daher dürfte es wohl so gewesen sein, daß das Reserve-Polizeibataillon 101 am 4. November frühmorgens die 50 Kilometer von Lublin nach Poniatowa gefahren ist.

Diesmal wurde das Bataillon aber nicht auf verschiedene Stellen verteilt, sondern die Männer nahmen entweder entlang des Wegs von den Entkleidungsbaracken zum Erschießungsort – den zickzackförmigen Gräben – oder am Exekutionsort selbst Aufstellung.[30] Sie bildeten das Spalier, durch das die 14 000 «Arbeitsjuden» von Poniatowa völlig unbekleidet und mit den Händen im Nacken verschränkt in den Tod marschierten, während wiederum mit dröhnender Lautsprechermusik vergeblich versucht wurde, den Exekutionslärm zu übertönen. Der Zeuge Martin Detmold machte aus nächster Nähe folgende Beobachtungen:

«Ich selbst habe mit meiner Gruppe Sperrposten unmittelbar vor der Grube gestellt. Bei der Grube handelte es sich um große zickzackförmig angelegte Splittergräben, die etwa 3 m breit und 3 bis 4 m tief waren. Von meinem Posten aus konnte ich beobachten, wie sich die Juden in der letzten Baracke [...] entkleiden und aller Wertsachen entledigen mußten und dann durch unser Postenspalier in die Gräben getrieben wurden, deren Öffnungen angeschrägt waren. Durch SD-Leute, die an den Grabenrändern standen, wurden die Juden nun bis zur Exekutionsstelle vorgetrieben und hier von anderen SD-Leuten mit Maschinenpistolen vom Grabenrand aus erschossen. Da ich mich als Gruppenführer freier bewegen konnte, bin ich einmal direkt zur Exekutionsstelle hingegangen und habe hier gesehen, daß sich die jeweils neuankommenden Juden auf ihre bereits erschossenen Vorgänger legen mußten und dann mit einer Salve aus der MP gleichfalls erschossen wurden. Dabei achteten die SD-Leute darauf, daß die Juden so erschosssen wurden, daß es im Leichenstapel Abstufungen gab, die es den Neuhinzukommenden auch ermöglichten, sich noch in 3 m Höhe auf den Leichenstapel zu legen. [...] Die ganze Angelegenheit war aber das Grausigste, was ich jemals in meinem Leben gesehen habe, denn ich habe häufig beobachten können, daß nach Abgabe einer Salve Juden nur verletzt waren und mehr oder weniger lebendigen Leibes mit den Körpern anderer Erschossener begraben wurden, ohne daß auf diese Verletzten sogen. Gnadenschüsse abgegeben wurden. So habe ich in Erinnerung, daß die SS-Leute [sic] noch aus dem Leichenstapel heraus von Verwundeten beschimpft wurden.»[31]

Die anderen Bataillonsangehörigen hatten sich schon lange an die Massenerschießungen von Juden gewöhnt; nur auf wenige von ihnen machte die «Aktion Erntefest» einen ebenso nachhaltigen Eindruck wie auf Detmold. Was die Polizisten jedoch als neu und beeindruckend empfanden, war das – bisher auf die relativ abgeschirmten Todeslager begrenzte – Problem der Beseitigung von so vielen Leichen. Wilhelm Gebhardt*, der zu Gnades Sonderwachkompanie gehörte, die nach dem Massaker in Lublin geblieben war, erinnerte sich später: «In Lublin selbst stank es tagelang fürchterlich. Es war der typische Gestank verbrannter Leichen. Jeder konnte sich denken, daß in dem Lager Majdanek eine große Anzahl Juden verbrannt wurde.»[32]

Während die Einwohner Lublins die brennenden Leichen nur aus der Ferne zu riechen brauchten, war die Erfahrung, die zahlreiche Angehörige der 3. Kompanie in Poniatowa mit der Leichenbeseitigung machten, viel unmittelbarer. Da Poniatowa nur 35 Kilometer südlich von Puławy lag, konnten die Polizisten gelegentlich dort hingehen, und manche von ihnen waren auch zur Bewachung der «Arbeitsjuden» eingeteilt, die den grauenhaften Auftrag hatten, die Toten auszugraben und zu verbrennen. Die Kompanieangehörigen konnten genau beobachten, wie die Leichen aus den Gräben geholt, mit Pferden zum Verbrennungsplatz gezogen, von jüdischen Arbeitern auf einen Rost aus Eisenschienen gelegt und verbrannt wurden. Ringsum herrschte ein «bestialischer Gestank».[33] Während die Verbrennungen im Gange waren, hielt einmal ein Lastwagen voller Polizisten am Lager. «Einigen unserer Kameraden wurde bei Wahrnehmung dieses Geruches und bei Anblick der halbverwesten Leichen übel, so daß sie sich auf dem LKW übergeben mußten.»[34] Als die Polizisten dem neuen Führer der 3. Kompanie, Hauptmann Haslach*, bei ihrer Rückkehr davon berichteten, hielt er ihre Ausführungen für «unglaubhaft» und sagte zu Hauptwachtmeister Karlsen: «Komm, wir fahren hin und gucken uns dies einmal an.» Als sie hinkamen, war die Arbeit schon getan, doch ein SS-Offizier zeigte ihnen die Gruben und die «Verbrennungsroste», die teilweise vier mal acht Meter groß waren.[35]

Am Ende der «Aktion Erntefest» war der Distrikt Lublin

praktisch «judenfrei». Damit war auch die Beteiligung des Reserve-Polizeibataillons 101 an der «Endlösung» beendet. Zählt man nun die (nach konservativen Schätzungen) 6500 Juden, die bei früheren Einsätzen etwa in Józefów und Łomazy umgebracht worden waren, die 1000, die bei den «Judenjagden» den Tod fanden, und die mindestens 30 500 Juden, die in Majdanek und Poniatowa erschossen wurden, zusammen, so war das Bataillon an der Exekution von mindestens 38 000 Juden direkt beteiligt. Mit der Deportation von mindestens 3000 Juden aus Międzyrzec nach Treblinka hatte sich Anfang Mai 1943 die Zahl der Menschen, die vom Reserve-Polizeibataillon 101 in die Züge zum Todeslager getrieben worden waren, auf 45 000 erhöht. Bei einem Bataillon, das knapp 500 Mann zählte, belief sich die Gesamtzahl der Opfer somit auf mindestens 83 000 Juden.

KAPITEL 16

Die Mühen der Gerechtigkeit

Als das Reserve-Polizeibataillon 101 seinen Beitrag zur «Endlösung» geleistet hatte und sich im Krieg das Blatt wendete, kam das Bataillon zunehmend gegen bewaffnete Partisanen und feindliche Soldaten zum Einsatz. Im Frühjahr 1943 hatten die Polizisten eines der wenigen Opfer aus den eigenen Reihen zu verzeichnen gehabt, als Oberleutnant Hagen versehentlich durch Schüsse eigener Leute den Tod gefunden hatte. Im letzten Kriegsjahr stieg jedoch die Zahl der Verluste unter den Offizieren drastisch an: Oberleutnant Gnade und die Leutnants Hoppner und Peters fielen im Kampf, und Leutnant Drucker kehrte verwundet in die Heimat zurück.[1] Anfang 1944 ging auch Major Trapp wieder nach Deutschland.[2] Ein paar Bataillonsangehörige wurden von der vorrückenden russischen Armee gefangengenommen, die meisten aber konnten sich beim Zusammenbruch des «Dritten Reiches» nach Deutschland durchschlagen.

Viele von ihnen kehrten in ihre alten Berufe zurück. Für die beiden SS-Hauptsturmführer Hoffmann und Wohlauf sowie für 12 der 32 Unteroffiziere bedeutete dies eine Fortsetzung ihres Polizeidienstes. Auch 12 Mann aus den Reihen der 176 ausgewerteten unteren Dienstgrade gelang es, aus ihrer Reservedienstzeit Kapital zu schlagen und nach dem Krieg ihre Polizeilaufbahn fortzusetzen. Es überrascht nicht, daß die Vernehmungsprotokolle kaum Informationen darüber enthalten, wie problemlos diese 26 Männer in den regulären Polizeidienst übernommen wurden. Unter den Reservisten hatte es zwei NSDAP-Mitglieder gegeben, von den Unteroffizieren waren hingegen neun in der Partei gewesen, und drei hatten außerdem der SS angehört. Auch Hoffmann und Wohlauf waren natürlich sowohl in der Partei als auch in der SS gewesen. Hoffmann erwähnte, daß er wegen seiner SS-Mitgliedschaft von den Briten kurze Zeit interniert worden sei. Er wurde zwar von polnischen Behörden verhört, aber wieder auf freien Fuß gesetzt und kehrte dann sofort zur Hamburger Polizei zurück.[3]

Paradoxerweise waren es nicht die eingefleischten SS-Offiziere, die nach dem Krieg wegen der Einsätze des Reserve-Polizeibataillons 101 in Polen Schwierigkeiten bekamen, sondern Major Trapp und Leutnant Buchmann. Ein Polizist, der in Talcyn zum Exekutionskommando gehört hatte, wurde von seiner Frau aus privaten Motiven angezeigt. Bei seiner Vernehmung nannte er die Namen seiner Vorgesetzten: Bataillonskommandeur Trapp, Kompanieführer Buchmann und Hauptwachtmeister Kammer. Alle vier wurden im Oktober 1947 an Polen ausgeliefert. Ihr Prozeß fand am 6. Juli 1948 in Siedlce statt und dauerte nur einen Tag. In der Verhandlung ging es ausschließlich um die in Talcyn als «Vergeltung» vorgenommene Exekution von 78 Polen und nicht um die viel zahlreicheren Mordeinsätze gegen polnische Juden. Trapp und der von seiner Frau angezeigte Polizist wurden zum Tode verurteilt und im Dezember 1948 hingerichtet. Buchmann erhielt acht Jahre Gefängnis, Kammer drei.[4]

Erst in den sechziger Jahren war das Reserve-Polizeibataillon 101 dann wieder Gegenstand gerichtlicher Ermittlungen. 1958 wurde in Ludwigsburg die Zentrale Stelle der Landesjustizverwaltungen eingerichtet, deren Aufgabe die Einleitung und Koordinierung der strafrechtlichen Verfolgung von NS-Verbrechen ist. In verschiedenen Abteilungen werden dort unterschiedliche «Verbrechenskomplexe» untersucht. Erst wenn die einleitenden Untersuchungen zu einem bestimmten Verbrechenskomplex abgeschlossen und die Hauptverdächtigen ausfindig gemacht sind, wird die Strafverfolgung an die Staatsanwaltschaft des Bundeslandes abgegeben, in dem der oder die Hauptverdächtigen wohnen. Im Rahmen einer Untersuchung verschiedener im Distrikt Lublin verübter Verbrechenskomplexe stießen Ermittlungsbeamte aus Ludwigsburg zum ersten Mal auf Augenzeugen aus den Reihen des Reserve-Polizeibataillons 101. 1962 wurde der Fall den Polizei- und Justizbehörden von Hamburg übergeben, wo noch immer die meisten der überlebenden Bataillonsangehörigen wohnten.

Zwischen Ende 1962 und Anfang 1967 wurden 210 ehemalige Bataillonsangehörige vernommen, viele davon mehrmals. Angeklagt wurden schließlich 14: die Hauptsturmführer Hoffmann und Wohlauf, Leutnant Drucker, Hauptwachtmeister Steinmetz, die Zugwachtmeister Bentheim, Bekemeier und Grund und die Gruppenführer Grafmann* und Mehler* sowie fünf Reservepolizisten. Prozeßbeginn war im Oktober 1967, Urteilsverkündung im darauffolgenden April. Hoffmann, Wohlauf und Drucker wurden zu je acht Jahren Gefängnis verurteilt, Bentheim zu sechs und Bekemeier zu fünf Jahren. Grafmann und die fünf Reservisten wurden zwar für schuldig befunden, aber aufgrund richterlichen Ermessens nicht bestraft, da bei ihnen eine Bestimmung des Strafrechts von 1940 Anwendung fand. Das nationalsozialistische Strafrecht wurde dem Gerichtsverfahren deshalb zugrunde gelegt, weil man in bewußtem Gegensatz zu den in dieser Hinsicht kritisierten Nürnberger Prozessen nicht nach einem *nachträglich* geschaffenen Gesetz urteilen wollte. Auf Steinmetz, Grund und Mehler ging der Urteilsspruch nicht ein, da ihre Verfahren im Laufe des Prozesses aufgrund ihres gesundheitlichen Zustandes abgetrennt worden waren. 1972 kam schließlich das langwierige Rechtsmittelverfahren zum Abschluß. Im Falle von Bentheim und Bekemeier wurde der Schuldspruch zwar bestätigt, dabei aber auch gegen sie keine Strafe verhängt. Hoffmanns Haftstrafe reduzierte sich auf vier Jahre, die von Drucker auf dreieinhalb.

Das gegen andere Bataillonsangehörige anhängige Verfahren wurde auf Antrag der Staatsanwaltschaft eingestellt, da sie im ersten Prozeß nur bei drei der Angeklagten eine Bestrafung hatte durchsetzen können.

Wenn dieses Ergebnis der juristischen Aufarbeitung nach dem Kriege auf den ersten Blick auch äußerst unzulänglich erscheinen mag, so darf man dabei doch nicht vergessen, daß die Ermittlungen gegen das Reserve-Polizeibataillon 101 immerhin zu den wenigen gehören, die überhaupt zu einem Prozeß gegen ehemalige Angehörige der Ordnungspolizei geführt haben. In den meisten Fällen mündeten die Ermittlungen gegen Polizeibataillone nicht einmal in eine Anklageerhebung. Und wenn es doch einmal zu einem Prozeß kam, endete der nur selten mit einer Verurteilung. Im Vergleich dazu stellen die Ermittlungen und der Prozeß gegen das Reserve-Polizeibataillon 101 einen der seltenen Erfolge dar, den die deutsche Justiz beim Versuch einer juristischen Aufarbeitung der Aktivitäten der Polizeibataillone erringen konnte.

Die Protokolle der Vernehmungen von 210 Angehörigen des Reserve-Polizeibataillons 101, auf die sich die vorliegende Untersuchung in erster Linie stützt, befinden sich weiterhin in den Archiven der Hamburger Staatsanwaltschaft. Es bleibt zu hoffen, daß sie für die Geschichtsforschung von größerem Nutzen sein werden, als sie es für die Rechtsprechung gewesen sind.

KAPITEL 17

Deutsche, Polen und Juden

Die Aussagen, die die Angehörigen des Reserve-Polizeibataillons 101 bei den polizeilichen und gerichtlichen Vernehmungen gemacht haben, sind für den Historiker natürlich nur mit gebührender Vorsicht zu gebrauchen. Jeder der Vernommenen überlegte sich die juristische Zweckmäßigkeit seiner Aussagen, da er vor dem Problem stand, eventuell sich selbst oder seine früheren Kameraden zu belasten. Ebenso fielen bei 25 Jahren Abstand zum Geschehen Erinnerungslücken und -verzerrungen ins Gewicht und müssen vor Gericht nicht unbedingt vorgetäuscht gewesen sein. Außerdem waren die Zeugenaussagen sehr stark durch psychische Abwehrmechanismen, vor allem Verdrängung und Projektion, geprägt. Ganz besonders problematisch werden all diese Überlegungen zur Verläßlichkeit der Zeugenaussagen im Zusammenhang mit dem verhängnisvollen deutsch-polnisch-jüdischen Beziehungsdreieck. Vereinfacht gesagt, unterliegen die Vernommenen bei ihrer Beschreibung der deutsch-polnischen und der deutsch-jüdischen Beziehungen einem sehr großen Rechtfertigungsdrang, während sie im Gegensatz dazu die polnisch-jüdischen Beziehungen ausgesprochen negativ darstellen. Wenn wir zunächst die Aussagen der ehemaligen Polizisten über die beiden erstgenannten Beziehungen untersuchen, lassen sich anschließend die Asymmetrien und Verzerrungen in ihrer Beschreibung der polnisch-jüdischen Beziehungen besser erkennen.

Bei der Darstellung der deutsch-polnischen Beziehungen fällt besonders auf, daß die Vernommenen sich meist jeglichen Kommentars enthalten. Die Männer sprechen ganz allgemein von Partisanen, Banditen und Räubern, gehen dabei aber nicht gezielt auf den spezifisch antideutschen Charakter dieser Phänomene ein. Vielmehr schildern sie das «Bandenunwesen» als ein endemisches Problem, das bereits vor der Besetzung Polens durch die Deutschen bestanden habe. Der Hinweis auf das Vorhandensein von Partisanen und «Banditen» hat zweierlei Funktion: Erstens wird impliziert, die Deutschen und insbesondere ihre Polizei hätten die Polen vor dem landesspezifischen Problem der Gesetzlosigkeit geschützt, und zweitens werden die Häufigkeit und Intensität der gegen die Juden gerichteten Einsätze des Bataillons verschleiert, wenn behauptet wird, die Polizisten seien hauptsächlich mit der Bekämpfung von Partisanen und Banditen befaßt gewesen.

Einige der Vernommenen wiesen auf konkrete Bemühungen zur Wahrung guter deutsch-polnischer Beziehungen hin. Polizeihauptmann Hoffmann prahlte damit, daß zwischen seiner Kompanie und den Bewohnern von Puławy ein freundschaftliches Verhältnis bestanden habe. Er behauptete, gegen Leutnant Messmann ein Disziplinarverfahren angestrengt zu haben, weil dessen marodierende motorisierte Gendarmerieeinheit auf alles schoß, was ihr «vor die Flinte kam», und dadurch bei der polnischen Bevölkerung für Verbitterung sorgte.[1] Leutnant Buchmann gab zu Protokoll, Major Trapp habe in Talcyn die Selektion der Opfer für die Vergeltungsexekution in Absprache mit dem polnischen Bürgermeister vorgenommen, und es sei darauf geachtet worden, nur Fremde und Mittellose zu erschießen, nicht aber angesehene Bürger.[2]

Diesem Bild von einer recht gutmütigen deutschen Besatzungspolitik in Polen wurde nur durch zwei Zeugen widersprochen. Bruno Probst erinnerte sich daran, daß das Polizeibataillon schon 1940/41 in Posen und Lodz brutale Vertreibungen durchgeführt und sich aus der grausamen Schikanierung der Bewohner einen Spaß gemacht hatte. Noch kritischer äußerte er sich dazu, wie die deutschen Polizisten die Polen im Jahre 1942 behandelt hatten:

«Damals genügten bereits Anzeigen oder Hinweise neidischer Nachbarn, daß Polen wegen des bloßen Verdachtes von Waffenbesitz oder der Beherbergung von Juden oder Banditen mit ihrer ganzen Familie erschossen wurden. Von unserem Zug wurden m. W. aus derartigen Anlässen auch niemals Polen festgenommen und der zuständigen SD-Dienststelle (Gestapo oder Kripo) abgeliefert. Ich entsinne aus eigener Anschauung und aus den Erzählungen meiner Kameraden, daß wir Polen bei Vorliegen der o. a. Verdachtsgründe immer an Ort und Stelle erschossen haben.»[3]

Der zweite Zeuge, der das «rosarote» Bild deutsch-polnischer Beziehungen in Frage stellte, war kein überlebender ehemaliger Polizist, sondern Leutnant Brands Frau, die ihn kurz in Radzyń besucht hatte. Ihren Angaben zufolge war es damals selbst für deutsche Zivilisten – von uniformierten Polizisten ganz zu schweigen – durchaus üblich, Polen gegenüber als «Herrenmenschen» aufzutreten. Beispielsweise mußten Polen Deutschen auf dem Bürgersteig Platz machen, und wenn Deutsche ein Geschäft betraten, hatten die polnischen Kunden hinauszugehen. Einmal verstellten feindselige Polinnen Frau Brand in Radzyń den Weg und ließen sie und ihre Begleitung erst durch, als sie damit drohte, die Polizei zu rufen. Sobald Major Trapp von diesem Vorfall erfuhr, meinte er wütend, die Polinnen sollten auf dem Marktplatz erschossen werden. Nach Frau Brands Ansicht war dieser Vorfall für die Einstellung der Deutschen gegenüber den Polen bezeichnend.[4]

Sexuelle Beziehungen zwischen deutschen Polizisten und polnischen Frauen kamen nur in zwei Aussagen zur Sprache. Hoffmann gab an, sich schützend vor einen seiner Männer gestellt und nicht gemeldet zu haben, daß dieser sich durch verbotenen Geschlechtsverkehr mit einer Polin eine Geschlechtskrankheit zugezogen hatte.[5] Ein anderer Polizist hatte nicht soviel Glück. Er verbrachte ein Jahr in einem «Straflager», weil er sich über das Verbot sexueller Beziehungen zu Polinnen hinweggesetzt hatte.[6] Doch schon allein die Tatsache, daß ein solches Verbot existierte, sagt viel über die damalige Realität der deutsch-polnischen Beziehungen aus, über die sich ein Großteil der Vernommenen geflissentlich ausschwieg.

Hätten die deutschen Polizisten den Polen antun können, was sie den Juden angetan haben? Wenn auch in geringerem Umfang, so setzte doch anscheinend der gleiche Prozeß zunehmender Gefühllosigkeit und Gleichgültigkeit gegenüber dem Leben von Polen ein. Im September 1942 hatte das Bataillon in Talcyn noch Bedenken, daß sich die Erschießung zahlreicher Polen als Vergeltungsmaßnahme negativ auswirken könnte. Nach der Exekution von 78 «entbehrlichen» Polen erfüllte Trapp den Rest seiner Vergeltungsquote dadurch, daß er statt Polen Juden erschießen ließ. Spätestens im Januar 1943 herrschte dann aber eine andere Einstellung vor, wie sich Bruno Probst erinnerte. Hoppners 2. Zug der 3. Kompanie wollte gerade in Oppeln ins Kino gehen, als die Nachricht eintraf, ein deutscher Polizist sei von Polen angegriffen und erschossen worden. Hoppner fuhr mit seinen Leuten in die Ortschaft Niezdów, um eine Vergeltungsaktion durchzuführen, mußte dort aber feststellen, daß bis auf die ältesten alle Bewohner geflohen waren. Obwohl er dann mitten im Einsatz erfuhr, daß der deutsche Polizist gar nicht getötet, sondern nur verwundet worden war, ließ Hoppner alle 12 oder 15 alten Leute – die meisten davon Frauen – erschießen und das Dorf niederbrennen. Dann fuhren er und seine Leute wieder nach Oppeln zum Kino zurück.[7]

Was die Vernommenen über die Haltung der Deutschen gegenüber den Juden aussagten, ist durch ähnliche Auslassungen gekennzeichnet. Ein Grund dafür ist eine schlichte juristische Überlegung. Nach deutschem Recht müssen «niedrige Beweggründe» wie beispielsweise Rassenhaß vorhanden sein, bevor die Tötung eines Menschen als «Mord» eingestuft wird. Ein offenes Bekenntnis zum Antisemitismus hätte für den betreffenden Bataillonsangehörigen schwerwiegende juristische Folgen gehabt, und wer sich zur antisemitischen Einstellung früherer Kameraden geäußert hätte, wäre schnell in die unangenehme Lage gekommen, als Zeuge gegen sie eingesetzt zu werden.

Daß nicht eingehender über Antisemitismus gesprochen wurde, hatte bei den ehemaligen Reservepolizisten aber auch mit einer generelleren und tiefergehenden Zurückhaltung in bezug auf das gesamte Phänomen des Nationalsozialismus sowie die eigene politische Einstellung und die der Kameraden während dieser Zeit zu tun. Hätten sie eine explizit politische oder ideologische Dimension ihres Verhaltens eingestanden und zugegeben, daß die moralisch kopfstehende Welt des Nationalsozialismus – die der politischen Kultur und den allgemein akzeptierten Normen der sechziger Jahre diametral entgegengesetzt war – ihnen damals durchaus als richtig erschienen war, dann hätten sie sich zu politischen und moralischen Opportunisten erklärt, die sich einfach dem jeweiligen System anpaßten. Mit dieser Wahrheit konnten oder wollten sich nur wenige auseinandersetzen.

Hauptmann Hoffmann – der im Alter von 16 Jahren dem NS-Schülerbund, mit 18 der Hitlerjugend und mit 19 sowohl der Partei als auch der SS beigetreten war – bestritt wie die meisten, daß zu seinem Verhalten eine politische und ideologische Dimension gehört hatte. «Mein Eintritt in die allgemeine SS im Mai 1933 erklärt sich daraus, daß die SS damals als reiner Wehrverband angesehen wurde. Eine besondere weltanschaulich begründete Einstellung lag diesem Beitritt nicht zugrunde.»[8] Weit ehrlicher, wenn auch immer noch ausweichend, war die Erklärung, die Leutnant Drucker abgab; er war der einzige Angeklagte, der sich ernsthaft mit dem Problem seiner früheren Einstellung auseinanderzusetzen versuchte.

«Weltanschauliche Schulungen im Sinne des Nationalsozialismus habe ich lediglich im Rahmen der Ausbildung innerhalb der SA bekommen und eine gewisse Beeinflussung hat vorgelegen durch die damalige Propaganda. Ich bin, da ich in der Marine-SA Zugführer war, und es damals gewünscht wurde, daß die Zugführer auch Parteigenossen waren, verhältnismäßig kurze Zeit vor Ausbruch des 2. Weltkrieges der NSDAP beigetreten. Mein Verhältnis zum Judentum war unter dem Einfluß der damaligen Zeit gekennzeichnet durch eine gewisse Abneigung. Ich kann aber nicht sagen, daß ich die Juden besonders gehaßt hätte, jedenfalls stehe ich heute unter dem Eindruck, daß meine Einstellung damals so war.»[9]

In den wenigen Fällen, in denen doch einmal die Brutalität und der Antisemitismus früherer Kollegen angesprochen wurden, handelte es sich zumeist um Aussagen ehemaliger Mannschaftsangehöriger über einzelne Offiziere. Widerstrebend wurde von Zeugen beispielsweise zugegeben, daß Gnade ein brutal und sadistisch veranlagter Trinker sowie ein überzeugter Nazi und Antisemit gewesen war. Recht negativ äußerten sich mehrere der Vernommenen auch über zwei Hauptwachtmeister. Rudolf Grund, der von Buchmann das Kommando übernommen hatte, als dieser nicht mehr an Einsätzen gegen Juden teilzunehmen brauchte, erhielt den Spitznamen «Giftzwerg», weil er seine geringe Körpergröße durch ständiges Anschreien seiner Männer kompensierte. Er wurde als «besonders scharf und laut», als «großer Draufgänger» und «hundertzehnprozentiger Nazi» charakterisiert, der «großen Pflichteifer» an den Tag gelegt habe.[10] Heinrich Bekemeier wurde als «sehr unangenehmer Mensch» geschildert, der voller Stolz ständig seine NS-Insignien getragen habe. Bei seinen Untergebenen war er nicht beliebt gewesen, und Polen und Juden hatten ihn ganz besonders gefürchtet, weil er ihnen gegenüber «roh und grausam» war. Laut Aussage eines früheren Untergebenen hatte Bekemeier in der Nähe von Łomazy in einem Fall eine Gruppe von Juden gezwungen, singend durch ein Schlammloch zu kriechen. Als ein erschöpfter alter Mann dabei zusammenbrach und Bekemeier mit hochgereckten Händen um Gnade bat, habe der Hauptwachtmeister ihm in den Mund geschossen.

Heinrich Bekemeier, so schloß der Zeuge, sei ein «gemeiner Hund» gewesen.[11] Solche belastenden Aussagen blieben jedoch die große Ausnahme, und das nicht nur, wenn es um frühere

Kameraden, sondern auch wenn es um unbeliebte ehemalige Vorgesetzte ging.

In manchen weniger direkten und vorsichtigen Äußerungen bei den Vernehmungen wurden ganz unterschiedliche Einstellungen gegenüber Juden offenbar. Auf die Frage, woran sie innerhalb der Landbevölkerung Juden von Polen unterscheiden konnten, führten manche der Vernommenen zum Beispiel deren Kleidung, Haarschnitt und allgemeines Erscheinungsbild an. Andere benutzten jedoch ein Vokabular, das immer noch die alte nationalsozialistische Klischeevorstellung widerspiegelte, die Juden seien im Vergleich zu den Polen «schmutzig», «ungepflegt» und «unsauber» gewesen.[12] Manche der Polizisten ließen in ihren Aussagen allerdings eine andere sensiblere Wahrnehmung erkennen: Sie sahen in den Juden verfolgte, in Lumpen gehüllte, halb verhungerte Menschen.[13]

Eine ähnliche Dichotomie ist in den Äußerungen zu finden, mit denen das Verhalten von Juden bei Erschießungen beschrieben wird. Manche der ehemaligen Reservepolizisten hoben die Passivität der Juden in einer Weise hervor, als wollten sie dadurch ihr eigenes Vorgehen rechtfertigen und andeuten, daß die Juden an ihrem Tod mit schuld gewesen seien: Widerstandslos und ohne Fluchtversuche hätten sie ihr Schicksal akzeptiert und sich praktisch von selbst zur Exekution hingelegt, ohne die Aufforderung dazu abzuwarten.[14] In anderen Aussagen wurde eindeutig auf die Würde der Opfer abgehoben: Die Juden hätten eine «erstaunliche» und «unglaubliche» Haltung bewiesen.[15]

Das Bild, das in vereinzelten Bemerkungen von den sexuellen Beziehungen zwischen Deutschen und Juden gezeichnet wird, unterscheidet sich stark von dem, was über heimliche Liebesaffären oder auch nur das Streben nach rascher sexueller Befriedigung zwischen deutschen Polizisten und Polinnen berichtet wurde. In ersterem Fall ging es eindeutig um die Ausübung von Macht über Machtlose – um Vergewaltigung und Voyeurismus. Jener Polizist, der dabei beobachtet worden war, wie er versucht hatte, eine Jüdin zu vergewaltigen, war derselbe, der später von der eigenen Frau bei den alliierten Besatzungsmächten angezeigt, nach Polen ausgeliefert und zusammen mit Trapp, Buchmann und Kammer vor Gericht gestellt wurde. Der Unteroffizier, der Augenzeuge des Vergewaltigungsversuchs gewesen war, hatte keine Meldung erstattet.[16] Über Leutnant Peters wurde berichtet, daß er sich abends oft mit Wodka betrunken habe und dann im Ghetto Streife gelaufen sei. «Gestiefelt und gespornt» sei er in jüdische Wohnungen eingedrungen, habe Frauen die Bettdecken weggerissen, sie angestarrt und sei dann wieder hinausgegangen. Bis zum nächsten Morgen sei er dann wieder nüchtern gewesen.[17]

Von zwei Ausnahmen abgesehen, blieben die Juden in den Darstellungen der Deutschen meist eine anonyme Masse. Zum einen erwähnten die deutschen Polizisten häufig Begegnungen mit deutschen Juden und konnten sich dabei fast immer an deren Heimatstadt erinnern – ob bei dem hochdekorierten Weltkriegsveteranen aus Bremen, der Mutter und Tochter aus Kassel, der Kinobesitzerin aus Hamburg oder dem Vorsitzenden des Judenrats aus München. Die Begegnung mit ihnen muß für die Polizisten ein unerwartetes und verunsicherndes Erlebnis gewesen sein, das einen scharfen Gegensatz zu dem üblichen Bild vom Juden als Teil einer feindlichen, fremden Nation bildete und deshalb so lebhaft in Erinnerung blieb.

Eine eigene Identität gewannen in den Augen der deutschen Polizisten außerdem noch die Juden, die für sie arbeiteten, insbesondere das Küchenpersonal. Ein Polizist entsann sich, daß er für den ihm unterstehenden jüdischen Arbeitstrupp in Łuków Extrarationen besorgt hatte, weil «die Juden praktisch überhaupt nichts zu essen bekamen, obgleich sie für uns arbeiten mußten». Derselbe Mann behauptete, er habe der Frau des Chefs der jüdischen Ghettopolizei die Flucht ermöglicht, als das Ghetto geräumt wurde.[18] In Międzyrzec flehte ein Küchenmädchen während einer Ghettoräumung einen anderen Polizisten an, ihre Mutter und Schwester zu retten, und er erlaubte ihr daraufhin, sie in die Küche mitzunehmen.[19] Als in Kock ein Polizist während der Erschießungen im September einer weinenden Jüdin begegnete, soll auch er sie zur Küche geschickt haben.[20]

Doch die flüchtigen Beziehungen, die sich zwischen den Polizisten und ihren jüdischen Küchenhilfen entwickelten, retteten am Ende nur wenigen das Leben. So ging etwa ein Polizist in Łuków zur Sammelstelle, als seine zwei Küchenhilfen während einer Deportationsaktion nicht zur Arbeit erschienen. Dort fand er auch beide, doch der befehlshabende SS-Mann erlaubte nur einer zu gehen. Kurze Zeit darauf wurde aber auch sie abgeholt.[21]

Am lebhaftesten erinnerten sich die Polizisten an die Fälle, in denen es ihnen nicht nur unmöglich gewesen war, ihren jüdischen Arbeitskräften das Leben zu retten, sondern in denen sie deren Exekution auch noch selbst hatten durchführen sollen. In Puławy ließ Hauptmann Hoffmann Gruppenführer Nehring* eines Tages zu sich ans Bett kommen, schenkte ihm einen guten Wein und sagte ihm, er solle zu dem Gutshof gehen, auf dem er früher schon als Wachposten gewesen war, und die dort arbeitenden Juden erschießen. Nehring wollte diesen Auftrag nicht übernehmen, weil er viele der jüdischen Arbeiter «persönlich kannte», doch dieser Einwand war vergebens. Er und seine Einheit sollten den Einsatz zusammen mit einem Gendarmerieoffizier und noch vier oder fünf Mann durchführen, die ebenfalls in Puławy stationiert waren. Nehring erklärte dem Offizier, daß er viele der Juden gut kenne und sich deshalb nicht an der Exekution beteiligen könne. Der Mann war entgegenkommender als Hoffmann und sorgte dafür, daß seine Leute die fünfzehn bis zwanzig Juden allein erschossen, so daß Nehrings Anwesenheit nicht erforderlich war.[22]

In Kock baten zwei jüdische Küchenmädchen, Bluma und Ruth, um Hilfe bei der Flucht. Ein Polizist entgegnete, das sei «zwecklos», doch andere halfen ihnen.[23] Zwei Wochen später entdeckten einige der Polizisten Bluma und Ruth mit einem

Dutzend anderer Juden in einem Bunkerversteck. Einer der Deutschen, der die beiden wiedererkannte, versuchte sich davonzustehlen, weil er wußte, was nun kommen würde. Aber er erhielt den Befehl, sie zu erschießen. Er weigerte sich und ging, dennoch wurden alle Juden in dem Bunker erschossen – auch die früheren Küchenhilfen.[24]

Bei Druckers 2. Zug der 2. Kompanie arbeiteten in Komarówka zwei Juden namens Jutta und Harry in der Küche. Eines Tages sagte Drucker, die beiden könnten nicht länger bleiben und müßten erschossen werden. Daraufhin gingen mehrere Polizisten mit Jutta in den Wald und verwickelten sie in ein Gespräch, bevor sie dann von hinten erschossen wurde. Auch Harry erhielt kurz darauf beim Beerenpflücken von hinten einen Kopfschuß.[25] Ganz offensichtlich hatten sich die Polizisten besondere Mühe gegeben, diese Menschen, die ihnen in den vergangenen Monaten die Mahlzeiten zubereitet hatten und die sie namentlich kannten, so zu erschießen, daß sie nichts davon mitbekamen. 1942 war das Verhältnis der Deutschen zu den Juden an einem Punkt angelangt, wo ein rascher Tod ohne schreckliches Darauf-warten-Müssen als Ausdruck von Mitleid galt!

Zur Einstellung der Deutschen gegenüber Polen und Juden äußerten sich die vernommenen Polizisten nur spärlich, dafür aber sehr häufig und recht negativ über die Haltung der Polen gegenüber den Juden. Mindestens zwei Faktoren sind bei der Bewertung dieser Aussagen zu berücksichtigen. Erstens hatte die deutsche Polizei natürlich umfangreiche Kontakte zu Polen, die an der «Endlösung» mitwirkten und bei der Suche nach Juden halfen. Diese Polen versuchten sich durch heftigen Antisemitismus bei den deutschen Besatzern lieb Kind zu machen. Es braucht aber wohl nicht betont zu werden, daß Polen, die Juden halfen, es tunlichst vermieden, den Deutschen irgendwie bekannt zu werden. Insofern waren die Sympathien und Verhaltensweisen jener Polen, mit denen die deutschen Polizisten unmittelbare Erfahrungen hatten, per se einseitig ausgerichtet.

Durch einen zweiten Faktor scheint diese einseitige Ausrichtung noch weiter verzerrt worden zu sein. Man kann sicherlich davon ausgehen, daß das, was die Deutschen über polnischen Antisemitismus zu Protokoll gaben, zu einem Gutteil auf Projektionen beruhte. Für diese Männer, die oft nicht gewillt waren, ihre Kameraden zu belasten oder eine wahrheitsgetreue Aussage zur eigenen Person zu machen, muß es eine erhebliche psychische Erleichterung bedeutet haben, den Polen einen Teil der Schuld zuweisen zu können. Über polnische Untaten ließ sich offen reden, während man sich über deutsche nur vorsichtig äußerte. Und je größer der Anteil der polnischen Schuld erschien, desto weniger blieb für die deutsche Seite übrig. Dies sollte man bei der Beurteilung der folgenden Zeugenaussagen berücksichtigen.

Die Litanei deutscher Anschuldigungen gegen die Polen beginnt mit der Darstellung des Massenmords von Józefów. Nach Auskunft eines Polizisten versorgte der polnische Bürgermeister die Deutschen auf dem Marktplatz mit Schnaps.[26] Den Aussagen anderer Polizisten zufolge halfen Polen dabei, Juden aus ihren Wohnungen herauszujagen, und verrieten außerdem Verstecke von Juden in Gartenbunkern und Hohlwänden. Auch als die Deutschen die Durchsuchung längst beendet hatten, hätten Polen den ganzen Nachmittag über weiterhin einzelne Juden zum Marktplatz gebracht. Sobald die Juden abgeführt worden waren, sollen Polen in ihre Häuser eingedrungen sein und sie ausgeplündert haben; nach den Erschießungen hätten sich die Plünderer auch über die Leichen der Juden hergemacht.[27]

Klassisch war auch die Anschuldigung, die von Hauptmann Hoffmann erhoben wurde – einem Mann, der sich in bezug auf das Massaker, das seine Kompanie in Końskowola verübt hatte, angeblich an überhaupt nichts erinnern konnte. Im Gegensatz dazu wußte er sehr detailliert von folgendem Vorfall zu berichten: Nachdem die äußere Absperrung aufgehoben und seine 3. Kompanie in die Ortsmitte von Józefów vorgerückt war, sei er von zwei polnischen Studenten eingeladen worden, auf einen

Wodka zu ihnen ins Haus zu kommen. Die jungen Polen hätten griechische und lateinische Verse zum besten gegeben, mit ihren politischen Ansichten aber nicht hinter dem Berg gehalten. Bei den beiden habe es sich um «Nationalpolen» gehandelt, «die sich entsetzt darüber äußerten, wie man sie behandelte, und meinten, Hitler hätte nur das Gute, daß er sie von den Juden befreite»[28].

In praktisch allen Aussagen über die «Judenjagd» wurde darauf hingewiesen, daß Verstecke und Erdhöhlen zumeist von polnischen «Informanten», «Waldläufern» und verärgerten Bauern aufgedeckt worden seien. Der Wortwahl der Polizisten ließ sich dabei aber mehr entnehmen als nur die reine Information über das Verhalten der Polen. Immer wieder wurde der Begriff «Verrat» gebraucht, in dem zweifellos eine starke moralische Verurteilung mitschwang.[29] Sehr deutlich tritt dies in der Aussage von Gustav Michaelsen zutage. «Ich fand es damals sehr befremdlich, daß die polnische Bevölkerung diese Juden, die sich versteckt hatten, bei uns verriet. Die Juden hatten sich in den Wäldern, in Erdbunkern oder in anderen Verstecken gut getarnt und wären nie gefunden worden, wenn sie von der polnischen Zivilbevölkerung nicht verraten worden wären.»[30] Michaelson gehörte zu der Minderheit der «schwachen» Polizisten, die nie geschossen hatten, und konnte deshalb seine moralische Kritik äußern, ohne sich den Vorwurf totaler Heuchelei gefallen lassen zu müssen. Von den meisten anderen Polizisten, die die Polen des «Verrats» bezichtigten, läßt sich das allerdings nicht sagen, denn sie erwähnten mit keinem Wort, daß es ja gerade die Deutschen gewesen waren, die solche Menschen rekrutiert und ein derartiges Verhalten belohnt hatten.

Wieder war es der schonungslos offene Bruno Probst, der eine etwas ausgewogenere Sicht der Dinge vermittelte. «Judenjagden» seien oft durch Hinweise polnischer Informanten ausgelöst worden, gab er zu Protokoll, fügte dann aber hinzu: «Weiter entsinne ich mich, daß man jetzt allmählich dazu überging, in konsequenterer Weise als vorher auch Polen, die Juden Unterkunft gewährt hatten, zu erschießen. Dies geschah dann fast immer mit der gleichzeitigen Niederbrennung ihrer Gehöfte.»[31] Abgesehen von dem Polizisten, der als Zeuge von jener Polin berichtete, die in ihrem Keller in Kock Juden versteckt hatte und deswegen – nach Auslieferung durch ihren Vater – erschossen worden war, war Probst von 210 Vernommenen der einzige, der zugab, daß Polen, die Juden versteckt hatten, von den Deutschen systematisch erschossen worden waren.

Probst erzählte auch von folgendem Vorfall: Eine von Leutnant Hoppner kommandierte Streife entdeckte eines Tages einen «Bunker» mit zehn Juden. Ein junger Mann trat vor und sagte, er sei Pole und habe sich dort versteckt, um bei seiner Frau zu sein. Hoppner stellte ihm frei, zu gehen oder zusammen mit seiner jüdischen Frau erschossen zu werden. Der Pole blieb und wurde erschossen. Probst schloß mit der Bemerkung, Hoppner habe dieses Angebot natürlich nicht ernst gemeint. Der Pole wäre «sicherlich auf der ‹Flucht›» erschossen worden, wenn er sich fürs Weggehen entschieden hätte.[32]

Die deutschen Polizisten schilderten noch weitere Beispiele polnischer Verstrickung. So sei in Końskowola eine Frau an einen Polizisten in der Absperrungskette herangetreten, die wie eine polnische Bäuerin gekleidet war. In der Nähe stehende Polen hätten daraufhin gesagt, sie sei eine verkleidete Jüdin, der Polizist habe sie aber trotzdem passieren lassen.[33] Eine Reihe von Polizisten berichteten außerdem, daß Polen Juden gefangengenommen und solange festgehalten hätten, bis es den Deutschen möglich gewesen sei, zu kommen und sie zu erschießen.[34] Es sei wiederholt vorgekommen, daß die Juden vor dem Eintreffen der Deutschen geschlagen wurden.[35] Allerdings berichtete nur ein Zeuge davon, daß polnische Polizisten deutsche Polizeistreifen begleitet und sich in zwei Fällen an Erschießungen beteiligt hätten.[36] Von einem gegensätzlichen Fall erzählte Toni Bentheim. Als polnische Polizisten in Komarówka meldeten, sie hätten vier Juden verhaftet, erteilte Drucker ihm den Befehl, sie zu erschießen. Bentheim schaffte sie zum Friedhof, wo er sie alle vier eigenhändig exekutieren wollte, doch dann hatte seine Maschinenpistole eine Ladehemmung. Daraufhin fragte er den ihn begleitenden polnischen Polizisten, ob er das nicht «erledigen» könne, doch der lehnte das zu seiner Überraschung ab. Bentheim benutzte dann seine Pistole.[37]

Was die Deutschen zur polnischen Mittäterschaft zu Protokoll gaben, war nicht falsch. Daß sich Polen leider nur allzu häufig so verhalten haben, wird auch durch andere Berichte bestätigt. Schließlich ist der Holocaust eine Geschichte mit viel zuwenig Helden und viel zu vielen Tätern und Opfern. Was an den deutschen Darstellungen nicht stimmt, ist die vielfach verzerrte Sichtweise. Darüber, daß so manche Polen Juden geholfen hatten und dafür von deutscher Seite bestraft worden waren, schwiegen sich die Polizisten weitgehend aus. Sie erwähnten auch kaum, daß es Deutsche gewesen waren, die die Polen zu dem «Verrat» angestiftet hatten, der nun so heuchlerisch verurteilt wurde. Ebensowenig wurde die Tatsache angesprochen, daß – in krassem Gegensatz zu anderen Völkern im durchgängig antisemitischen Osteuropa – aus der polnischen Bevölkerung keine der berüchtigten großen Hilfswilligeneinheiten rekrutiert wurde. Insofern geben die genannten Aussagen in mancher Hinsicht ebensoviel Aufschluß über die vernommenen deutschen Polizisten wie über die Polen.

KAPITEL 18

Ganz normale Männer

Warum entwickelten sich die meisten Männer des Reserve-Polizeibataillons 101 zu Mördern, während das nur bei einer Minderheit von vielleicht zehn oder allerhöchstens zwanzig Prozent nicht der Fall war? Für die Herausbildung eines solchen Verhaltens sind in der Vergangenheit schon eine Reihe von Erklärungen angeboten worden: Brutalisierung in Kriegszeiten, Rassismus, arbeitsteiliges Vorgehen verbunden mit wachsender Routine, besondere Selektion der Täter, Karrierismus, blinder Gehorsam und Autoritätsgläubigkeit, ideologische Indoktrinierung und Anpassung. Alle diese Faktoren spielen eine Rolle – allerdings in unterschiedlichem Maße und keineswegs uneingeschränkt.

Kriege sind immer mit Greueltaten verbunden. Wie John Dower in seinem bemerkenswerten Buch *War Without Mercy: Race and Power in the Pacific War* feststellte, führt der Haß im Krieg zu Kriegsverbrechen.[1] Vor allem wenn zu der Brutalisierung, die ohnehin bei jedem Aufeinandertreffen bewaffneter, zum gegenseitigen Töten entschlossener Menschenmassen zu beobachten ist, noch tief verwurzelte negative Rassenklischees kommen, wird das brüchige Geflecht der Kriegskonventionen und Kampfregeln von allen Seiten noch häufiger und brutaler als sonst verletzt. Daraus erklärt sich der Unterschied, der zwischen eher konventionellen Kriegen – etwa dem zwischen Deutschland und den westlichen Alliierten – und den «Rassenkriegen» der jüngeren Vergangenheit besteht. Vom nationalsozialistischen «Krieg gegen die Juden» und «Vernichtungskrieg» in Osteuropa bis zum «Krieg ohne Gnade» im Pazifik und zum Vietnam-Krieg in jüngster Vergangenheit haben Soldaten immer wieder unbewaffnete Zivilisten und hilflose Gefangene gefoltert und abgeschlachtet sowie zahlreiche andere Greueltaten begangen. Dowers Bericht darüber, wie ganze amerikanische Einheiten im Pazifik sich offen damit brüsteten, «keine Gefangenen zu machen», und gewohnheitsmäßig Körperteile japanischer Soldaten als Schlachtfeldsouvenirs sammelten, ist für jeden, der selbstgefällig davon ausgeht, daß Kriegsgreuel nur unter dem NS-Regime vorkamen, eine höchst unerquickliche Lektüre.

Jeder Krieg – und insbesondere ein Rassenkrieg – führt zu einer Brutalisierung, die ihren Ausdruck in Greueltaten findet. Dieses Merkmal zieht sich als roter Faden von Bromberg[2] und Babi Yar über Neuguinea und Manila bis My Lai. Wenn aber (und dies ist der Standpunkt, der hier vertreten wird) ein Krieg, und noch dazu ein Rassenkrieg, den entscheidenden Rahmen bildete, in dem das Reserve-Polizeibataillon 101 zum Einsatz kam, stellt sich die Frage, inwieweit sich das Verhalten der Bataillonsangehörigen in Józefów und danach durch die in Kriegszeiten übliche Brutalisierung erklären läßt? Welchen Unterschied gilt es zwischen verschiedenen Arten von Kriegsverbrechen und der jeweiligen Geisteshaltung der Täter zu machen?

Bei vielen der berüchtigtsten Kriegsgreuel spielte ein «Ausrasten», eine Art «Schlachtfeldraserei» eine Rolle – ob in Oradour und Malmédy, beim Raubzug der Japaner durch Manila, bei den auf vielen Pazifikinseln von Amerikanern verübten Gefangenenmassakern und Leichenverstümmelungen oder auch beim Massaker von My Lai. Aus den an Gewalt gewöhnten, dem Töten gegenüber abgestumpften, über die eigenen Verluste erbitterten und von der Hartnäckigkeit eines heimtückischen, scheinbar unmenschlichen Feindes frustrierten Soldaten brach manchmal explosionsartig die nackte Wut hervor, oder sie warteten finster entschlossen darauf, bei nächster Gelegenheit Rache zu nehmen. Aber wenn es auch viel zu oft vorkam, daß solche Greueltaten von Vorgesetzten toleriert, mit Stillschweigen übergangen beziehungsweise mehr oder weniger offen gutgeheißen wurden, so gehörten sie doch nie zur offiziellen Regierungspolitik.[3] Denn ungeachtet der von jeder Nation eingesetzten Haßpropaganda und der von vielen Führern und Befehlshabern benutzten Phrasen von der bevorstehenden Vernichtung des Feindes bedeuteten derartige Exzesse nach wie vor, daß Disziplin und Befehlsstruktur zusammengebrochen waren. Sie stellten keine «übliche Vorgehensweise» dar.

Wenn in anderen Fällen Greueltaten nicht durch unvermitteltes «Ausrasten» auf dem Schlachtfeld, sondern als Ausdruck der offiziellen Regierungspolitik zustande kamen, dann ist darin durchaus eine «übliche Vorgehensweise» zu sehen. Der Abwurf von Phosphorbomben auf deutsche und japanische Städte, die Versklavung und grausame Mißhandlung von «Fremdarbeitern» in deutschen Lagern und Betrieben oder entlang der Eisenbahnlinie Siam–Burma, die als «Vergeltung» deklarierte Erschießung von je hundert Zivilisten für jeden deutschen Soldaten, der in Jugoslawien oder anderswo in Osteuropa bei einem Partisanenangriff ums Leben kam – das waren keine spontanen Zornausbrüche oder grausamen Racheakte brutalisierter Männer, sondern die systematische Umsetzung von Regierungspolitik.

Beide Arten von Greueln treten im brutalisierenden Kontext des Krieges auf, aber die Männer, die politisch gesteuerte Greueltaten begehen, befinden sich in einer anderen geistigen Verfassung. Sie handeln nicht aus Raserei, Verbitterung oder Frustration, sondern aus Berechnung. Als Handlanger der auf die systematische Vernichtung der europäischen Juden zielenden NS-Politik gehören die Männer vom Reserve-Polizeibataillon 101 eindeutig zu dieser zweiten Kategorie. Außer ein paar Älteren unter ihnen, die bereits im Ersten Weltkrieg gekämpft hatten, und einigen Unteroffizieren, die aus Rußland nach Polen versetzt worden waren, hatte noch kein Angehöriger des Bataillons eine Schlacht oder einen Zusammenprall mit einem tödlichen Feind erlebt. Die meisten von ihnen hatten noch nie einen Schuß im Zorn abgegeben, waren selbst noch nie beschossen worden und hatten erst recht keine Kameraden an ihrer Seite im Kampf verloren. Kriegsbedingte Brutalisierung aufgrund vorheriger unmittelbarer Kampferfahrung war also kein Faktor, der das Verhalten der Polizisten in Józefów direkt beeinflußt hätte. Doch als das Töten erst einmal begonnen hatte, wurden die Männer zunehmend brutaler. Genau wie im Kampf folgte auch hier auf den ersten Schrecken die Routine, so daß das Töten von Mal zu Mal leichter fiel. So gesehen war die Brutalisierung der Polizisten nicht die Ursache, sondern das Ergebnis ihres Verhaltens.

Wenn auch nicht als Ursache einer durch Kampferlebnisse bewirkten Brutalisierung und Raserei, so muß der Kriegskontext doch sicherlich in allgemeinerer Form berücksichtigt werden. Als Kampf zwischen «unserem Volk» und «dem Feind» schafft der Krieg eine polarisierte Welt, in der «der Feind» leicht verdinglicht und aus der menschlichen Gemeinschaft ausgestoßen wird. Der Krieg bildet einen Rahmen, in dem Regierungen Greueltaten ohne weiteres zu einem festen Bestandteil ihrer Politik machen können, ohne bei deren Umsetzung auf große Schwierigkeiten zu stoßen. John Dower stellt dazu fest: «Die Entmenschlichung des Anderen trug ganz erheblich zu der psychischen Distanzierung bei, die das Töten erleichterte.»[4] Eine solche Distanzierung – und nicht «Ausrasten» oder Brutalisierung – ist einer der Schlüssel zum Verhalten des Reserve-Polizeibataillons 101. Krieg und negative Rassenklischees bildeten zwei Faktoren dieser Distanzierung, die sich gegenseitig verstärkten.

Raul Hilberg und viele andere Wissenschaftler, die sich mit dem Holocaust befassen, heben besonders die bürokratischen und verwaltungstechnischen Aspekte des Vernichtungsvorgangs hervor.[5] Sie betonen bei ihrem Ansatz, daß das moderne bürokratische Leben eine funktionelle und körperliche Distanzierung bis zu einem gewissen Grad auf ähnliche Weise begünstigt, wie der Krieg und negative Rassenklischees eine psychische Distanzierung zwischen Täter und Opfer erleichtern. In der Tat waren viele der Protagonisten des Holocaust sogenannte Schreibtischtäter, denen die Beteiligung an der Massenvernichtung durch deren bürokratischen Charakter wesentlich erleichtert wurde. Ihre Arbeit bestand innerhalb des ganzen Vernichtungsprozesses häufig darin, winzige Teilschritte auszuführen, und sie taten dies routinemäßig, ohne die Opfer ihrer Handlungen jemals zu Gesicht zu bekommen. Ob die Bürokraten oder Spezialisten nun Eigentum beschlagnahmten, Zugfahrpläne erstellten, Gesetze erarbeiteten, Telegramme verschickten oder Listen zusammenstellten – aufgrund des arbeitsteiligen, routinemäßigen und entpersönlichten Charakters ihrer Tätigkeit konnten sie ihre Arbeit erledigen, ohne mit der Realität des Massenmords konfrontiert zu werden. Einen solchen «Luxus» genossen die Angehörigen des Reserve-Polizeibataillons 101 natürlich nicht; ihre Uniformen waren buchstäblich vom Blut der aus nächster Nähe erschossenen Opfer getränkt. Niemand war mit der Realität des Massenmords direkter konfrontiert als die Polizisten in den Wäldern von Józefów. Mit den entpersönlichenden Aspekten des bürokratischen Tötens – der Aufteilung der Aufgaben und ihrer routinemäßigen Erledigung – läßt sich das Verhalten des Bataillons bei seinem ersten Massaker nicht erklären.

Doch völlig unerheblich war die psychologische Wirkung der Arbeitsteilung, die das Töten erleichterte, auch nicht. Denn während Angehörige des Bataillons in Serokomla, Talcyn, Kock und später im Laufe zahlloser «Judenjagden» Erschießungen durchaus auch weiterhin alleine vornahmen, wurden die größeren «Aktionen» zusammen mit anderen Verbänden und aufgabenteilig durchgeführt. Die Polizisten sorgten stets für die Absperrung, und viele von ihnen waren auch unmittelbar damit befaßt, die Juden aus den Häusern zu holen und sie zum Sammelplatz und von dort aus zu den Todeszügen zu treiben. Doch die größten Massenerschießungen wurden von eigens herangeholten «Spezialisten» durchgeführt. In Łomazy hätten die «Hilfswilligen» die Exekutionen völlig alleine vollzogen, wenn sie am Ende nicht zu betrunken gewesen wären. In Majdanek und Poniatowa stellte die Lubliner Sicherheitspolizei bei der «Aktion Erntefest» die Schützen. Die Deportationen nach Treblinka hatten den zusätzlichen psychologischen «Vorteil», daß das Töten nicht nur von anderen erledigt wurde, sondern auch in größerer Entfernung erfolgte – und nicht vor den Augen der Männer, die die Ghettos räumten und die Juden in die Züge trieben. Nach dem nackten Grauen von Józefów ist die Distanz der Polizisten, ihr Gefühl, an den späteren Ghettoräumungen und Absperrmaßnahmen nicht wirklich beteiligt oder gar dafür verantwortlich gewesen zu sein, ein deutlicher Beleg für die desensibilisierende Wirkung der Arbeitsteilung.

Inwiefern – falls überhaupt – wurden die Angehörigen des Reserve-Polizeibataillons 101 im Hinblick auf ihre Aufgabe während der «Endlösung» zuvor einem besonderen Auswahlverfahren unterzogen? Nach neueren Forschungsergebnissen des deutschen Historikers Hans-Heinrich Wilhelm wurde in der Personalabteilung von Reinhard Heydrichs Reichssicherheitshauptamt beträchtliche Zeit und Mühe darauf verwendet, Offiziere für die Einsatzgruppen auszuwählen und einzuteilen.[6] Auch Himmler, der stets darauf bedacht war, für jede Aufgabe den richtigen Mann zu bekommen, ging bei der Auswahl der Höheren SS- und Polizeiführer und der Besetzung anderer Schlüsselpositionen sehr sorgfältig vor. Daraus erklärt sich auch, warum er so hartnäckig an dem zwielichtigen Globocnik in Lublin festhielt, obwohl der sich zuvor als korrupt erwiesen hatte und seine Ernennung selbst innerhalb der NSDAP auf Widerstand gestoßen war.[7] In ihrem Werk *Am Abgrund*, einer klassischen Studie über den Kommandanten von Treblinka Franz Stangl, gelangte Gitta Sereny zu dem Schluß, daß besondere Sorgfalt darauf verwandt worden sein muß, aus den über 400 am Euthanasieprogramm in Deutschland beteiligten Personen 96 für den Einsatz in den Vernichtungslagern in Polen auszusuchen.[8] War ein solches Ausleseverfahren – die sorgfältige Auswahl von für den Massenmord besonders geeignetem Personal – auch für die Zusammensetzung des Reserve-Polizeibataillons 101 bestimmend?

Im Hinblick auf die Mannschaften muß diese Frage mit einem eingeschränkten Nein beantwortet werden. Von den meisten Kriterien her gesehen war eigentlich genau das Gegenteil der Fall. Nach Alter, regionaler und sozialer Herkunft waren die Männer des Reserve-Polizeibataillons 101 alles andere als geeignetes «Material» zur Heranbildung zukünftiger Massenmörder. Diese Männer mittleren Alters, die zum Großteil aus der Hamburger Arbeiterschicht stammten, stellten, gemessen an den genannten Kriterien, keine spezielle oder auch nur zufällige Auslese dar, sondern erscheinen im Hinblick auf die zu erfüllende Aufgabe in der Praxis eher als Negativauswahl.

In einer Hinsicht mag allerdings eine allgemeinere Art von Vorauswahl stattgefunden haben. Mit fünfundzwanzig Prozent gab es einen beträchtlichen Anteil von Parteimitgliedern unter den einfachen Bataillonsangehörigen, der insbesondere für die aus der Arbeiterschicht stammenden Männer unverhältnismäßig hoch war. Das deutet darauf hin, daß die Einberufung der Reservisten schon am Anfang – also lange bevor man an ihre Verwendung bei der «Endlösung» dachte – nicht ganz dem Zufall überlassen wurde. Falls Himmler zunächst daran gedacht hatte, für die in großer Zahl im Ausland stationierten aktiven Polizisten Reservisten zur Wahrung der inneren Sicherheit einzusetzen, wird er logischerweise mißtrauisch darüber gewacht haben, daß keine politisch unzuverlässigen Männer eingezogen wurden. Als eine mögliche Lösung dieses Problems hätte sich angeboten, einen im Vergleich zur übrigen Bevölkerung überdurchschnittlich hohen Prozentsatz von Parteimitgliedern mittleren Alters zum Reservistendienst heranzuziehen. Daß damals eine solche Politik verfolgt wurde, ist allerdings nur eine Vermutung, denn bislang sind keinerlei Dokumente aufgetaucht, mit denen sich belegen ließe, daß NSDAP-Mitglieder gezielt in die Reserveeinheiten der Ordnungspolizei eingezogen worden sind.

Bei den Offizieren ist der Beweis für eine spezielle Auslese noch schwieriger zu führen. Nach SS–Maßstäben war Major Trapp zwar ein patriotischer Deutscher, dabei aber sehr traditionsverbunden und allzu sentimental – Eigenschaften, die im nationalsozialistischen Deutschland als «schwach» und «reaktionär» verachtet wurden. Es ist sicherlich bezeichnend, daß der Berufspolizist Trapp nie in die SS aufgenommen wurde, obgleich er für seinen Einsatz im Ersten Weltkrieg ausgezeichnet worden war und aufgrund seines Parteibeitritts im Jahre 1932 als «Alter Kämpfer» galt. Er wurde also gewiß nicht deshalb zum Kommandeur des Reserve-Polizeibataillons 101 ernannt und speziell im Distrikt Lublin eingesetzt, weil er sich besonders zum Massenmörder geeignet hätte.

Auch die übrigen Offiziere des Bataillons lassen kaum auf eine sorgfältige Auswahl schließen. Trotz ihrer untadeligen Partei-Referenzen waren sowohl Hoffmann als auch Wohlauf nach SS-Karrieremaßstäben auf ein Nebengleis abgeschoben worden. Wohlauf erhielt bei der Ordnungspolizei wiederholt mittelmäßige und sogar negative Beurteilungen. Paradoxerweise war es der mit 48 Jahren relativ alte Reserve-Oberleutnant Gnade – und nicht die beiden jungen SS-Hauptsturmführer –, der sich als besonders unbarmherziger und sadistischer Mörder erwies; ihm machte seine «Arbeit» Spaß. Nicht zuletzt dürfte auch die Zuteilung von Reserve-Leutnant Buchmann kaum von jemand vorgenommen worden sein, der gezielt Männer zum Töten aussuchte.

Mit anderen Worten, das Reserve-Polizeibataillon 101 wurde nicht etwa deshalb zur Ermordung von Juden nach Lublin geschickt, weil es aus Männern bestanden hätte, die eigens für diese Aufgabe ausgewählt worden waren, weil sie als besonders geeignet galten. Vielmehr fand sich im Bataillon der Rest der in diesem Stadium des Krieges verfügbaren Einsatzkräfte, und es wurde zur Vernichtung von Juden nur herangezogen, weil es die einzige Einheit war, die für eine solche Aufgabe hinter den Linien zur Verfügung stand. Höchstwahrscheinlich hatte Globocnik einfach als selbstverständlich angenommen, daß sich jedes in sein Gebiet verlegte Bataillon unabhängig von seiner inneren Zusammensetzung auf den Mordauftrag einlassen würde. Falls das zutrifft, dürfte er nach den Vorgängen von Józefów zunächst enttäuscht gewesen sein; auf lange Sicht sollte er aber recht behalten.

Viele Untersuchungen über Nazi-Mörder deuten auf eine andere Art der Selektion, nämlich eine Selbstauswahl, hin: In die NSDAP und die SS traten Menschen ein, die in überdurchschnittlichem Maße zur Gewalt neigten. Kurz nach Kriegsende schufen Adorno und andere den Begriff des «autoritären Charakters». Da ihres Erachtens die situations- und umweltbedingten Einflüsse bereits erforscht waren, beschlossen diese Wissenschaftler, sich auf die bis dahin vernachlässigten psychologischen Faktoren zu konzentrieren. Sie gingen von der Hypothese aus, daß bestimmte tiefsitzende Charakterzüge «potentiell faschistische Individuen» für antidemokratische Propaganda besonders empfänglich machen.[9] Bei ihren Untersuchungen stellten sie eine Liste mit den (nach der sogenannten F-Skala getesteten) entscheidenden Charakterzügen des «autoritären Charakters» zusammen: starres Festhalten an überkommenen Werten; Unterwürfigkeit gegenüber Autoritäten; aggressives Verhalten gegenüber Angehörigen von Fremdgruppen; Abneigung gegen Intrazeption, Reflexion und Phantasie; eine Tendenz zu Aberglauben und Klischeedenken; ständiges Bestreben, stark und «hart» zu sein; Destruktivität und Zynismus; Projektionen (der autoritäre Charakter neigt dazu, «zu glauben, daß es in der Welt wild und gefährlich zugeht», und projiziert «unbewußte emotionale Impulse nach außen»); und eine übertriebene Beschäftigung mit der Sexualität. Die Autoren gelangten zu dem Schluß, daß antidemokratische Individuen unterschwellig starke aggressive Impulse haben und durch faschistische Bewegungen die Möglichkeit erhalten, diese Aggression in Form von sanktionierter Gewalt gegen Fremdgruppen zu projizieren, die aus ideologischen Gründen zur Zielscheibe gemacht werden.[10] Zygmunt Bauman faßt diesen Ansatz mit den Worten zusammen: «Der NS-Staat [war] unmenschlich, weil die Nazis unmenschlich waren; die Nazis waren unmenschlich, weil Unmenschen eine Disposition zum Nazismus besitzen.»[11] Der Methodik von Adorno und Kollegen, bei der soziale Einflüsse vernachlässigt werden, und der Schlußfolgerung, daß normale Menschen keine faschistischen Greueltaten begangen hätten, steht Bauman äußerst kritisch gegenüber.

Adornos Ansatz einer psychologischen Erklärung wurde später von Kollegen insofern modifiziert, als sie psychologische und situative (soziale, kulturelle und institutionelle) Faktoren expliziter miteinander verbanden. In einer Studie über eine Gruppe von Männern, die sich freiwillig zur SS gemeldet hatten, gelangt John Steiner zu dem Schluß, daß es anscheinend ein Prozeß der Eigenselektion für brutale Aufgaben gebe.[12] Er bezeichnet mit dem Begriff des «sleeper» den Umstand, daß bei Individuen, die zur Gewalttätigkeit neigen, unter bestimmten Umständen gewisse Persönlichkeitsmerkmale aktiviert werden können, die normalerweise latent bleiben. In den chaotischen Verhältnissen, die in Deutschland nach dem Ersten Weltkrieg herrschten, zog es Menschen, bei denen sich hohe Werte auf der F-Skala feststellen ließen, in überdurchschnittlich hoher Zahl zum Nationalsozialismus als einer «Subkultur der Gewalt» und ganz besonders zur SS, die ihnen Anreiz und Rückhalt für die volle Realisierung ihres Gewaltpotentials gab. Nach dem Zweiten Weltkrieg kehrten solche Menschen zu gesetzestreuem Verhalten zurück. Steiner schließt daraus, daß der entscheidende Faktor, der das SS-Verhalten am direktesten auslöste, in der Situation zu suchen sei, die die latenten Persönlichkeitsmerkmale aktivierte.

Erwin Staub akzeptiert die Vorstellung, daß «manche Menschen aufgrund ihrer Persönlichkeit durch ‹Eigenselektion› zu Tätern werden». Er kommt jedoch zu dem Ergebnis, daß das von Steiner beschriebene Phänomen des «sleeper» weit verbreitet ist und die meisten Menschen unter besonderen Umständen fähig sind, brutale Gewalt anzuwenden und menschliches Leben zu vernichten.[13] Und so vertritt Staub entschieden die Meinung, daß «gewöhnliche psychische Prozesse, normale menschliche Motive und gewisse grundlegende, dabei aber keineswegs zwangsläufige Tendenzen im Denken und Fühlen» die «primären Quellen» der Fähigkeit des Menschen zur Massenvernichtung menschlichen Lebens darstellen. «Es ist die Regel und nicht die Ausnahme, daß Böses aus normalem Denken erwächst und von normalen Menschen begangen wird.»[14] Bei Staub zeigt sich auch, daß ein US-amerikanischer Soldat im Vietnam-Krieg eine ähnliche Erfahrung gemacht hat, wie die Polizisten des Reservebataillons 101, die auf den Einsatz in Józefów noch mit Verzweiflung reagierten, sich aber bald an das Morden gewöhnten: «Als sie im Hubschrauber eine Gruppe von Zivilisten überflogen, erhielt er den Befehl, auf diese zu schießen, kam dem aber nicht nach. Während der Hubschrauber über dem Gebiet kreiste, wurde der Soldat erneut zum Schießen aufgefordert, gehorchte aber auch diesmal nicht. Als der verantwortliche Offizier ihm daraufhin mit einem Kriegsgerichtsverfahren drohte, schoß er beim nächsten Überflug auf die Menschengruppe. Er erbrach sich und war tief verzweifelt. Nach eigenen Angaben empfand der Soldat das Schießen auf Zivilisten dann aber schon nach ziemlich kurzer Zeit wie ein Übungsschießen auf bewegliche Zielscheiben und begann, Gefallen daran zu finden.»

Während Staub dem von Steiner beschriebenen Phänomen das Außergewöhnliche nimmt, geht Zygmunt Bauman so weit, den «sleeper» als «metaphysisches Bonmot» abzutun. Für Bauman sind «die Ursachen unmenschlicher Taten [...] sozialer und nicht individuell-dispositioneller Natur»[15]. Er vertritt den Standpunkt, daß die meisten Menschen in die Rollen «schlüpfen», die die Gesellschaft für sie bereithält, und er steht der Annahme, menschliche Grausamkeit sei in Persönlichkeitsdefekten begründet, sehr kritisch gegenüber. Die eigentliche Ausnahme bilden in seinen Augen vielmehr jene seltenen Menschen, die sich als fähig erweisen, Autoritäten zu widerstehen und einen autonomen moralischen Standpunkt einzunehmen, sich aber dieser verborgenen Stärke – dieser «schlafenden Charaktereigenschaften» – meist nicht bewußt sind, solange sie nicht auf die Probe gestellt werden.

Die Wissenschaftler, die die Meinung vertreten, daß situative Faktoren von größerer relativer oder absoluter Bedeutung seien als individuelle psychische Eigenschaften, verweisen stets auf die Ergebnisse jenes Experiments, das Philip Zimbardo im Gefängnis von Stanford durchgeführt hat.[16] Durch eine Reihe von psychologischen Tests – darunter einem, der «starres Festhalten an überkommenen Werten und Autoritätsgläubigkeit» erfaßte (entspricht der F-Skala für den «autoritären Charakter») – schloß Zimbardo alle Personen aus, die überdurchschnittliche Werte erreichten, teilte dann seine homogene «normale» Testgruppe willkürlich in Wärter und Gefangene ein und unterwarf sie einer simulierten Gefängnissituation. Obwohl die Anwendung körperlicher Gewalt untersagt war, führte die inhärente Struktur des Gefängnislebens – bei dem drei Wärter pro Schicht Methoden entwickeln mußten, um die ihnen zahlenmäßig überlegenen Gefangenen unter Kontrolle zu halten – innerhalb von sechs Tagen zu rasch eskalierender Brutalität, Erniedrigung und Entmenschlichung. «Als besonders dramatisch und erschreckend empfanden wir es, mitanzusehen, wie leicht Personen, die keine ‹sadistischen Typen› waren, zu sadistischem Verhalten veranlaßt werden konnten.» Daraus schloß Zimbardo, daß allein schon die Gefängnissituation ausreiche, um anomales, unsoziales Verhalten hervorzurufen.

Das Verhaltensspektrum, das Zimbardo bei seiner Stichprobe von elf «Gefängniswärtern» beobachten konnte, ist für die vorliegende Studie zum Reserve-Polizeibataillon 101 möglicherweise von großer Relevanz. Etwa ein Drittel der Wärter erwies sich als «hart und grausam». Sie erfanden ständig neue Schikanen und genossen es, sich nun grausam und willkürlich verhalten zu können. Eine mittlere Gruppe war «hart, aber fair». Sie hielten sich an die Spielregeln und waren nicht darauf aus, die Gefangenen schlecht zu behandeln. Nur zwei der Testpersonen (und damit weniger als 20 Prozent) erwiesen sich als «gute Wärter», die die Gefangenen nicht bestraften, sondern ihnen sogar gelegentlich einen kleinen Gefallen erwiesen.[17]

Das von Zimbardo bei den Wärtern festgestellte Spektrum ähnelt auf beunruhigende Weise den Gruppierungen, die sich im Reserve-Polizeibataillon 101 herausbildeten: ein Kern von Männern, die sich freiwillig zu den Exekutionskommandos und den «Judenjagden» meldeten und mit wachsender Begeisterung töteten; eine größere Gruppe von Polizisten, die sich auf Befehl an Erschießungen und Ghettoräumungen beteiligten, aber nicht aktiv nach Gelegenheiten zum Töten suchten (sondern sogar in einigen Fällen, wenn sie unbeobachtet waren, entgegen den Vorschriften Opfer am Leben ließen); und eine (nicht einmal 20 Prozent ausmachende) kleine Gruppe von Männern, die sich dem Tötungsauftrag verweigerten und entzogen.

Außer dieser auffallenden Ähnlichkeit zwischen Zimbardos Wärtern und den Angehörigen des Reserve-Polizeibataillons 101 ist noch ein weiterer Faktor zu berücksichtigen, wenn es darum geht, die Bedeutung der «Eigenselektion» aufgrund psychischer Veranlagung zu beurteilen. Das Bataillon setzte sich aus Reserveleutnants und Mannschaften zusammen, die man nach Kriegsausbruch einfach eingezogen hatte. Die Unteroffiziere waren hingegen vor dem Krieg in die Ordnungspolizei eingetreten, entweder weil sie bei der Polizei (in diesem Fall bei der Hamburger Schutzpolizei und nicht der politischen Polizei oder Gestapo) eine Karriere anstrebten oder weil sie der Einberufung zur Wehrmacht entgehen wollten. Unter diesen Umständen ist wohl kaum ein Eigenselektionsmechanismus zu erkennen, aufgrund dessen die Reservebataillone der Ordnungspolizei überdurchschnittlich viele Männer mit Hang zur Gewalttätigkeit hätten anziehen können. Denn da das nationalsozialistische Deutschland ungewöhnlich viele berufliche Möglichkeiten bot, bei denen gewalttätiges Verhalten sanktioniert und belohnt wurde, mußte die wahllose Einberufung von Männern aus einer Bevölkerung, der die besonders gewalttätig veranlagten Individuen bereits entzogen waren, wohl eher zu einem unterdurchschnittlichen Anteil an «autoritären Charakteren» führen. Mit Eigenselektion aufgrund bestimmter Charaktereigenschaften ist das Verhalten der Männer vom Reserve-Polizeibataillon 101 insofern kaum zu erklären.

Wenn eine besondere Auswahl kaum und eine mögliche Eigenselektion offenbar gar nicht ins Gewicht fiel, welche Rolle spielten dann eigennützige und karrieristische Interessen? Diejenigen, die eingestandenermaßen zu den Todesschützen gehört hatten, rechtfertigten ihr Verhalten nicht mit karrieristischen Überlegungen. Hingegen sagten mehrere der Polizisten, die nicht geschossen hatten, eindeutig aus, daß sie ihre berufliche Karriere im Auge gehabt hätten. Leutnant Buchmann und Gustav Michaelsen etwa führten als Erklärung für ihr außergewöhnliches Verhalten an, daß sie anders als ihre Kameraden auf gute Zivilberufe zurückgreifen konnten und sich deshalb keine Gedanken über mögliche negative Folgen für eine spätere Karriere bei der Polizei machen mußten.[18] Buchmann widerstrebte es eindeutig, daß sein Verhalten vom Staatsanwalt gegen die Angeklagten ins Feld geführt wurde, und insofern kann es sein, daß er den beruflichen Faktor deshalb besonders betont hat, weil dies nicht so sehr mit einer moralischen Verurteilung jener ehemaligen Kollegen verbunden war, die anders gehandelt hatten. Michaelsens Aussage hingegen war nicht von derartigen Erwägungen oder Formen der Zurückhaltung geprägt.

Neben den Aussagen derjenigen, die sich frei von Karriereüberlegungen fühlten, gilt es auch das Verhalten jener Bataillonsangehörigen zu berücksichtigen, bei denen dies eindeutig anders war. Ein klassisches Beispiel für einen von Karrierismus getriebenen Menschen ist Polizeihauptmann Hoffmann. Von

Magenkrämpfen geplagt, die zumindest teilweise eine psychosomatische Folgeerscheinung der Mordaktionen des Bataillons waren, bemühte er sich trotzdem hartnäckig darum, seine Krankheit vor seinen Vorgesetzten zu verbergen, statt sie zum Ausstieg aus seiner Situation zu nutzen. Bei dem vergeblichen Versuch, das Kommando über seine Kompanie zu behalten, riskierte er sogar, von seinen Untergebenen für feige gehalten zu werden. Und als er schließlich seiner Funktion enthoben wurde, kämpfte er auch gegen diese karrierebedrohende Entwicklung erbittert an. Angesichts der großen Zahl von Angehörigen des Reserve-Polizeibataillons 101, die nach dem Krieg bei der Polizei blieben, muß das Karrieredenken auch bei vielen anderen eine bedeutende Rolle gespielt haben.

Am häufigsten erklären die Täter ihr Verhalten natürlich wie üblich damit, daß sie lediglich Befehle ausgeführt haben. Die autoritäre politische Kultur der nationalsozialistischen Diktatur, die keinerlei offenen Dissens tolerierte, habe zusammen mit der Notwendigkeit militärischen Gehorsams und der erbarmungslosen Aufrechterhaltung der militärischen Disziplin zu einer Situation geführt, in der dem einzelnen *keine Wahl* blieb. Befehl sei nun einmal Befehl, und in einem solchen politischen Klima hätte man von niemandem erwarten können, sich Befehlen zu widersetzen. Eine Befehlsverweigerung hätte mit Sicherheit die Einweisung ins Konzentrationslager nach sich gezogen, wenn nicht sogar die augenblickliche Exekution, und dies möglicherweise auch für die nächsten Angehörigen des Betreffenden. Die Täter hätten sich in einer unerträglichen Zwangslage befunden und könnten daher nicht für ihre Taten verantwortlich gemacht werden. So wurde nach dem Kriege immer wieder von Angeklagten in deutschen Gerichtsprozessen argumentiert.

Bei dieser Argumentationsweise existiert allerdings ein generelles Problem. In den vergangenen fünfundvierzig Jahren ist in Hunderten von Gerichtsverfahren schlicht und einfach noch kein Angeklagter oder Verteidiger in der Lage gewesen, auch nur in einem einzigen Fall zu belegen, daß auf die Weigerung, unbewaffnete Zivilisten zu töten, jene gnadenlose Bestrafung gefolgt wäre, die angeblich zwangsläufig damit verbunden war.[19] Die Strafe oder der Verweis, zu dem ein solcher Akt des Ungehorsams gelegentlich führte, war niemals mit der Schwere der Verbrechen zu vergleichen, die von den Männern verlangt wurden.

Eine Variante des Arguments von der Unmöglichkeit der Befehlsverweigerung ist die Berufung auf eine «vermeintliche Zwangslage»: Selbst wenn die Folgen einer Gehorsamsverweigerung in Wirklichkeit gar nicht so schrecklich gewesen seien, hätten das die Männer zum damaligen Zeitpunkt nicht wissen können. Wer gehorsam den Tötungsbefehl befolgte, habe in der ehrlichen Überzeugung gehandelt, keine andere Wahl zu haben. Zweifellos war es in vielen Einheiten so, daß diensteifrige Offiziere ihre Leute mit ominösen Drohungen unter Druck setzten. Bestimmte Offiziere und Unteroffiziere, wie Drucker und Hergert, versuchten im Reserve-Polizeibataillon 101 zunächst einmal, alle Untergebenen zur Beteiligung an den Erschießungen zu bewegen, selbst wenn sie später jene, die nicht mehr weitermachen konnten, von der Aufgabe freistellten. Und andere Offiziere und Unteroffiziere, beispielsweise Hoppner und Ostmann, suchten sich gerade die Männer heraus, die bekanntermaßen nicht schießen wollten, und setzten sie, zuweilen mit Erfolg, unter Druck.

Doch so allgemein trifft auch das Argument von der «vermeintlichen Zwangslage» für das Reserve-Polizeibataillon 101 nicht zu. Seit Major Trapp in Józefów mit tränenerstickter Stimme seinen Männern angeboten hatte, sie von ihrer Aufgabe zu entbinden, wenn sie sich ihr «nicht gewachsen fühlten», und seit er den ersten, der von diesem Angebot Gebrauch machte, gegen Hauptmann Hoffmann in Schutz genommen hatte, konnte es für das Bataillon keine vermeintliche Zwangslage geben. Und daß Trapp anschließend Leutnant Buchmann nicht nur von der Teilnahme an den «Judenaktionen» freistellte, sondern offen einen Mann in Schutz nahm, der solche Einsätze unverhohlen mißbilligte, machte die Sache nur noch klarer. Im Bataillon kristallisierten sich einige ungeschriebene «Grundregeln» heraus. Für kleinere Erschießungsaktionen wurden Freiwillige gesucht beziehungsweise die Schützen aus den Reihen derjenigen genommen, die bekanntermaßen zum Töten bereit waren oder sich bei der Zusammenstellung der Exekutionskommandos nicht sonderlich bemühten, im Hintergrund zu bleiben. Bei großen Einsätzen wurden die, die nicht töten wollten, auch nicht dazu gezwungen. Selbst wenn Offiziere versuchten, einzelne Unwillige zum Töten zu zwingen, konnten diese sich weigern, da die Offiziere in diesem Punkt bei Major Trapp keine Unterstützung fanden.

An den Absperrmaßnahmen und dem Zusammentreiben der Opfer mußten sich, bis auf ganz offene Kritiker wie Buchmann, alle beteiligen, doch dabei konnte jeder einzelne immer noch selbst entscheiden, ob er von der Schußwaffe Gebrauch machen wollte. In ihren Aussagen berichten die Vernommenen immer wieder, daß verschiedene Ordnungspolizisten bei den Ghettoräumungen entgegen klarer Befehle weder Kleinkinder erschossen haben noch Erwachsene, die sich zu verstecken oder zu fliehen versuchten. Selbst Männer, die zugaben, an Exekutionskommandos beteiligt gewesen zu sein, behaupteten, in unbeobachteten Momenten – etwa im Durcheinander und Gedränge der Ghettoräumungen oder bei Streifengängen – nicht geschossen zu haben.

Wenn sich das Befolgen der Befehle nicht mit Angst vor harter Bestrafung erklären läßt, könnte es dann sein, daß «Gehorsamsbereitschaft gegenüber Autorität» in dem allgemeineren Sinne, wie Stanley Milgram den Begriff verwendet, eine Rolle gespielt hat – als aus Sozialisation und Evolution erwachsener Respekt beziehungsweise als «tief verwurzelte Verhaltenstendenz», die einen Menschen veranlaßt, den Anweisungen von Personen zu folgen, die in der Hierarchie über ihm stehen, selbst wenn er dabei widerwärtige Handlungen ausführen muß, die gegen allgemein anerkannte moralische Normen verstoßen.[20] Mit einer berühmt gewordenen Versuchsreihe testete Milgram die Fähigkeit des einzelnen, sich einer Autorität zu widersetzen, die sich nicht auf die Androhung von Zwangsmaßnahmen stützt. Den freiwilligen Teilnehmern wurde von einer «wissenschaftlichen Autorität» erklärt, sie müßten in der Rolle des «Lehrers» im Rahmen eines Lernfähigkeitsexperiments einem «Schüler» bei falschen Antworten Elektroschocks von wachsender Stärke verabreichen. Die Versuchspersonen wußten nicht, daß das Opfer von einem Mitarbeiter gespielt wurde, der auf die angeblichen Stromstöße mit sorgfältig geplanter, sich immer weiter steigernder «akustischer Rückkopplung» reagierte: Klagen, Schmerzensschreie, Hilferufe und schließlich unheilverkündende Stille. Bei dieser Standardversion des Experiments gingen zwei Drittel der Versuchspersonen in ihrem «Gehorsam» so weit, dem Opfer scheinbar sehr starke Schmerzen zuzufügen.[21]

Verschiedene Abwandlungen des Experiments führten zu deutlich anderen Ergebnissen. Wenn das Opfer so abgeschirmt war, daß die Versuchspersonen seine Reaktionen weder sehen noch hören konnten, war die Gehorsamsbereitschaft sehr viel größer. Bekamen die Teilnehmer hingegen sowohl eine visuelle als auch eine akustische Rückmeldung, dann waren nur noch 40 Prozent bereit, in ihrer Fügsamkeit bis zum Äußersten zu gehen. Wenn die Versuchspersonen zur Verabreichung der Elektroschocks die Hand des Opfers auf eine Platte drücken, es also körperlich berühren mußten, fiel die Gehorsamkeitsquote auf 30 Prozent. Wurden die Anweisungen von einer Person ohne «wissenschaftliche Autorität» erteilt, dann war die Folgsamkeit gleich null. Wenn die uneingeweihten Versuchspersonen mit Neben- oder Hilfstätigkeiten beauftragt wurden, selbst aber keine Elektroschocks verabreichen mußten, war bei ihnen nahezu absoluter Gehorsam festzustellen. Befand sich die jeweilige Versuchsperson hingegen als gleichrangiges Mitglied in einer Gruppe rollenspielender Mitarbeiter, die nach einem sorgfältig inszenierten Plan der Autoritätsperson gegenüber die Befolgung weiterer Anweisungen ablehnten, dann schloß sich die überwältigende Mehrheit (90 Prozent) der Testteilnehmer diesem Gruppenverhalten an und verweigerte ebenfalls die weitere Mitarbeit. Wenn die Stärke der zu verabreichenden Elektroschocks vollständig in das Ermessen der Versuchspersonen gestellt wurde, verabreichten alle bis auf einige wenige Sadisten durchgängig nur sehr schwache Schocks. Fehlte die direkte Beaufsichtigung durch den Wissenschaftler, so «mogelten» viele Versuchsteilnehmer und verabreichten schwächere Elektroschocks als vorgesehen, waren aber nicht in der Lage, sich der Autorität zu stellen und die Teilnahme an dem Experiment abzubrechen.[22]

Daß es gegenüber einer Autoritätsperson, die keinen Zwang einsetzt, zu einem so unerwartet hohen Maß an potentiell mörderischem Gehorsam kommt, versucht Milgram durch eine Reihe von Faktoren zu erklären. Eine Evolutionstendenz begünstigt das Überleben von Individuen, die sich in hierarchische Situationen und organisierte gesellschaftliche Aktivitäten einfügen können. Durch die Sozialisierung in Familie, Schule und Wehrdienst sowie ein ganzes System allgemeingesellschaftlicher Belohnungen und Strafen wird der Hang zum Gehorsam verstärkt und verinnerlicht. Die scheinbar freiwillige Einordnung in ein als legitim empfundenes Autoritätssystem führt zu einem starken Verpflichtungsgefühl. Wer sich innerhalb der Hierarchie befindet, übernimmt die Perspektive der Autorität beziehungsweise deren «Definition der Situation» (und sieht im vorliegenden Fall ein wichtiges wissenschaftliches Experiment und keine Anwendung körperlicher Folter). Die *Loyalitäts-*, *Pflicht-* und *Disziplin*-Vorstellungen, die ein den Anforderungen der Autorität entsprechendes Verhalten fordern, werden zu moralischen Imperativen, die eine Identifizierung mit dem Opfer nicht mehr zulassen. Normale Menschen geraten in einen «Zustand der Fremdbestimmung», in dem sie nur noch Vollstrecker eines fremden Willens sind. Dabei fühlen sie sich nicht mehr für den Inhalt ihrer Handlungen persönlich verantwortlich, sondern nur noch für deren möglichst gute Ausführung.[23]

Wer sich erst einmal darin verfangen hat, trifft auf eine Reihe von «Bindungsfaktoren» oder «zementierenden Mechanismen», durch die Ungehorsam oder Verweigerung noch schwieriger wird. Die Eigendynamik des Vorgangs erstickt jede ihr entgegengerichtete Initiative. Die «situationsbedingte Verpflichtung» oder «Etikette» läßt eine Verweigerung als unehrenhafte, unverschämte oder unmoralische Pflichtverletzung erscheinen. Und die durch die Sozialisierung erworbene Angst vor einer möglichen Bestrafung ungehorsamen Verhaltens wirkt zusätzlich abschreckend.[24]

Milgram selbst hat auf Parallelen zwischen dem Verhalten der Menschen bei seinen Experimenten und unter dem NS-Regime hingewiesen. Er gelangte zu dem Schluß, man könne Menschen «ohne große Schwierigkeiten» dazu bringen, zu töten.[25] Milgram war sich allerdings bewußt, daß zwischen den beiden Situationen auch erhebliche Unterschiede bestanden. So betonte er ausdrücklich, daß den Versuchspersonen bei seinem Experiment versichert worden war, ihre Handlungen würden keine bleibenden körperlichen Schäden hervorrufen. Außerdem waren sie keinen Drohungen und keinem Zwang ausgesetzt. Und da die Versuchspersonen nicht systematisch indoktriniert wurden, unterlagen die «Opfer» auch keiner «starken Abwertung». Im Gegensatz dazu lebten die NS-Täter in einem Polizeistaat, in dem Ungehorsam drastische Konsequenzen haben konnte. Sie waren einer intensiven Indoktrinierung unterworfen, wußten andererseits aber auch, daß sie nicht nur Schmerzen zufügten, sondern menschliches Leben vernichteten.[26]

War das Massaker von Józefów eine Art radikales Milgram-Experiment, das – statt mit uneingeweihten Versuchspersonen und schauspielernden Opfern in einem sozialpsychologischen Experimentierraum – mit wirklichen Tätern und Opfern in einem polnischen Wald stattfand? Lassen sich die Taten des Reserve-Polizeibataillons 101 mit Hilfe von Milgrams Beobachtungen und Schlußfolgerungen erklären? Es gibt gewisse

Schwierigkeiten, wenn man Józefów als einen Fall von Gehorsam gegenüber Autoritäten erklären will, denn keine von Milgrams Versuchsvarianten gleicht exakt der historischen Situation in Józefów, und die relevanten Unterschiede bilden zu viele Variablen, als daß sich wissenschaftlich gesehen eindeutige Schlußfolgerungen ziehen ließen. Dennoch werden viele von Milgrams Erkenntnissen durch das Verhalten und die Aussagen der Männer des Reserve-Polizeibataillons 101 plastisch bestätigt.

Das Autoritätssystem, auf das die Männer in Józefów reagierten, war im Gegensatz zu der Situation im Versuchsraum recht komplex. Major Trapp stellte keine starke, sondern eine schwache Autoritätsperson dar. Er räumte unter Tränen ein, die dem Bataillon übertragene Aufgabe sei furchtbar, und bot den älteren Reserve-Polizisten an, sich von ihr freistellen zu lassen. Doch wenn Trapp vor Ort auch nur eine schwache Autoritätsperson war, so berief er sich doch auf ein ferneres Autoritätssystem, das alles andere als schwach war. Der Befehl zur Durchführung des Massakers sei von ganz oben gekommen, erklärte er. Als Einheit war das Bataillon ebenso wie Trapp durch den Befehl dieser fernen Autorität gebunden, auch wenn Trapps Sorge um seine Leute einzelnen Polizisten die Möglichkeit gab, sich freistellen zu lassen.

Was war der Grund dafür, daß die große Mehrheit der Bataillonsangehörigen von Trapps Angebot nicht gleich Gebrauch machte? Lag es an der von Trapp oder seinen Vorgesetzten repräsentierten Autorität? Oder reagierten die Männer bei Trapp nicht so sehr auf die Autoritätsperson als auf den beliebten und geschätzten Offizier, den niemand im Stich lassen wollte? Spielten noch andere Faktoren eine Rolle? Milgram selbst stellte fest, daß die Menschen als Erklärung für ihr Verhalten viel häufiger Gehorsam gegenüber Autoritäten anführen als angepaßtes Verhalten, da nur ersteres sie scheinbar von jeder persönlichen Verantwortung befreit.[27] Doch viele der Polizisten bezogen sich in ihren Aussagen nicht darauf, einer Autoritätsperson gefolgt zu sein, sondern gaben zu, dem Anpassungsdruck nachgegeben zu haben: Wie hätten sie sonst vor ihren Kameraden dagestanden? Nach Milgrams Ansicht ist ein solches Eingeständnis nur als Spitze des Eisbergs zu betrachten; in Wirklichkeit muß dieser Faktor eine weit wichtigere Rolle gespielt haben, als die Polizisten zugaben. Wenn das zutrifft, kam in Józefów der Anpassung eine zentralere Rolle zu als der Autorität.

Milgram hat untersucht, inwieweit sich durch Gruppendruck die Fähigkeit des einzelnen zum Widerstand gegen Autoritäten stärken läßt. Wenn von Mitarbeitern gespielte Versuchspersonen sich widersetzten, fiel es den uneingeweihten Versuchspersonen viel leichter, ebenso zu handeln. Milgram versuchte auch, das Gegenteil zu überprüfen, das heißt, der Frage nachzugehen, inwieweit die Fähigkeit, Schmerzen zuzufügen, durch Anpassungsdruck gestärkt wird.[28] Drei Personen – zwei Mitarbeiter und eine uneingeweihte Versuchsperson – wurden von der den «Wissenschaftler» verkörpernden Autoritätsperson angewiesen, bei der schmerzhaften Bestrafung jeweils die niedrigste der von allen dreien vorgeschlagenen Stromstärken einzusetzen. Konnte die uneingeweihte Versuchsperson alleine über die Stärke des Elektroschocks entscheiden, so wurden fast ausnahmslos nur minimale Schmerzen zugefügt. Wenn jedoch die beiden Mitarbeiter, die stets als erste an der Reihe waren, eine allmähliche Erhöhung der Elektroschocks vorschlugen, ließ sich die uneingeweihte Versuchsperson erheblich beeinflussen. Zwar variierte die gewählte Elektroschockstärke individuell sehr stark, doch im Durchschnitt lag sie in der Mitte zwischen «gleichbleibend» und «von Mal zu Mal zunehmend». Damit ist allerdings noch nicht hinreichend untersucht, inwieweit Gruppendruck ein Autoritätsdefizit kompensieren kann. Hier bot kein von allen geliebter Wissenschaftler mit Tränen in den Augen den Versuchspersonen an, sich von ihrer Aufgabe entbinden zu lassen, während andere Männer – zu denen die Versuchspersonen in einem kameradschaftlichen Verhältnis standen und vor denen sie sich hart und männlich geben zu müssen glaubten – fortfuhren, schmerzhafte Stromstöße zu verabreichen. Es dürfte so gut wie unmöglich sein, ein Experiment mit einem solchen Szenario durchzuführen, denn dafür wäre ein echtes kameradschaftliches Verhältnis zwischen der jeweiligen uneingeweihten Versuchsperson und den Mitarbeitern erforderlich. Dennoch scheint Milgram die wechselseitig verstärkende Wirkung von Autorität und Anpassung deutlich aufgezeigt zu haben.

Auch wenn die vielschichtige Art der Autorität in Józefów und die Schlüsselrolle, die der Anpassungsdruck unter den Polizisten spielte, nicht ganz der Situation in Milgrams Experimenten entsprachen, werden seine Schlußfolgerungen durch sie doch erheblich gestützt und manche seiner Beobachtungen ganz eindeutig bestätigt. Unmittelbare Nähe zum grauenhaften Geschehen ließ die Zahl derjenigen, die nicht mehr mitmachen wollten, beträchtlich anwachsen. Sobald jedoch arbeitsteilig vorgegangen und der Tötungsvorgang in die Vernichtungslager verlegt wurde, fühlten sich die Männer für ihre Taten kaum noch verantwortlich. Genau wie jene Versuchspersonen, die bei einem von Milgrams Experimenten nicht unmittelbar beaufsichtigt wurden, führten auch viele der Polizisten die Befehle nicht aus, sobald sie nicht direkt kontrolliert wurden; sie gingen milder vor, wenn kein persönliches Risiko damit verbunden war, brachten es aber nicht fertig, die eigene Beteiligung an den Mordaktionen des Bataillons offen zu verweigern.

Zwei Faktoren, auf die bei Milgrams Experimenten nicht gezielt beziehungsweise nur am Rande eingegangen wurde, müssen noch weiter untersucht werden: Indoktrinierung und Anpassung. Als entscheidende Vorbedingung für Gehorsam gegenüber einer Autorität postulierte Milgram eine «Definition der Situation» oder Ideologie, die dem sozialen Ereignis Bedeutung und Schlüssigkeit verleiht. Eine Möglichkeit, das Verhalten von Menschen entscheidend zu beeinflussen, besteht darin, ihre Weltsicht zu prägen. Wenn sie die Ideologie der Autoritätsperson erst einmal akzeptieren, handeln sie auch bereitwillig danach. «Will man *freiwilligen* Gehorsam erreichen, ist die ideologische Rechtfertigung von entscheidender Wichtigkeit, weil sie der betroffenen Person erlaubt, ihr Verhalten so zu sehen, als diene sie mit ihm einem erstrebenswerten Ziel.»[29]

Bei Milgrams Experimenten bestand die umfassende ideologische Rechtfertigung in dem stillschweigenden und nicht hinterfragten Glauben, daß Wissenschaft per se etwas Gutes sei und dem Fortschritt diene. Es wurde aber nicht systematisch versucht, das Opfer «herabzuwürdigen» oder der Versuchsperson eine bestimmte Ideologie einzuimpfen. Milgram stellte die Hypothese auf, daß im Nationalsozialismus das destruktive Verhalten von Menschen, die einer weit weniger direkten Beaufsichtigung unterlagen, Folge einer Internalisierung von Autorität war, die «nur im Verlauf einer recht langdauernden Indoktrination auftreten kann, wie sie im Verlauf der einstündigen Laborexperimente nicht möglich ist»[30].

Inwieweit ist denn dann das Verhalten der Angehörigen des Reserve-Polizeibataillons 101 durch das bewußte Einimpfen nationalsozialistischer Lehren geprägt worden? Waren die Männer einem solchen Trommelfeuer raffinierter, heimtückischer Propaganda ausgesetzt, daß sie die Fähigkeit verloren, selbständig zu denken und verantwortlich zu handeln? Standen die Herabwürdigung der Juden und die Aufforderung zum Mord an ihnen im Mittelpunkt dieser Indoktrinierung? Seit den Erfahrungen, die US-amerikanische Soldaten als Gefangene im Korea-Krieg gemacht haben, wird eine solche intensive Indoktrinierung und psychische Manipulierung allgemein als «Gehirnwäsche» bezeichnet. Wurden die Männer des Reserve-Polizeibataillons 101 also einer Art «Gehirnwäsche» unterzogen?

Himmler legte fraglos großen Wert auf die ideologische Indoktrinierung der Angehörigen von SS und Polizei. Sie sollten nicht nur fähige Soldaten und Polizisten sein, sondern ideologisch motivierte Krieger – Kreuzritter gegen die politischen und rassischen Feinde des «Dritten Reichs».[31] Die Indoktrinierungsbemühungen galten nicht nur den Eliteorganisationen der SS, sondern auch der Ordnungspolizei und erfaßten selbst die als nicht besonders wichtig erachteten Reserve-Polizisten, obwohl diese kaum Himmlers Vorstellung von der neuen nationalsozialistischen Rassenaristokratie entsprachen. Wer der SS angehören wollte, mußte nachweisen, daß seine Familie in den letzten fünf Generationen frei von jüdischem Blut war. Im Gegensatz dazu waren bis zum Oktober 1942 selbst «Mischlinge ersten Grades» (mit zwei jüdischen Großeltern) beziehungsweise deren Ehemänner und bis zum April 1943 «Mischlinge zweiten Grades» beziehungsweise deren Ehemänner zum Dienst bei den Reserve-Polizeieinheiten zugelassen.[32]

In den Richtlinien zur Grundausbildung vom 23. Januar 1940 verfügte das Ordnungspolizeihauptamt, daß bei allen Ordnungspolizeibataillonen nicht nur Körperertüchtigung, Schießübungen und Polizeitechniken im Vordergrund zu stehen hätten, sondern auch die charakterliche und weltanschauliche Festigung des einzelnen.[33] Zur Grundausbildung gehörte ein einmonatiger weltanschaulicher Schulungskurs. Ein Thema der ersten Woche lautete «Rasse als Grundlage unserer Weltanschauung», und in der zweiten Woche folgte «Die Reinhaltung des Blutes».[34] Auch nach der Grundausbildung sollten sowohl die aktiven als auch die Reserve-Polizeibataillone von ihren Offizieren weiter militärisch und ideologisch geschult werden.[35] Die Offiziere mußten einwöchige Lehrgänge besuchen, bei denen ihnen nicht nur selbst ein einstündiger Ideologieunterricht erteilt wurde, sondern sie auch eine Stunde lang praktisch erproben konnten, andere ideologisch zu schulen.[36] Zu einem fünfteiligen Unterrichtsplan vom Januar 1941 gehörten als Gliederungspunkte unter anderen wiederum: «Erkenntnis der Rasse ist die Grundlage unserer Weltanschauung»; Die Judenfrage in Deutschland und «Reinhaltung des deutschen Blutes».[37]

Detaillierte Anweisungen bestimmten die Ausrichtung und Häufigkeit dieser fortgesetzten ideologischen Schulungen, für die die nationalsozialistische Weltanschauung die «Richtschnur» bildete. Die Männer sollten täglich, mindestens aber jeden zweiten Tag, über die aktuellen Ereignisse und ihre ideologisch korrekte Interpretation informiert werden. Einmal wöchentlich mußten die Offiziere halb- bis dreiviertelstündige Versammlungen abhalten, auf denen sie einen kurzen Vortrag halten oder Ausschnitte aus empfohlenen Büchern beziehungsweise eigens erstellten SS-Broschüren vorlesen sollten. In dem jeweils gewählten Thema – beispielsweise Treue, Kameradschaft, Angriffslust – sollten die Erziehungsziele des Nationalsozialismus klar zum Ausdruck kommen. Mit den wichtigsten Themen der Zeit hatte sich einmal im Monat eine Versammlung zu befassen, auf der auch Offiziere und Schulungsleiter der SS und der Partei als Redner zu Wort kamen.[38]

Die Offiziere des Reserve-Polizeibataillons 101 hielten sich offensichtlich an diese Anweisungen zur ideologischen Schulung. Im Dezember 1942 wurden die Hauptleute Hoffmann und Wohlauf sowie Oberleutnant Gnade für ihren Einsatz «auf dem Gebiete der weltanschaulichen Schulung und Truppenbetreuung» ausgezeichnet und bekamen als Anerkennung vom befehlshabenden Offizier ein Buch überreicht.[39] Doch wenn man von den bei Himmler zweifellos vorhandenen Absichten einmal absieht, läßt ein Blick auf die Materialien, die tatsächlich zur Schulung des Reserve-Polizeibataillons 101 verwendet wurden, starke Zweifel daran aufkommen, daß die SS-Indoktrinierung eine ausreichende Erklärung für die Entwicklung dieser Männer zu Mördern darstellt.

Zwei Arten von Schulungsmaterial der Ordnungspolizei sind im Bundesarchiv in Koblenz vorhanden. Das erste besteht aus zwei Reihen der wöchentlichen «Mitteilungsblätter für die weltanschauliche Schulung der Orpo», die zwischen 1940 und 1944 erschienen sind.[40] Einige der Leitartikel stammen von solchen NS-Größen und ideologischen Aufwieglern wie Propagandaminister Joseph Goebbels, dem Reichsminister für die besetzten Ostgebiete Alfred Rosenberg, und dem Leiter des Rassenpolitischen Amtes der NSDAP Walter Gross. Sämtliche Nummern dieses «Informationsdienstes» sind natürlich von der allgemeinen rassistischen Sichtweise der Nationalsozialisten geprägt. Doch wird dem Antisemitismus und der «Judenfrage» in den insgesamt über zweihundert Heften explizit nur relativ wenig Raum gewidmet. In einer – selbst gemessen an dem ohnehin schon bescheidenen Niveau der beiden Reihen ungewöhnlich plumpen – Ausgabe zum Thema «Judentum und Kriminalität» wurde der Schluß gezogen, daß angeblich jüdische Eigenschaften wie «Maßlosigkeit», «Eitelkeit», «Neugierde», «Verkennen der Realität», «Seelenlosigkeit», «Dummheit», «Tücke» und «Roheit» gerade auch den «perfekten Verbrecher» auszeichneten.[41] Eine derartige Lektüre brachte die Leser vielleicht zum Einschlafen, aber sicherlich nicht dazu, Mörder zu werden.

Der einzige andere Artikel, der sich ausschließlich mit der «Judenfrage» befaßte, erschien auf der Rückseite des Dezemberhefts 1941 unter der Überschrift «Ein Ziel dieses Krieges: Das judenfreie Europa». Darin hieß es unheilverkündend: «Das Wort des Führers, daß ein vom Judentum angezettelter neuer Krieg nicht die Zerschlagung des anti-semitischen Deutschlands, sondern vielmehr das Ende des Judentums bringen werde, wird in diesen Tagen vollstreckt.» Jetzt stehe «die endgültige Lösung des jüdischen Problems» bevor, «das heißt, nicht nur die Entmachtung, sondern die tatsächliche Ausscheidung der parasitären Rasse aus der europäischen Völkerfamilie». Was «noch vor zwei Jahren unmöglich erschien», werde nun «Schritt für Schritt» Wirklichkeit: «Am Ende dieses Krieges steht das judenfreie Europa.»[42]

Doch natürlich wurde nicht nur in Indoktrinierungsmaterial der SS an die Prophezeiung des «Führers» erinnert und Hitler im Zusammenhang mit dem Endziel eines «judenfreien Europa» als Autorität angeführt. Vielmehr wurde die gleiche Botschaft auch ganz allgemein unters Volk gebracht. Wie wenig diese Materialien darauf ausgerichtet waren, die Reserve-Polizisten mittels «Gehirnwäsche» in Massenmörder zu verwandeln, zeigt darüber hinaus auch ein Artikel vom 20. September 1942, der innerhalb der beiden Reihen der einzige ist, der sich ausschließlich mit der Reserve-Polizei befaßt. Weit davon entfernt, die Männer moralisch dazu aufzurüsten, durch übermenschlich unmenschliches Vorgehen große Aufgaben zu erfüllen, mißt der Artikel ihren Aktivitäten keine nennenswerte Bedeutung bei. Um die – vermutlich vor allem von Langeweile bedrohte – Moral zu heben, wird den «älteren Reservisten» versichert, im totalen Krieg sei jeder wichtig, auch wenn der eigene Auftrag noch so unwesentlich erscheine.[43] Zu diesem Zeitpunkt hatten die «älteren Reservisten» bereits die Massenerschießungen von Józefów und Łomazy sowie die ersten Deportationen von Parczew und Międzyrzec durchgeführt, und als nächster «Höhepunkt» stand ein sechswöchiger Mordeinsatz des Reserve-Polizeibataillons 101 gegen die Ghettos im nördlichen Abschnitt des Lubliner Distrikts unmittelbar bevor. Da dürfte kaum einer der Polizisten diesen Artikel als besonders relevant oder anregend empfunden haben.

Den zweiten Teil des Indoktrinierungsmaterials bildete eine spezielle «Schriftenreihe für die weltanschauliche Schulung der Ordnungspolizei» (vier bis sechs Hefte pro Jahr). Ein Heft behandelte 1941 «Die Blutsgemeinschaft der germanischen Völker» und «Das großgermanische Reich».[44] 1942 erschien eine Ausgabe mit dem Titel «Deutschland ordnet Europa neu!» sowie das Sonderheft «SS-Mann und Blutsfrage».[45] Im Jahre 1943 widmete sich eine umfangreiche Ausgabe dem Thema der «Rassenpolitik».[46] Ab dem Sonderheft zur «Blutsfrage» und erst recht in der 1943 erschienenen Nummer zur «Rassenpolitik» wurden «Rassenlehre» und «Judenfrage» äußerst gründlich und systematisch behandelt. Das deutsche Volk beziehungsweise die deutsche «Blutsgemeinschaft» sei ein Gemisch aus sechs nah verwandten europäischen Rassen, darunter (mit 50 bis 60 Prozent) als größte die nordische Rasse. Sie sei durch ein strenges, schwache Elemente unbarmherzig eliminierendes nördliches Klima geprägt, und aus diesem Grunde jeder anderen Rasse in der Welt überlegen, wie an den kulturellen und militärischen Leistungen des deutschen Volkes zu sehen sei. Das deutsche

Volk stehe in einem ständigen Überlebenskampf, der ihm von der Natur aufgezwungen sei, nach deren Gesetzen «alles Schwache, Minderwertige» vernichtet wird und «nur das Starke und Kräftige [...] zur Fortpflanzung» kommt. Um diesen Kampf zu gewinnen, müsse das Volk zwei Dinge tun: den Lebensraum erobern, der für das weitere Bevölkerungswachstum erforderlich sei, und für die Reinhaltung des deutschen Blutes sorgen. Welches Schicksal einem Volk ohne Bevölkerungswachstum und Reinhaltung der Rasse drohe, könne man an den Beispielen von Sparta und Rom sehen.

Die größte Gefahr, die einem gesunden Bewußtsein für die Notwendigkeit einer territorialen Expansion und der Reinhaltung der Rasse drohe, erwachse aus Lehren, die für die grundsätzliche Gleichheit aller Menschen eintreten. Die erste dieser Lehren sei das durch den Juden Paulus verbreitete Christentum, die zweite der aus der Französischen Revolution hervorgegangene Liberalismus, den man als einen vom jüdisch beherrschten Freimaurertum angezettelten «Aufstand der rassisch Minderwertigen» zu betrachten habe. Die dritte und größte Gefahr aber sei der von dem Juden Karl Marx begründete Marxismus/Bolschewismus.

«Die Juden sind ein Rassengemisch, das seine Wesensprägung, die es in Gegensatz zu allen anderen Völkern und Rassen bringt, in erster Linie durch seine Schmarotzerinstinkte erhält.» Ohne Rücksicht auf Folgerichtigkeit oder Logik heißt es in der Broschüre weiter, «der Jude» halte seine eigene Rasse rein, während er die Existenz seiner Wirtsrasse durch Rassenvermischung bedrohe. Zwischen einem rassenbewußten Volk und den Juden könne es keine Koexistenz, sondern nur Kampf geben, der erst dann gewonnen sei, «wenn der letzte Jude unseren Erdteil verlassen hat». Der derzeitige Krieg sei ein solcher Kampf und werde über das Schicksal Europas entscheiden. «Mit der Vernichtung des Judentums» wäre für Europa die letzte Gefahr eines Zusammenbruchs gebannt.

Für welchen expliziten Zweck wurden diese Schriften verfaßt? Welche Schlußfolgerungen drängte diese Darstellung der Grundlehren nationalsozialistischen Rassendenkens dem Leser auf? Weder das Heft zur «Blutsfrage» noch das zur «Rassenpolitik» endete mit einem Aufruf zur Eliminierung der feindlichen Rasse. Sie schlossen vielmehr mit dem Rat, mehr Deutsche in die Welt zu setzen. Der Rassenkampf sei teilweise ein demographischer Kampf, der von den Gesetzen der «Fruchtbarkeit» und «Auslese» entschieden werde. Krieg sei «Gegenauslese in reiner Form», denn dabei ließen auf dem Schlachtfeld die Besten ihr Leben, bevor sie noch Gelegenheit hatten, Kinder zu zeugen. Für den «Sieg der Waffen» sei ein «Sieg des Kindes» erforderlich. Da die SS innerhalb des deutschen Volkes eine Auslese vorwiegend nordischer Elemente darstelle, hätten die SS-Männer die Pflicht, früh zu heiraten, sich junge, rassenreine und fruchtbare Frauen zu nehmen und eine große Zahl von Kindern zu zeugen.

Um zu beurteilen, inwieweit die Reserve-Polizisten durch derlei Schriften indoktriniert wurden, muß eine ganze Reihe von Faktoren berücksichtigt werden. Erstens erschien die detaillierteste und umfassendste der Broschüren erst 1943, als die im nördlichen Lubliner Distrikt gelegene Sicherheitszone des Reserve-Polizeibataillons 101 bereits so gut wie «judenfrei» war; sie kam also zu spät, um für die Indoktrinierung dieses Bataillons zum Massenmord noch eine Rolle zu spielen. Zweitens zielte die Broschüre von 1942 eindeutig auf die jungen SS-Leute und ihre familiären Verpflichtungen ab und war für Reservisten mittleren Alters, die ihre Entscheidung bezüglich Ehepartner und Kinderzahl längst getroffen hatten, völlig irrelevant. Als Grundlage für die wöchentlichen oder monatlichen Indoktrinierungskurse dürfte diese Schrift, obwohl verfügbar, daher höchst ungeeignet gewesen sein.

Drittens wirkte sich das Alter der Männer auf ihre Empfänglichkeit für Indoktrinierung auch noch in anderer Weise aus. Viele der nationalsozialistischen Täter waren sehr jung und in einer Welt aufgewachsen, in der die nationalsozialistischen Wertvorstellungen die einzigen «moralischen Normen» waren, die sie kannten. Bei diesen jungen Männern ließe sich anführen, daß ihre Erziehung und Bildung ausschließlich unter den Bedingungen der NS-Diktatur stattfand und sie es einfach nicht besser wußten. Juden umzubringen stand nicht im Widerspruch zu dem Wertesystem, mit dem sie aufgewachsen waren, und so hatte man sie leichter indoktrinieren können. Wie berechtigt diese Argumentationsweise auch sein mag, sie traf auf die Angehörigen des Reserve-Polizeibataillons 101, größtenteils Männer mittleren Alters, einfach nicht zu. Die prägenden Kindheits- und Jugendjahre hatten 1933 schon hinter ihnen gelegen. Viele kamen aus einem für nationalsozialistische Anschauungen relativ unempfänglichen sozialen Umfeld. Sie kannten die moralischen Normen der deutschen Gesellschaft vor dem Nationalsozialismus sehr gut und verfügten damit über andere Maßstäbe zur Beurteilung der nationalsozialistischen Politik, an deren Durchführung sie sich beteiligen sollten.

Viertens spiegelten solche ideologischen Traktate, wie sie für die Ordnungspolizei verfaßt wurden, sowohl das weitere Umfeld wider, in dem die Reserve-Polizisten ausgebildet und geschult wurden, als auch die politische Kultur, in der sie während des vorangegangenen Jahrzehnts gelebt hatten. Wie Leutnant Drucker mit außerordentlicher Untertreibung sagte: «Mein Verhältnis zum Judentum war unter dem Einfluß der damaligen Zeit gekennzeichnet durch eine gewisse Abneigung.» Die Verunglimpfung der Juden und die Verkündung der Überlegenheit der germanischen Rasse erfolgte auf eine solch konstante, umfassende und unerbittliche Weise, daß dadurch die Grundeinstellung großer Bevölkerungsteile in Deutschland – und somit auch des durchschnittlichen Reserve-Polizisten – geprägt worden sein muß.

Fünftens und letztens rechtfertigten die Schriften und Materialien, die sich mit den Juden befaßten, zwar die Notwendigkeit eines «judenfreien» Europas und bemühten sich um Unterstützung und Sympathie für dieses Ziel, forderten aber nirgendwo ausdrücklich dazu auf, durch das Töten von Juden einen persönlichen Beitrag zur Verwirklichung dieses Ziels zu leisten. Dieser Punkt ist deshalb erwähnenswert, weil es im Hinblick auf die Partisanenbekämpfung in einigen Ausbildungsrichtlinien der Ordnungspolizei ganz offen heißt, jeder einzelne müsse hart genug sein, um Partisanen und, noch wichtiger, «Verdächtige» zu töten.

«Partisanenkampf ist ein Kampf für den Bolschewismus, es ist keine Volksbewegung. [...] Der Feind muß *vollständig vernichtet* werden. Die ununterbrochene Entscheidung über Leben und Tod, verursacht von Partisanen und Verdächtigen, ist auch für den härtesten Soldaten schwer. Es muß gehandelt werden. Richtig handelt, wer unter vollkommener Hinaussetzung etwaiger persönlichen Gefühlsanwandlungen rücksichtslos und unbarmherzig zupackt.»[47]

In den noch vorhandenen Indoktrinierungsmaterialien der Ordnungspolizei finden sich keine entsprechenden Richtlinien, die die Polizisten darauf vorbereitet hätten, unbewaffnete jüdische Frauen und Kinder zu töten. In Rußland wurden mit Sicherheit viele Juden im Zuge der Partisanenbekämpfung als «Verdächtige» getötet. In den polnischen Gebieten, in denen das Reserve-Polizeibataillon 101 im Jahre 1942 stationiert war, gab es bei der Tötung von Partisanen und von Juden aber keine größeren Überschneidungen. Zumindest für diese Einheit läßt sich der Mord an den Juden nicht mit der brutalen Aufforderung zum Töten von Partisanen und «Verdächtigen» erklären.

Hilfreich ist an dieser Stelle auch ein weiterer Vergleich. Ehe die Einsatzgruppen auf sowjetisches Territorium vordrangen, wurden sie einer zweimonatigen Ausbildung unterzogen. In diesem Rahmen kamen verschiedene SS-Größen zu ihnen und bereiteten sie mit anfeuernden Reden auf den bevorstehenden «Vernichtungskrieg» vor. Und vier Tage vor dem Überfall wurden die Offiziere zu einer vertraulichen Besprechung mit Reinhard Heydrich nach Berlin beordert. Es wurden also beträchtliche Anstrengungen unternommen, um diese Männer auf die von ihnen zu begehenden Massenmorde vorzubereiten. Auch die Angehörigen der Polizeibataillone, die den Einsatzgruppen im Sommer 1941 nach Rußland hinein folgten, wurden auf das, was sie erwartete, teilweise vorbereitet. Man informierte sie über die geheime Weisung zur Exekution gefangener Kommunisten («Kommissarbefehl») und über die Richtlinien zur Behandlung der Zivilbevölkerung. So wie Daluege und Himmler bei ihren Besuchen versuchten auch manche Bataillonskommandeure, ihre Leute durch Reden für die bevorstehende Aufgabe zu begeistern. Die Offiziere und Mannschaften des Reserve-Polizeibataillons 101 waren hingegen auf das, was sie erwartete, erstaunlich unvorbereitet; sie wurden von dem Mordauftrag völlig überrascht.

Zusammenfassend kann man sagen, daß die Angehörigen des Reserve-Polizeibataillons 101 genau wie die übrige deutsche Gesellschaft von rassistischer und antisemitischer Propaganda überschwemmt wurde. Darüber hinaus fand bei der Ordnungspolizei sowohl in der Grundausbildung als auch danach in den einzelnen Verbänden ständig weitere Indoktrinierung statt. Diese unablässige Propagandaflut dürfte die allgemeinen Vorstellungen von der rassischen Überlegenheit der Deutschen und eine «gewisse Abneigung» gegen die Juden erheblich verstärkt haben. Doch ein Großteil des Indoktrinierungsmaterials war eindeutig nicht auf ältere Reservisten ausgerichtet und in einigen Fällen für sie höchst ungeeignet beziehungsweise belanglos. Und auffälligerweise findet sich unter den heute noch verfügbaren Unterlagen kein Material, das speziell darauf abgezielt hätte, die Polizisten für den persönlichen Auftrag zum Mord an den Juden zu «stählen». Man müßte von der manipulativen Kraft der Indoktrinierung schon sehr überzeugt sein, um zu glauben, daß es mit Hilfe solcher Materialien hätte gelingen können, den Angehörigen des Reserve-Polizeibataillons 101 die Fähigkeit zum unabhängigen Denken zu nehmen. Viele von ihnen waren zweifellos ganz allgemein beeinflußt und konditioniert und vor allem von dem Gefühl der eigenen rassischen Zusammengehörigkeit und Überlegenheit erfüllt, dem die angebliche Unterlegenheit und Andersartigkeit der Juden entgegenstand; doch auf die Aufgabe, Juden zu töten, waren sie gewiß nicht konkret vorbereitet.

Neben der ideologischen Indoktrinierung war ein weiterer entscheidender Aspekt, der von Milgram zwar berührt, aber bei seinen Experimenten nicht eingehend untersucht wurde, das gruppenkonforme Verhalten. Den Befehl, Juden zu töten, erhielt das Bataillon, nicht aber jeder einzelne Polizist. Dennoch machten sich 80 bis 90 Prozent der Bataillonsangehörigen ans Töten, obwohl es fast alle von ihnen – zumindest anfangs – entsetzte und anwiderte. Die meisten schafften es einfach nicht, aus dem Glied zu treten und offen nonkonformes Verhalten zu zeigen. Zu schießen fiel ihnen leichter.

Warum? Zunächst einmal hätten alle, die nicht mitgemacht hätten, die «Drecksarbeit» einfach den Kameraden überlassen. Da das Bataillon die Erschießungen auch dann durchführen mußte, wenn einzelne Männer ausscherten, bedeutete die Ablehnung der eigenen Beteiligung die Verweigerung des eigenen Beitrags bei einer unangenehmen kollektiven Pflicht. Gegenüber den Kameraden war das ein unsozialer Akt. Wer nicht schoß, riskierte, von den anderen abgelehnt und geschnitten zu werden, und das war keine angenehme Aussicht, wenn man bedenkt, daß sich das Bataillon im Ausland, inmitten einer feindselig eingestellten Bevölkerung befand, wo man stark aufeinander angewiesen war und praktisch keine anderen Möglichkeiten hatte, Unterstützung zu finden oder soziale Kontakte zu knüpfen.

Die Gefahr der persönlichen Isolierung wurde noch durch den Umstand verstärkt, daß das eigene «Nein» von den Kameraden auch als moralischer Vorwurf aufgefaßt werden konnte – als halte sich der Verweigerer für «zu gut», um so etwas zu tun. Nicht alle, aber die meisten Verweigerer versuchten instinktiv, die mit ihrer Haltung verbundene Kritik an den Kameraden herunterzuspielen. Sie behaupteten nicht, zum Töten «zu gut», vielmehr dafür «zu schwach» zu sein.

Auf diese Weise wurde die Haltung der Kameraden nicht in Frage gestellt, sondern «Härte» als überlegene Eigenschaft legitimiert und bestätigt. Für ängstliche Einzelpersonen hatte das außerdem den Vorteil, daß sie die Mordpolitik des Regimes nicht moralisch in Zweifel zogen. Ein Problem war allerdings, daß der Unterschied zwischen «schwach sein» und «feige sein» nur gering war. Entsprechend empfand ein Polizist, der in Józefów aus Angst, für feige gehalten zu werden, von Trapps Angebot keinen Gebrauch gemacht hatte, es als etwas anderes, als er sich später von seinem Erschießungskommando ablösen ließ. Zu feige zu sein, auch nur einen Versuch zum Töten zu unternehmen, war eine Sache; etwas ganz anderes war es, zu schwach zum Weitermachen zu sein, nachdem man sich bemüht hatte, seine «Pflicht» zu tun.[48]

Die meisten von denen, die nicht schossen, waren bemüht, die kameradschaftlichen Bindungen, in die sie eingebettet waren, nicht zu zerreißen, und bekräftigten dadurch fatalerweise nur die «Männlichkeitswerte» der Mehrheit, denen zufolge es eine positive Eigenschaft darstellte, «hart» genug zu sein, um unbewaffnete, nicht an Kampfhandlungen beteiligte Männer, Frauen und Kinder zu erschießen. Der Versuch, mit dem Widerspruch zwischen den Anforderungen des eigenen Gewissens auf der einen und den Normen des Bataillons auf der anderen Seite fertig zu werden, führte zu vielen gequälten Kompromissen: Kinder wurden nicht sofort getötet, sondern erst zum Sammelpunkt gebracht; auf Streifengängen schoß man nicht, solange kein Draufgänger dabei war, der derlei «zimperliches» Verhalten vielleicht gemeldet hätte; man führte Juden zum Erschießungsplatz, zielte dann aber absichtlich daneben. Nur sehr wenige Ausnahmecharaktere hielten stand, wenn sie von ihren Kameraden als «Schwächlinge» verspottet wurden, und konnten mit der Tatsache leben, daß die anderen meinten, sie seien «keine Männer».[49]

Hier schließt sich der Kreis zu der von John Dower konstatierten wechselseitigen Verstärkung von Krieg und Rassismus in

Verbindung mit der heimtückischen Wirkung von Propaganda und Indoktrinierung. Der allgegenwärtige Rassismus und der daraus resultierende Ausschluß der jüdischen Opfer von jeder gemeinsamen Basis mit den Verfolgern macht es der Mehrheit der Polizisten um so leichter, sich den Normen ihrer unmittelbaren Umgebung (des Bataillons) und denen der Gesamtgesellschaft (des nationalsozialistischen Deutschlands) anzupassen. Die jahrelange antisemitische Propaganda (und vor der NS-Diktatur der jahrzehntelange vehemente deutsche Nationalismus) kam verstärkend zum Polarisierungseffekt des Krieges hinzu. Die in der nationalsozialistischen Ideologie zentrale Spaltung in rassisch überlegene Deutsche und rassisch unterlegene Juden ließ sich leicht mit dem Bild eines von kriegslüsternen Feinden belagerten Deutschlands verbinden. Wenn schon Zweifel daran angebracht sind, daß die meisten Bataillonsangehörigen die in den SS-Broschüren zum Ausdruck kommenden theoretischen Aspekte der nationalsozialistischen Ideologie verstanden oder sich zueigen machten, so ist es ebenso zweifelhaft, daß sie (um noch einmal mit Leutnant Druckers Worten zu sprechen) gegen «eine gewisse Beeinflussung unter dem Einfluß der damaligen Zeiten» immun waren – gegen die unaufhörliche Verkündung der deutschen Überlegenheit und die Aufstachelung zu Verachtung und Haß gegenüber dem jüdischen «Feind». Nichts half den Nationalsozialisten so sehr, einen Rassenkrieg zu führen, wie der Krieg selbst. In Kriegszeiten, wo es nur allzu leicht war, den Feind aus der menschlichen Gemeinschaft auszuschließen, war es nicht minder einfach, die Juden unter das «Feindbild» zu subsumieren.

Primo Levis letztes Buch, *Die Untergegangenen und die Geretteten,* enthält einen Aufsatz mit dem Titel «Die Grauzone» – seine vielleicht tiefschürfendste und beunruhigendste Reflexion über den Holocaust.[50] Darin vertritt er die Ansicht, daß ungeachtet unseres natürlichen Bedürfnisses nach klaren Einteilungen und Unterscheidungen sich die Geschichte der Konzentrationslager «nicht auf zwei Blöcke», auf «Opfer und Verfolger» reduzieren läßt. «Die Vermutung», so seine leidenschaftliche Argumentation, «ein abgefeimtes System, wie es der Nationalsozialismus war, spreche seine Opfer heilig, ist naiv, absurd und historisch falsch; im Gegenteil: es degradiert sie, es verleibt sie sich ein.» Er hält die Zeit für gekommen, die Bewohner jener «Grauzone» zwischen den vereinfachten manichäischen Vorstellungen vom Täter und vom Opfer näher zu untersuchen. Levi konzentriert sich auf die blühende «Grauzone von ‹protekcja› [Korruption] und Kollaboration» der Opfer in den Lagern, und zwar der Opfer in ihrer ganzen Bandbreite: von der «bunt zusammengewürfelten Fauna» der mit niederen Funktionen betrauten Häftlinge, die sorgsam über die kleinen Vorteile wachten, die sie gegenüber den anderen Häftlingen genossen, über das Netz der tatsächlich privilegierten Kapos, denen es freistand, nach Lust und Laune «die gemeinsten Brutalitäten zu begehen», bis zu den Sonderkommandos, die das fürchterliche Schicksal hatten, ihr Leben im KZ dadurch verlängern zu können, daß sie die Gaskammern und Krematorien bedienten. (Die Erfindung und Organisation der Sonderkommandos hält Levi für «das dämonischste Verbrechen des Nationalsozialismus».)

In den Mittelpunkt seiner Betrachtung der «Grauzone» stellt Levi zwar das Verhaltensspektrum der Opfer, wagt aber gleichzeitig, darauf hinzuweisen, daß in dieser Zone auch Täter zu finden waren. Nicht einmal der SS-Mann Muhsfeld vom Krematorium in Birkenau – dessen «tägliches Massenvernichtungsquantum [...] durchsetzt [war] von Episoden der Willkür und der Launenhaftigkeit und gekennzeichnet durch Erfindungen von raffinierter Grausamkeit – war ein Monolith». Angesichts eines sechzehnjährigen Mädchens, das wie durch ein Wunder die Vergasung überlebt hatte und beim Ausräumen der Gaskammern entdeckt wurde, geriet Muhsfeld für einen Augenblick aus der Fassung. Nach kurzem Zögern befahl er schließlich, das Mädchen zu erschießen, ging aber schnell weg, bevor sein Befehl ausgeführt wurde. Dieser eine «Augenblick des Mitleids» genügte nicht, um Muhsfeld «freizusprechen», der 1947 verdientermaßen gehängt wurde, reichte aber dafür, «auch ihn der Grauzone zuzuordnen – wenngleich am äußersten Rand –, jener Zone der Zwielichtigkeit, die den Regimen eigen ist, die sich auf Terror und Unterwürfigkeit stützen».

Man muß sich Levis Vorstellung von einer Täter wie Opfer umfassenden Grauzone mit der vorsichtigen Einschränkung nähern, daß keine der beiden Gruppen ein genaues Spiegelbild der anderen war. Die Täter wurden nicht zu Mit-Opfern (wie es viele von ihnen später für sich beanspruchten) in der Weise, wie Opfer zu Komplizen der Täter wurden. Zwischen Täter und Opfer gab es keine symmetrische Beziehung. Das Spektrum der Entscheidungsmöglichkeiten des einen unterschied sich völlig von dem des anderen.

Dennoch scheint die von Levi beschriebene Grauzone in ihrer Bandbreite recht gut auf das Reserve-Polizeibataillon 101 zu passen. Das Bataillon hatte zweifellos sein Quantum an Männern, die dem «äußersten Rand» der Grauzone nahekamen. Hier fällt einem Oberleutnant Gnade ein, der anfangs mit seinen Männern eilig aus Minsk aufbrach, um mit den Erschießungen nichts zu tun zu haben, später aber Gefallen am Töten fand. Ebenso muß man hier an die vielen Reserve-Polizisten denken, die in den Wäldern von Józefów das Entsetzen packte, während sie sich später freiwillig für zahlreiche Exekutionskommandos und «Judenjagden» meldeten. Wie Muhsfeld scheinen auch sie einen «Augenblick des Mitleids» erlebt zu haben, können aber deshalb nicht von ihren Taten freigesprochen werden. Am anderen Rand der Grauzone wurde selbst Leutnant Buchmann, der die Mordeinsätze des Bataillons am eindeutigsten und offensten kritisierte, zumindest einmal in seiner Haltung schwankend. Als er kurz vor seiner Rückversetzung nach Hamburg in Abwesenheit seines Beschützers, Major Trapp, von der örtlichen Sicherheitspolizei in Łuków den entsprechenden Befehl erhielt, führte auch er seine Leute zur Erschießungsstätte. Und im Zentrum der Grauzone der Verfolger standen der mitleiderregende Bataillonskommandeur Trapp, der «wie ein Kind» weinte, als er seine Männer zum Massaker an den Juden schickte, und der bettlägerige Hauptmann Hoffmann, dessen Körper gegen die schrecklichen Taten rebellierte, die ihm sein Geist aufzwang.

Das Verhalten jedes menschlichen Wesens ist natürlich eine sehr komplexe Angelegenheit, und wer es als Historiker zu «erklären» versucht, befleißigt sich dabei automatisch einer gewissen Arroganz. Wenn es nun um fast 500 Männer geht, ist es noch gewagter, den Versuch einer allgemeingültigen Erklärung ihres kollektiven Verhaltens zu unternehmen. Welche Schlußfolgerungen lassen sich also ziehen? Was man von der Geschichte des Reserve-Polizeibataillons 101 vor allem mitnimmt, ist großes Unbehagen. Diese Geschichte von ganz normalen Männern ist nicht die Geschichte aller Männer oder Menschen. Die Reserve-Polizisten hatten Wahlmöglichkeiten, und die meisten von ihnen begingen schreckliche Untaten. Doch jene, die getötet haben, können nicht aus der Vorstellung heraus freigesprochen werden, daß in ihrer Situation jeder Mensch genauso gehandelt hätte. Denn selbst unter ihnen gab es ja einige, die sich von vornherein weigerten zu töten oder aber ab einem bestimmten Punkt nicht mehr weitermachten. Die Verantwortung für das eigene Tun liegt letztlich bei jedem einzelnen.

Zugleich hat das kollektive Verhalten des Reserve-Polizeibataillons 101 aber zutiefst beunruhigende Implikationen. Es gibt auf der Welt viele Gesellschaften, die durch rassistische Traditionen belastet und aufgrund von Krieg oder Kriegsdrohung in einer Art Belagerungsmentalität befangen sind. Überall erzieht die Gesellschaft ihre Mitglieder dazu, sich der Autorität respektvoll zu fügen, und sie dürfte ohne diese Form der Konditionierung wohl auch kaum funktionieren. Überall streben die Menschen nach beruflichem Fortkommen. In jeder modernen Gesellschaft wird durch die Komplexität des Lebens und die daraus resultierende Bürokratisierung und Spezialisierung bei den Menschen, die die offizielle Politik umsetzen, das Gefühl für die persönliche Verantwortung geschwächt. In praktisch jedem sozialen Kollektiv übt die Gruppe, der eine Person angehört, gewaltigen Druck auf deren Verhalten aus und legt moralische Wertmaßstäbe fest. Wenn die Männer des Reserve-Polizeibataillons 101 unter solchen Umständen zu Mördern werden konnten, für welche Gruppe von Menschen ließe sich dann noch Ähnliches ausschließen?

Anhang

Tabelle 1: Anzahl der vom Reserve-Polizeibataillon 101 erschossenen Juden

Ort	Monat/Jahr	Mindestzahl der erschossenen Juden
Józefów	7/42	1 500
Łomazy	8/42	1 700
Międzyrzec	8/42	960
Serokomla	9/42	200
Kock	9/42	200
Parczew	10/42	100
Kónskowola	10/42	1 100
Międzyrzec	10/42	150
Łukow	11/42	290
Distrikt Lublin (versch. Einsätze)	ab 7/42	300
Distrikt Lublin («Judenjagd»)	ab 10/42	1 000
Majdanek	11/43	16 500
Poniatọwa	11/43	14 000
	Summe:	38 000

Tabelle 2: Anzahl der vom Reserve-Polizeibataillon 101 nach Treblinka deportierten Juden

Ort	Monat/Jahr	Mindestzahl der deportierten Juden
Parczew	8/42	5000
Międzyrzec	8/42	10000
Radzyń	10/42	2000
Łukow	10/42	7000
Międzyrzec	10/42–11/42	
Biała		4800
Kreis Biała Podlaska		6000
Komarówka		600
Wohyn		800
Czemierniki		1000
Radzyń		2000
Łukow	11/42	3000
Międzyrzec	5/43	3000
	Summe:	45200

Abkürzungen

BA	Bundesarchiv Koblenz
BDC	Berlin Document Center
BZIH	*Biuletyn Zdyowskiego Instytutu Historycznego* (Bulletin des Jüdischen Historischen Instituts)
G	Ermittlungen gegen G. und andere, Staatsanwaltschaft Hamburg, 141 Js 128/65
HW	Ermittlungen und Prozeß gegen Hoffmann, Wohlauf und andere, Staatsanwaltschaft Hamburg, 141 Js 1957/62
IMG	*Der Prozeß gegen die Hauptkriegsverbrecher vor dem Internationalen Militärgerichtshof*, Nürnberg 1947–1949, 42 Bde.
JNSV	*Justiz und NS-Verbrechen. Sammlung Strafurteile wegen nationalsozialistischer Tötungsverbrechen 1945–1966*, 20 Bde.
YVA	Yad Vashem-Archiv, Jerusalem
ZStL	Zentrale Stelle der Landesjustizverwaltungen, Ludwigsburg

Bildquellen

Seite 71, 73, 75, 76 und 78: Yad Vashem.

Seite 72, 74 und 77: Jüdisches Historisches Museum Warschau

Anmerkungen

Vorwort

1 Raul Hilberg schätzt, daß mehr als 25 Prozent der Holocaust-Opfer erschossen worden sind. Über 50 Prozent kamen in den sechs großen, mit Vergasungsanlagen ausgerüsteten Todeslagern um. Der Rest fand unter den fürchterlichen Bedingungen der Ghettos, Arbeits- und Konzentrationslager, Todesmärsche usw. den Tod. Siehe R. Hilberg, *The Destruction of the European Jews*, New York 1985, S. 1219 (dt. *Die Vernichtung der europäischen Juden*, übers. v. Christian Seeger u. a., Berlin 1982).

2 Außer der vorliegenden gibt es bislang nur eine andere größere Untersuchung über eine einzelne Mordtruppe: Hans-Heinrich Wilhelm, «Die Einsatzgruppe A der Sicherheitspolizei und des SD 1941–42: Eine exemplarische Studie», das ist Teil 2 des von Helmut Krausnick und Hans-Heinrich Wilhelm verfaßten Werkes *Die Truppe des Weltanschauungskrieges: Die Einsatzgruppen der Sicherheitspolizei und des SD 1938–1942*, Stuttgart 1981. Wilhelms Studie basiert auf weit mehr zeitgenössischen Dokumenten, als über das Reservepolizeibataillon 101 vorhanden sind. Allerdings konnte Wilhelm nicht auf einen Dienstplan der von ihm untersuchten Einheit zurückgreifen und mußte seine Analyse der personellen Zusammensetzung daher auf die Offiziere beschränken.

3 Marc Bloch, *The Historian's Craft*, New York 1964, S. 143.

4 Raul Hilberg, «The Bureaucracy of Annihilation», in: Francois Furet (Hrsg.), *Unanswered Questions: Nazi Germany and the Genocide of the Jews*, New York 1989, S. 124–26.

Kapitel 1

1 Adolf B., HW, S. 440.
2 Erwin G., HW, S. 2502–03; Johannes R., HW, S. 1808; Karl F., HW, S. 1868.
3 Zu Trapps Verhalten bei seiner Erläuterung des Auftrags siehe Georg A., HW, S. 421; Alfred L., HW, S. 1351; Bruno P., HW, S. 1915; Walter N., HW, S. 3927; Heinz B., HW, S. 4415; August Z., G, S. 275. Zum Inhalt seiner Rede siehe Georg A., HW, S. 421; Adolf B., HW, S. 439; Martin D., HW, S. 1596; Walter N., HW, S. 1685; Bruno D., HW, S. 1874; Otto-Julius S., HW, S. 1952; Bruno G., HW, S. 2019; August W., HW, S. 2039f; Wilhelm Gb., HW, S. 2146; Frank K., HW, S. 2482; Anton B., HW, S. 2655, 4346; Ernst Hn., G, S. 505. Zu dem außergewöhnlichen Angebot siehe Otto-Julius S., HW, S. 1953, 4577; August W., HW, S. 2041–42, 3298, 4589.

Kapitel 2

1 Einzige institutionsgeschichtliche Publikation zu diesem Thema ist *Zur Geschichte der Ordnungspolizei 1936–1945*, Koblenz o.J. [1957] (Teil 1: 1. Hans-Joachim Neufeldt, «Entstehung und Organisation des Hauptamts Ordnungspolizei», 2. Jürgen Huck, «Ausweichstellen und Aktenschicksal des Hauptamtes Ordnungspolizei im 2. Weltkrieg»; Teil 2: Georg Tessin, «Die Stäbe und Truppeneinheiten der Ordnungspolizei»). [Diese Veröffentlichung des Bundesarchivs hat allerdings den Nachteil, daß sie – trotz der im Vorwort gepriesenen «verhältnismäßig günstigen Quellenlage» – die Tatsache der Mordeinsätze von Ordnungspolizeiverbänden mit Hilfe nationalsozialistischer Propagandabegriffe verschleiert oder auch ganz verschweigt – *Anm. d. Übers.*] – Heiner Lichtensteins *Himmlers grüne Helfer: Die Schutzpolizei und Ordnungspolizei im «Dritten Reich»*, Köln 1990, erschien zu spät, um noch für den vorliegenden Band herangezogen zu werden.
2 Tessin, S. 7–8.
3 Ebenda, S. 13–15, 24, 27, 49.
4 Ebenda, S. 32–34.
5 Ebenda, S. 15, 34.
6 NO-2861 (Dalueges Jahresbericht 1942, gehalten vor hohen Ordnungspolizeioffizieren im Januar 1943). Die Angaben in Werner Präg und Wolfgang Jacobmeyer (Hrsg.), *Das Diensttagebuch des deutschen Generalgouverneurs in Polen 1939–1945*, Stuttgart 1975, S. 574, unterscheiden sich davon geringfügig. Demnach gab es am 21. November 1942 laut einer Meldung des Kommandeurs der Ordnungspolizei im Generalgouvernement 12 000 deutsche, 12 000 polnische und (vermutlich in Galizien) 1500–1800 ukrainische Polizisten. Der Kommandeur der Sicherheitspolizei meldete 2000 deutsche und 3000 polnische Mitarbeiter.

Kapitel 3

1 Krausnick und Wilhelm, S. 146; Tessin, S. 96.
2 *IMG*, S. 38, 86–94 (221–L: Hitler-Konferenz vom 16. Juli 1941 mit Göring, Lammers, Rosenberg und Keitel).
3 Yehoshua Büchler, «Kommandostab Reichsführer-SS: Himmler's Personal Murder Brigades in 1941», *Holocaust and Genocide Studies* 1, 1/1986, S. 13–17.
4 Zum Beispiel wurde das Polizeibataillon 322 dem HSSPF von dem Bach-Zelewski am 23. Juli 1941 «für die unmittelbaren Bataillonsaufgaben» direkt unterstellt. YVA, 0-53/127/53 (Kriegstagebuch des Polizeibataillons 322, Eintrag vom 23. Juli 1941; im folgenden als «Kriegstagebuch» zitiert).
5 NOKW-1076 (Kommissarbefehl, 6. Juni 1941).
6 Gerichtsbarkeitserlaß Barbarossa, von Keitel am 13. Mai 1941 unterzeichnet, in: Hans-Adolf Jacobsen, «Kommissarbefehl und Massenexekutionen sowjetischer Kriegsgefangener», *Anatomie des SS-Staates*, Freiburg 1965, 2: S. 216–18 (Dok. 8).
7 YVA, TR-10/823 (Landgericht Wuppertal, Urteil 12 Ks 1/67), S. 29–30.
8 YVA, TR-10/823 (Landgericht Wuppertal, Urteil 12 Ks 1/67), S. 40–65.
9 Kriegstagebuch, S. 15, Eintrag vom 10. Juni 1941.
10 Kriegstagebuch, S. 28, Eintrag vom 2. Juli 1941.
11 Kriegstagebuch, S. 35–41, Einträge vom 5., 7. und 8. Juli 1941.
12 Kriegstagebuch, S. 40–42, Einträge vom 8. und 9. Juli 1941.
13 YVA, 0-53/128/219 (vertraulicher Befehl von Oberst Montua vom 11. Juli 1941).
14 Zum Polizeibataillon 322 siehe *JNSV* 19, Nr. 555 (Landgericht Freiburg, Urteil 1 AK 1/63), S. 437–8. Zum Polizeibataillon 316 siehe YVA, TR-10/721 (Landgericht Bochum, Urteil 15 Ks 1/66), S. 142–77.
15 Kriegstagebuch, S. 53, Eintrag vom 23. Juli 1941.
16 Kriegstagebuch, S. 64, Eintrag vom 2. August 1941.
17 YVA, 0-53/128/80 (Riebel, 3. Kompanie, am 10. August 1941 an Polizeibataillon 322).
18 YVA, 0-53/128/81 (Riebel, 3. Kompanie, am 15. August 1941 an Polizeibataillon 322).
19 Kriegstagebuch, S. 79, Eintrag vom 29. August 1941.
20 Kriegstagebuch, S. 82, Eintrag vom 30. August 1941.
21 Kriegstagebuch, S. 83–85, Einträge vom 31. August und 1. September 1941.
22 YVA, 0-53/128/87 (Riebel, 9. Kompanie, am 1. September 1941 an das 3. Polizeiregiment Mitte).
23 Kriegstagebuch, S. 116, 118, Einträge vom 2. und 3. Oktober 1941. Riebels Meldung reklamiert tatsächlich sogar 555 für seine 9. Kompanie. YVA, 0-53/86/150 (Riebel, Meldung über die «Judenaktion vom 2.–3. Oktober 1941» an das 3. Polizeiregiment Mitte).

24 YVA, 0-53/128/242–275, 0-53/86/14–62 (unvollständige Sammlung von Tagesmeldungen des HSSPF Süd, Friedrich Jeckeln, an RF-SS Himmler im Zeitraum 19. August–5. Oktober 1941).

25 ZStL, II 204 AR-Z 1251/65 (Landgericht Regensburg, Urteil Ks 6/70): S. 9–35; und 204 AR-Z 1251/65, 2: S. 370–77 (Bericht des bayerischen Landeskriminalamts München vom 10. September 1968).

26 ZStL, 204 AR-Z 1251/65, 1: S. 53–54, 58–60, 94–96 (Vernehmung von Johann L., Franz P. und Karl G.); 3: S. 591–95 (Tagebuchnotizen Balek).

27 Ein sehr fehlerhaftes Gerichtsurteil, das aber nützliche Hintergrundinformationen zu den Einsätzen des Polizeibataillons 11 enthält, findet sich in *JNSV* 18, Nr. 546a (Landgericht Kassel, Urteil 3 a Ks 1/61): S. 786–835.

28 *IMG* 27: S. 4–8 (1104-PS: Gebietskommissar Carl in Sluzk am 30. Oktober 1941 an Generalkommissar Kube in Minsk).

29 *JNSV* 18, Nr. 546a (Landgericht Kassel, Urteil 3 a Ks 1/61): S. 786–87, 835.

30 Das einzige Dokument, das meines Wissens die Beteiligung von Ordnungspolizeiverbänden an der Exekution russischer Juden im Jahre 1942 belegt, ist der Bericht einer Ordnungspolizeikompanie über die Rolle, die zwei Bataillone zwischen dem 29. Oktober und dem 1. November bei der Ermordung von 15 000 Juden im Ghetto von Pinsk gespielt haben (YVA, 0-53/129/257–58, USSR 199 A). Durch die gerichtlichen Ermittlungen, zu denen es aufgrund dieses Dokuments in Deutschland kam, wurden weitere planmäßige Exekutionen aufgedeckt. In Pinsk wurden die Mordaktionen vom Polizeibataillon 306 zusammen mit je einer Kompanie der Polizeibataillone 310 und 320 sowie einer berittenen Polizeischwadron durchgeführt. Im September 1942 waren Einheiten der Polizeibataillone 69 und 306 sowie der berittenen Polizei an der «Liquidierung» der Ghettos von Lachwa (200–500), Luninecz (1000–1500), Stolin (5000), Janow (2000) und Drohotschin (1500) beteiligt. Siehe Staatsanwaltschaft Frankfurt, 4 Js 90/62, Anklage gegen Kuhr, Petsch u. a., S. 66–107.

31 NO-2861 (Bericht von Daluege über Einsätze der Ordnungspolizei im Jahre 1942).

32 NO-600 (Grawitz am 4. März 1942 an Himmler).

Kapitel 4

1 Die jüngste Analyse zu den Deportationen aus Deutschland bietet Henry Friedlander, «The Deportations of the German Jews: Post-War Trials of Nazi Criminals», *Leo Baeck Institute Yearbook* (1984): S. 201–26.

2 *IMG* 22:534–36 (3921-PS: Daluege am 27. Oktober 1941 an Ordnungspolizeiinspekteure); YVA, 0-51/63/4, 6 (Butenop, KdSchupo Wien, am 24. Oktober 1941 an örtliche Orpo-Einheiten; Vermerk von Bomhard vom 4. Oktober 1941 über den Abtransport der Juden).

3 In dieser Zahl sind die zahlreichen kleineren Transporte von jeweils weniger als 100 Juden nicht enthalten. Bisher hat noch niemand eine umfassende Liste der Deportationszüge aus dem «Reich» zusammengestellt.

4 YVA, TR-10/835 (Staatsanwaltschaft Düsseldorf, 8 Js 430/67, Anklage gegen Ganzenmüller): S. 177–78. Zur Übernahme der Transporte von Bulgarien nach Treblinka durch die Wiener Ordnungspolizei siehe YVA, 0-51/63/109 (Vermerk von KdSchupo Butenop am 26. März 1943). Diese Akte enthält den Schriftwechsel der Wiener Ordnungspolizei über die Bewachung der «Judentransporte», die zwischen Frühjahr 1942 und Sommer 1943 zu verschiedenen Orten in Polen sowie nach Minsk (Maly–Trostinez) und Theresienstadt abgingen.

5 Gertrude Schneider, *Journey into Terror: Story of the Riga Ghetto*, New York 1979, S. 195–211; Krausnick und Wilhelm, S. 591–95.

6 YVA, 0-51/63/42–43 (Fischmann-Bericht vom 20. Juni 1942).

7 Veröffentlicht wurde dieses Dokument [allerdings ohne vollständige Namensnennung der Täter und mit geringfügigen Textabweichungen – Anm. d. Übers.] in Adalbert Rückerl, *NS-Vernichtungslager im Spiegel deutscher Strafprozesse*, München 1977, S. 56–60. Eine aus sowjetischen Archiven stammende Kopie des Berichts befindet sich in ZStL, UdSSR Ord. Nr. 116, Bild S. 508–10.

Kapitel 5

1 ZStL, 3 AR-Z 52/61, in HW, S. 1–6; Kurt A., HW, S. 11; Ernst Hr., HW, S. 2712.

2 BA, R 20/51/3–7 (Tätigkeitsbericht des Reservepolizeibataillons 101 vom 5. Mai 1940–7. April 1941).

3 Bruno P., HW, S. 1912–13.

4 Alfred H., HW, S. 43–44; Georg L., HW, S. 1425; Heinrich S., HW, S. 1561; Walter Z., HW, S. 2683; Ernst Hr., HW, S. 2712; Ernst R., G, S. 607.

5 Paul H., HW, S. 1647.

6 BA, R 200/51/3–7 (Tätigkeitsbericht des Bataillons).

7 Bruno G., HW, S. 2017.

8 YVA, TR-10/462 (Landgericht Dortmund, Urteil 10 Ks 1/53): S. 3–4.

9 Bruno P., HW, S. 1913–14.

10 Hans K., HW, S. 2246; Ernst Hr., HW, S. 2713.

11 Anton B., HW, S. 2684; Wolfgang Hoffmann, HW, S. 4319.

12 YVA, 0-53/141/4378–86 (Bericht von Jäger, EK 3, Kowno, 1. Dezember 1941); Schneider, S. 23–30.

13 Zu den Transporten nach Lodz siehe YVA, BD 23/4 (International Tracing Service Lists) sowie *Dokumenty i Materialy Do Dziejów Okupacji W Polsce*,

Bd. 3, *Ghetto Lódzkie*, Warschau 1946, S. 203–05 (Erfahrungsbericht vom 13. November 1941); zu denen nach Minsk siehe *JSNV* 19, Nr. 552 (Landgericht Koblenz, Urteil 9 Ks 2/61): S. 190; zum Transport nach Riga siehe Schneider, S. 155.

14 Heinrich Ht., HW, S. 1173; Wilhelm J., HW, S. 1320; Hans K., HW, S. 2246; Franz K., HW, S. 2475; Anton B., HW, S. 2689.

15 Otto G., HW, S. 995.

16 Zu Lodz siehe Arthur K., HW, S. 1180; zu Minsk Bruno P., HW, S. 1930–32; zu Riga Hans K., HW, S. 2246 und Max F., HW, S. 1529.

17 Hans K., HW, S. 2246.

18 Bruno P., HW, S. 1930–31.

19 Salitter-Bericht vom 26. Dezember 1941, zitiert nach Krausnick und Wilhelm, S. 594.

20 Staatsanwaltschaft Hamburg, 141 Js 1957/62 (Anklage gegen Hoffmann und Wohlauf): S. 206 (im folgenden zitiert als Anklage Hoffmann/Wohlauf).

21 Ernst G., HW, S. 1835.

22 BDC, Wilhelm Trapp, NSDAP-Mitgliedskarte. Julius Wohlauf, HW, S. 2882, 4326; Wolfgang Hoffmann, HW, S. 2930, 4318–19, 4322.

23 Anklage Hoffmann/Wohlauf, S. 47–49.

24 Anklage Hoffmann/Wohlauf, S. 49–51.

25 Staatsanwaltschaft Hamburg, 141 Js 1457/62, Sonderband: DC-Unterlagen.

26 Diese statistische Aufschlüsselung des Reserve-Polizeibataillons 101 beruht auf Informationen aus 210 Vernehmungen, die die Hamburger Staatsanwaltschaft in den 60er Jahren durchführte. Von den Offizieren, Verwaltungsbeamten und Unteroffizieren einmal abgesehen, ließen sich aus den Ermittlungsakten statistische Einzelheiten über 174 Mannschaftsangehörige gewinnen. Während jedoch das Alter der Vernommenen lückenlos erfaßt wurde, sind die Berufsangaben in den Vernehmungsprotokollen nicht immer vollständig. Manche der Männer nannten nur ihre seit Kriegsende erlangte berufliche Position, und bei vielen ist angesichts ihres Alters ausschließlich die Angabe «Rentner» verzeichnet. In bezug auf die Berufe basiert die Stichprobe insofern nur auf den Aussagen von 155 Männern.

27 Diese statistischen Angaben zur Parteizugehörigkeit beruhen auf den im *Berlin Document Center* (BDC) vorhandenen NSDAP-Mitgliedskarten.

Kapitel 6

1 Erste Vergasungsversuche mit Zyklon-B fanden im sogenannten Stammlager Auschwitz (Auschwitz I) im September und Oktober 1941 statt. Im nahe gelegenen Birkenau (Auschwitz II) begann die systematische Nutzung der neuen (aus einem umgebauten Bauernhaus erstellten) Gaskammer am 15. Februar 1942. Siehe Danuta Czech, *Kalendarium der Ereignisse im Konzentrationslager Auschwitz-Birkenau 1939–1945*, Reinbek 1989, S. 116, 174–75.

2 Im ganzen Generalgouvernement bestand der Sonderdienst insgesamt aus 3000 Mann. Bei vielen von ihnen handelte es sich offenbar um polnische Kollaborateure, die mit fadenscheinigen Begründungen den Status des «Volksdeutschen» für sich beanspruchten. Das wird schon aus dem Umstand ersichtlich, daß nur 25 Prozent der Sonderdienstangehörigen Deutsch sprachen. Siehe *Diensttagebuch*, S. 574.

3 Die Angaben der Daten und der Anzahl der im Distrikt Lublin ermordeten Juden stützen sich auf Yitzhak Arad, *Belzec, Sobibor, Treblinka: The Operation Reinhard Death Camps*, Bloomington/Ind. 1987, S. 383–87, 390–91, und Tatiana Brustin-Berenstein, «Martyrologia, Opór I Zaglada Ludnósci Zydowskiej W Distrykcie Lubelskim», *BZIH* 21 (1957): S. 56–83, sowie verschiedene deutsche Gerichtsakten.

4 *Diensttagebuch*, S. 511 (Polizeisitzung vom 16. Juni 1942).

5 Anklage Hoffmann/Wohlauf, S. 205–06.

6 Johannes R., HW, S. 1807.

7 Zur Stationierung der verschiedenen Einheiten des Reserve-Polizeibataillons 101 im Laufe des Jahres 1942 siehe Anklage Hoffmann/Wohlauf, S. 208–12.

8 Alfred S., HW, S. 294–95; Albert D., HW, S. 471; Arthur S., HW, S. 1161; Friedrich B., HW, S. 1581–82; Martin D., HW, S. 1598–99; Wilhelm K., HW, S. 1770; Herbert R., HW, S. 2109; Heinrich E., HW, S. 2169; Walter Z., HW, S. 2622; Bruno G., HW, S. 3300; Ernst N., HW, S. 1648; August W., HW, S. 2039.

Kapitel 7

1 Als in den sechziger Jahren gegen das Bataillon ermittelt wurde, lebten Major Trapp, sein Adjutant Hagen und Oberleutnant Gnade nicht mehr. Der einzige Augenzeuge dieser Besprechung, der noch vernommen werden konnte, war Hauptmann Wohlauf. Der machte jedoch widersprüchliche Angaben, die offensichtlich dem Zweck dienten, sich selbst in möglichst gutem Licht zu zeigen. Wie wenig zuverlässig auch seine übrigen Aussagen sind, wird daran deutlich, daß ihm von zahlreichen Augenzeugen in wesentlichen Punkten widersprochen wurde.

2 Heinz B., HW, S. 819–20, 2437, 3355, 4414.

3 Julius Wohlauf, HW, S. 4329–30.
4 Friedrich Bm., HW, S. 2091.
5 Hans S., G, S. 328.
6 Bruno D., HW, S. 1874.
7 Alfred B., HW, S. 440.
8 Rudolf B., HW, S. 3692.
9 Otto-Julius S., Polizeimeister 1953–54, S. 4576–79; August W., HW, S. 2041–42, 3298, 4589. S. und W. waren die einzigen Zeugen, die sich in dieser Art an Trapps Angebot erinnerten. Mehrere andere sagten statt dessen zunächst aus, daß für die Erschießungskommandos Freiwillige gesucht worden seien (Alfred B., HW, S. 439–40; Franz G., HW, S. 1189–90; Bruno G., HW, S. 2020). Andere erklärten, als sie zu diesem Vorfall befragt wurden, es sei «möglich», daß Trapp ein solches Angebot gemacht habe (Anton B., HW, S. 2693; Heinz B., HW, S. 3356–57, 4415), oder sagten zumindest, sie bezweifelten oder bestritten nicht, daß es so gewesen sei. Daß Trapp sein Angebot auf «Ältere» beschränkte, taucht in der Aussage von S. auf (HW, S. 1953, 4578). W., der die Darstellung von S. in anderen Punkten ausdrücklich bestätigte, erwähnte diese Einschränkung nicht und sagt, es hätten sich auch jüngere Männer gemeldet. Auch er scheint jedoch Trapps Angebot so verstanden zu haben, daß es sich an die älteren Reservisten richtete, denn als er gebeten wurde zu erklären, warum er sich nicht selbst gemeldet habe, wies er darauf hin, daß er dort als relativ junger Freiwilliger, als «aktiver» Polizist, gewesen sei – das heißt, nicht als eingezogener Reservist (HW, S. 2041–42, 4592). Aufgrund der vergleichsweise größeren Genauigkeit der Aussagen von S. und W. und ihrer lebendigen Detailschilderung sowie angesichts des – mit Trapps Angebot übereinstimmenden – Verhaltens der Offiziere und Unteroffiziere des Bataillons (die die Polizisten, die sich erst später an sie wandten, vom Dienst in den Erschießungskommandos ablösen ließen, was sie ohne vorherige Sanktionierung durch den befehlshabenden Offizier niemals so durchgängig hätten tun können) bin ich zu der Überzeugung gelangt, daß die Version von W. und S. viel wahrscheinlicher ist als jede andere.
10 Es ist gut möglich, daß der 1. und 2. Zug der 3. Kompanie bereits *vor* Trapps Mitteilung zur Absperrung des Dorfes abgerückt war. Keiner der Angehörigen dieser beiden Züge konnte sich an die Rede des Majors erinnern, und ein Augenzeuge (Bruno G., HW, S. 2020) sagte aus, daß die zwei Züge zu diesem Zeitpunkt nicht mit dabei waren.
11 Heinrich S., HW, S. 1563; Martin D., HW, S. 1596; Paul H., HW, S. 1648; Ernst N., HW, S. 1685; Wilhelm K., HW, S. 1767, 2300; Bruno G., HW, S. 2019; August W., HW, S. 2039; Wilhelm Gb., HW, S. 2147; Heinrich B., HW, S. 2596; Walter Z., HW, S. 2618; Anton B., HW, S. 2656; Ernst Hr., HW, S. 2716; Joseph P., HW, S. 2742; Kurt D., HW, S. 2888; Otto I., HW, S. 3521; Wolfgang H., HW, S. 3565; August Z., G, S. 275; Eduard S., G, S. 639; Hellmut S., G, S. 646; Karl S., G, S. 657.

12 Georg G., HW, S. 2182.
13 Hellmut S., G, S. 647.
14 Friedrich E., HW, S. 1356.
15 Bruno R., HW, S. 1852.
16 Harry L., G, S. 223.
17 Ernst G., G, S. 383.
18 Hans Kl., G, S. 363.
19 Oskar P., HW, S. 1743.
20 Erwin G., HW, S. 2503.
21 Georg K., HW, S. 2633; Karl S., G, S. 657.
22 Wilhelm K., HW, S. 1769; Friedrich Bm., HW, S. 2091; Ernst Hn., G, S. 506. Über die Durchsuchung berichten außerdem Max D., HW, S. 1345–46; Alfred L., HW, S. 1351; Friederick V., HW, S. 1539; Friedrich B., HW, S. 1579; Bruno D., HW, S. 1875; Hermann W., HW, S. 1947–48; Otto-Julius S., HW, S. 1954; Bruno G., HW, S. 2019; August W., HW, S. 2040; Bruno R., HW, S. 2084; Hans Kl., HW, S. 2270; Walter Z., HW, S. 2168–69; Anton B., HW, S. 2687; Ernst Hr., HW, S. 2716; Joseph P., HW, S. 2742; August Z., G, S. 275; Karl Z., G, S. 318; Eduard S., G, S. 640.
23 Friedrich B., HW, S. 1579; Bruno G., HW, S. 2019; August W., HW, S. 2041.
24 Ernst Hr., HW, S. 2716–17.
25 Walter Z., HW, S. 2618. Anton B., HW, S. 2688, und Joseph P., HW, S. 2742, bestätigten diese Aussage.
26 Hermann W., HW, S. 1948.
27 Ernst Hn., G, S. 507. Zwei Zeugen (Eduard S., G, S. 642; Hellmut S., G, S. 647) erinnerten sich an die Anwesenheit des «Spießes», nicht aber an die des Arztes.
28 August W., HW, S. 2042.
29 Martin D., HW, S. 1597.
30 Anton B., HW, S. 2658–59.
31 Heinz B., HW, S. 821–22. Da keiner der in Hamburg vernommenen Polizisten zu dem Begleitkommando gehörten, ist Buchmanns Darstellung die einzige Version vom Schicksal der «Arbeitsjuden». Zu der Beteiligung der Luxemburger an dem Kommando siehe Heinrich E., HW, S. 2167. Von der Selektion der Arbeiter und ihrem Abmarsch aus Józefów unter Buchmanns Führung berichten außerdem: Wilhelm K., HW, S. 1768; Hermann W., HW, S. 1948; Friedrich Bm., HW, S. 2092–93; Ernst Hn., G, S. 507.
32 In bezug auf die Schützen der 1. Kompanie siehe insbesondere die Aussage von Friedrich B., HW, S. 1580–81; Friedrich Bm., HW, S. 2091–93; Ernst Hn., G, S. 507–08; Heinrich R., G, S. 623; Hellmut S., G, S. 646–47; Karl S., G, S. 658–59.
33 Paul H., HW, S. 1648–49.
34 Heinrich H., G, S. 453.

35 Wilhelm I., HW, S. 2237.
36 Friedrich Bm., HW, S. 2092.
37 Hellmut S., G, S. 647 (Hervorhebung vom Autor).
38 Heinrich Bl., HW, S. 462.
39 Hermann W., HW, S. 1948.
40 Alfred L., HW, S. 1351.
41 Bruno R., HW, S. 1852.
42 Erwin N., HW, S. 1686.
43 Bruno D., HW, S. 1870; Anton B., HW, S. 4347; Wilhelm Gb., HW, S. 4363; Paul M., G, S. 202.
44 Ernst Hr., HW, S. 2717.
45 Erwin G., HW, S. 1640, 2505.
46 Friedrich Bm., HW, S. 2092.
47 Wilhelm G., HW, S. 2149.
48 Ernst Hr., HW, S. 2718.
49 Wilhelm Gb., HW, S. 2538.
50 Ernst Hr., HW, S. 2719.
51 Ernst Hr., HW, S. 2720.
52 Wilhelm Gb., HW, S. 2539, 2149.
53 Erwin G., HW, S. 1639–40, 2504; Alfred B., HW, S. 2518.
54 Anton B., HW, S. 4348. Siehe auch Max D., HW, S. 2536.
55 Walter Z., HW, S. 2619–20; Erwin G., HW, S. 4345.
56 Heinrich S., HW, S. 1567, 4364; Georg K., HW, S. 2634.
57 Joseph P., HW, S. 2743–45.
58 Paul M., G, S. 206–07.
59 Gustav M., G, S. 168.
60 Hans D., HW, S. 1336, 3542.
61 Walter N., HW, S. 3926, G, S. 230.
62 August Z., G, S. 277.
63 Georg K., HW, S. 2634.
64 Otto-Julius S., HW, S. 4579; Friederick V., HW, S. 1540.
65 Rudolf B., HW, S. 2434, 295, 4357.
66 Franz K., HW, S. 2483–86.
67 Außer den oben genannten Polizisten bat auch Bruno D. (HW, S. 1876, 2535, 4361) um Ablösung, als er nach Durchführung mehrerer Erschießungen mit den Nerven am Ende war.
68 Erwin G., HW, S. 2505; bestätigt durch Rudolf K., HW, S. 2646–47.
69 Anton B., HW, S. 2691–93, 4348.
70 Willy R., HW, S. 2085
71 Alfred B., HW, S. 440; Walter Z., HW, S. 2621; Georg K., HW, S. 2635; August Z., G, S. 278.
72 Friedrich B., HW, S. 1581.
73 Julius Wohlauf, HW, S. 758.

75 Alfred B., HW, S. 441.
76 August W., HW, S. 2042.
77 Otto-Julius S., HW, S. 1955.
78 Die Vernommenen gebrauchen immer wieder Begriffe wie *erschüttert, deprimiert, verbittert, niedergeschlagen, bedrückt, verstört, empört* und *belastet*, um zu schildern, wie sie sich an jenem Abend fühlten.
79 Friedrich Bm., HW, S. 2093; Hellmut S., G, S. 647.
80 Heinrich Br., HW, S. 3050.
81 Wilhelm J., HW, S. 1322.
82 Willy S., HW, S. 2053. Siehe auch Wolfgang Hoffmann, HW, S. 774–75; Johannes R., HW, S. 1809; Bruno R., HW, S. 2086.
83 Karl M., HW, S. 2546, 2657.
84 Friedrich Bm., HW, S. 2093–94. Siehe auch Karl G., HW, S. 2194.

Kapitel 8

1 Heinz B., HW, S. 4413; Kurt D., HW, S. 4339.
2 In ihrer Analyse *When Light Pierced the Darkness: Christian Rescue of Jews in Nazi-Occupied Poland*, New York 1986, S. 188 kommt Nechama Tec zu dem Ergebnis, daß Polen, die Juden halfen, sich spontan und instinktiv zu deren Rettung entschlossen und nicht erst lange überlegten oder kalkulierten.
3 Anton B., HW, S. 2693.
4 Bruno D., HW, S. 2535, 2992.
5 August W., HW, S. 4592.
6 Erwin G., HW, S. 1640, 2505, 4344.
7 Friedrich M., HW, S. 1708.
8 *IMG* 29: S. 151 (1919–PS).
9 Karl G., HW, S. 2194.
10 Hans Pz., HW, S. 3938.
11 Hero B., HW, S. 890.
12 Arthur S., HW, S. 1165.
13 Hermann W., HW, S. 1947.
14 Gustav M., G, S. 169–70.
15 Heinz B., HW, S. 2439–40.
16 Heinrich Br., HW, S. 3050.
17 Heinrich R., G, S. 624; August W., HW, S. 3303.
18 Heinz B., HW, S. 647, 822, 2438, 3940–41.

Kapitel 9

1 YVA, 0-53/121/27–31 (Befehl von Kintrupp, KdO Lublin, vom 9. Juli 1942).
2 Brustin-Berenstein, Tabelle 2.
3 Kurt D., HW, S. 1230, 4368; Anton B., HW, S. 4371.
4 Heinrich B., HW, S. 2600, 2985.
5 Kurt D., HW, S. 1230, 1232, 2892, 4368; Ernst Hr., HW, S. 2732.
6 Paul M., G, S. 207.
7 Max F., HW, S. 1387; Ernst Hr., HW, S. 2722; Walter L., G, S. 184; Fritz S., G, S. 303.
8 Anton B., HW, S. 2698–99, 4371; Ernst Hr., HW, S. 2722; Wolfgang H., HW, S. 2211; Kurt D., HW, S. 4368; August Z., G, S. 273.
9 Fritz S., G, S. 303–04. Siehe auch Bernhard S., HW, S. 1717; Ernst Hr., HW, S. 2723; Heinrich B., HW, S. 2985; Friedrich P., G, S. 240.
10 Ernst Hr., HW, S. 2723; Joseph P., HW, S. 2749–50; Walter L., G, S. 185; Paul M., G, S. 208.
11 Gustav M., HW, S. 1709.
12 Dieser Begriff findet sich bei Max F., HW, S. 1386, die Entfernungsangabe bei Heinrich B., HW, S. 2601, und Walter L., G, S. 185.
13 Max F., HW, S. 1386; Paul M., G, S. 207.
14 Walter Z., HW, S. 2624; Georg K., HW, S. 2638; Anton B., HW, S. 4372.
15 Anton B., HW, S. 2700–01.
16 Wilhelm Gb., HW, S. 2150; Karl G., HW, S. 2197; Heinrich B., HW, S. 2600; Georg K., HW, S. 2638; Joseph P., HW, S. 2750; Hermann Bg., G, S. 98; Walter L., G, S. 185; Paul M., G, S. 207; August Z., G, S. 282; Fritz S., G, S. 313.
17 Kurt D., HW, S. 4335, 4368–70; Anton B., HW, S. 2703, 3960, 4348; Joseph P., HW, S. 2750; Henry D., HW, S. 3071; Walter N., HW, S. 3927; Ernst Hr., HW, S. 3928; Heinz B., HW, S. 3943; Walter Z., HW, S. 3954. Entgegengesetzte Aussagen über Gnade finden sich nur bei Ernst Hr., HW, S. 3929, Walter Z., HW, S. 3954, und Wolfgang Hoffmann, HW, S. 4318.
18 Wilhelm I., HW, S. 2239.
19 Friedrich P., G, S. 241–42. Diese Darstellung wird von August Z., HW, S. 3519, voll bestätigt.
20 Hermann Bg., G, S. 98; Joseph P., HW, S. 2750.
21 Walter Z., HW, S. 2625; Georg K., HW, S. 2638.
22 Friedrich P., G, S. 241–42.
23 Ernst H., HW, S. 2725.
24 Johannes R., HW, S. 1810; Rudolf K., HW, S. 2650; Joseph P., HW, S. 2750–51; Kurt D., HW, S. 4368; Paul M., G, S. 209.
25 Ernst Hr., HW, S. 2725–26.
26 Ernst Hr., HW, S. 2256.

27 Ernst Hr., HW, S. 2256–57; Kurt D., HW, S. 4368; August Z., G, S. 282; Joseph P., HW, S. 2750–51; Walter L., G, S. 186–87; Max F., HW, S. 1388.
28 Bernhard S., HW, S. 1717.
29 Rudolf B., HW, S. 405; Bruno D., HW, S. 2535; Heinrich B., HW, S. 2613–14; August Z., HW, S. 3365–66, G, S. 284.
30 Fritz S., G, S. 303–04; Paul M., G, S. 209; Bernhard S., HW, S. 1717.
31 Anton B, HW, S. 4374.
32 August Z., G, S. 282.
33 Ernst Hr., HW, S. 2727–28; August Z., G, S. 284.
34 Ernst Hr., HW, S. 2727.
35 Georg K., HW, S. 2638.
36 Paul M., HW, S. 206, 209.
37 Adolf B., HW, S. 441.
38 Anton B., HW, S. 2703–04.

Kapitel 10

1 Heinrich S., HW, S. 1569.
2 Georg K., HW, S. 2637; Joseph P., HW, S. 2747.
3 Erwin G., HW, S. 1642, 2507.
4 Hans K., HW, S. 2251; Georg K., HW, S. 2636.
5 Zur Rolle der 1. Kompanie bei der Durchsuchung siehe Paul H., HW, S. 1652; Hans K., HW, S. 2251.
6 Zu den Deportationen aus Parczew im allgemeinen siehe Heinrich S., HW, S. 1569–73, 4383; Erwin G., HW, S. 1641–42, 2507; Paul H., HW, S. 1652; Bruno D., HW, S. 1876–77; Heinrich E., HW, S. 2170; Otto H., HW, S. 2220; Hans K., HW, S. 2251–52; Max D., HW, S. 2536; Heinrich B., HW, S. 2608; Georg K., HW, S. 2636; August Z., HW, S. 3366, G, S. 278–79; Alfred K., G, S. 575–76.
7 Heinrich S., HW, S. 1572. Steinmetz' Eingeständnis blieb die Ausnahme. Die meisten Polizisten bestritten bei der Vernehmung natürlich, daß sie geahnt hätten, was den deportierten Juden bevorstand.
8 Heinrich B., HW, S. 2608; August Z., G, S. 279.
9 Der Erinnerung fast aller Polizisten zufolge soll diese Deportation an nur einem Tag stattgefunden haben. Ein Polizist (Heinrich R., G, S. 626) und alle jüdischen Zeugen (Tauba T., HW, S. 1066–67; Berl C., HW, S. 1092; Rywka G., HW, S. 1112; ZStL, 8 AR-Z 236/60 [Ermittlungen zur KdS-Außenstelle Radzyń], 1: S. 3–4 [Feigenbaum-Exzerpt]) erinnern sich jedoch an eine zweitägige Aktion. Angesichts der Anzahl der deportierten Juden muß man mit ziemlicher Sicherheit von zwei Tagen ausgehen.
10 YVA, TR-10/710 (Landgericht Dortmund, Urteil 8 Ks 1/70 gegen Josef Bürger), S. 16.

11 Den Aussagen ehemaliger Angehöriger der 1. und 3. Kompanie zufolge war auch die 2. Kompanie beteiligt. Mit Ausnahme des 3. Zuges konnte sich jedoch kein einziger Polizist aus der 2. Kompanie an diese Deportation von Międzyrzec erinnern – auch diejenigen nicht, die recht offen über die Vorgänge von Łomazy und Józefów ausgesagt hatten. Es ist deshalb mit großer Wahrscheinlichkeit davon auszugehen, daß der 1. und 2. Zug der 2. Kompanie bei dieser «Aktion» nicht dabei waren.

12 Ernst Hn., G, S. 512; Heinrich R., G, S. 625.

13 Heinrich H., HW, S. 976, 3219. Siehe auch Friedrich B., HW, S. 1582, 3529; Hans K., S. 2252, 3220.

14 Beurteilung durch H. vom 6. Dezember 1940 und 31. März 1941 in HW, S. 565–67.

15 Beurteilung durch R. vom 10. April 1941 in HW, S. 569.

16 Beurteilung durch Trapp vom 21. Juli 1941 in HW, S. 574–80.

17 Hans Pg., HW, S. 1945; Ernst Hr., HW, S. 2713.

18 Heinrich E., HW, S. 3351, 3354.

19 Heinz B., HW, S. 4414.

20 Julius Wohlauf, HW, S. 750–51, 760.

21 Friedrich B., HW, S. 1582; Friedrich Bm., HW, S. 2099; Heinz B. und Arthur K., HW, S. 3357; Ernst R., G, S. 610; Heinrich R., G, S. 627.

22 Am detailliertesten schildern die Deportation von Międzyrzec Heinrich H., HW, S. 976–78; Friedrich B., HW, S. 1582–83; Hans K., HW, S. 2253–54; Ernst Hn., G, S. 512–13; Ernst R., G, S. 610–12; Karl S., G, S. 659–60.

23 Hans K., HW, S. 2253.

24 Karl S., G, S. 659.

25 Heinrich R., G, S. 610.

26 Friedrich B., HW, S. 3529.

27 Friedrich B., HW, S. 1583; Ernst Hn., G, S. 512.

28 Heinrich H., HW, S. 978, 3219; Hans K., HW, S. 3220; Ernst R., G, S. 611.

29 Heinrich H., HW, S. 977; Friedrich B., HW, S. 1584; Hans K., HW, S. 2254; Ernst Hn., G, S. 513; Ernst R., G, S. 612.

30 Heinrich H., HW, S. 977–78.

31 Ilse de L., HW, S. 1293.

32 Heinrich H., HW, S. 978; Hans K., HW, S. 2254.

33 Berl C., HW, S. 1091.

34 YVA 0-53/105/III.

35 ZStL, 8 AR-Z 236/60 (Ermittlungen zur KdS-Außenstelle Radzyń) 3: S. 464 (Ostbahn-Fahrplan vom 25. August 1942). Mehr zum vorübergehenden Stillstand in Treblinka bei Gitta Sereny, *Into That Darkness*, London 1974, S. 156–64 (dt.: *Am Abgrund*, Frankfurt a. M., Berlin u. Wien 1980); Arad, S. 89–96, 119–23.

Kapitel 11

1 Ferdinand H., HW, S. 3257f.
2 Hans K., HW, S. 2256.
3 Zu den Erschießungen von Serokomla finden sich die wichtigsten Aussagen bei Friedrich B., HW, S. 1586–89, 3534; Hans K., HW, S. 2256–60; Ernst R., G. S. 612a–b; Karl S., G, S. 661f.
4 Friedrich P., HW, S. 3534.
5 Hans K., HW, S. 2258.
6 Albert D., HW, S. 3539; Arthur S., HW, S. 3540.
7 Heinrich B., HW, S. 464; Hans K., HW, S. 2255; Friedrich Bm., HW, S. 2096.
8 Heinrich E., HW, S. 2173.
9 Hans K., HW, S. 2256.
10 Ernst Hn., G, S. 509.
11 Ernst Hn., G, S. 509; Friedrich B., HW, S. 1590.
12 Heinz B., HW, S. 826.
13 Georg W., HW, S. 1733.
14 Gerhard H., G, S. 541.
15 Hans K., HW, S. 2255; Friedrich Bm., HW, S. 2097; Hellmut S., G, S. 648.
16 Alfred H., HW, S. 286.
17 Heinrich Bl., HW, S. 464f.
18 Friedrich Bm., HW, S. 2097f; Hans K., HW, S. 2255f; Hellmut S., G, S. 648f; Karl S., G, S. 662.
19 Bericht von Trapp an das Polizeiregiment 25 vom 26. September 1942, HW, S. 2548ff.
20 Heinz B., HW, S. 648, 822, 824, 2438, 2440f, 3941, 4415.
21 Heinrich E., HW, S. 2172.
22 Hans K., HW, S. 2252; Kurt D., HW, S. 2678; Arthur S., HW, S. 3539; Alfred K., G, S. 582; Ernst R., G, S. 612d.
23 Heinrich E., HW, S. 2174.
24 Heinz B., HW, S. 648, 2438.
25 Heinz B., HW, S. 2441.
26 Heinrich E., HW, S. 2174.

Kapitel 12

1 Brustin-Berenstein, S. 21–92.
2 YVA, 0-53/121 WI/124–25 (Befehl von Kintrupp vom 27. August 1942, in Kraft getreten am 2. September 1942).
3 Aussage der überlebenden Augenzeugen Jozef B., HW, S. 1122, und Sara K., HW, S. 3250. Laut Brustin-Berenstein, Tabelle 2, wurden am 23. und

24. September rund 6000 Juden aus den kleineren Ortschaften des Kreises Biała Podlaska nach Międzyrzec deportiert. Ihrer Auflistung zufolge sollen die Transporte aus der Stadt Biała Podlaska selbst am 26. September und 6. Oktober direkt nach Treblinka gegangen sein (4800 Juden), doch Aussagen von Überlebenden deuten darauf hin, daß die Deportierten zumindest im September von Biała aus zunächst nach Międzyrzec gebracht wurden.

4 Laut Brustin-Berenstein, Tabelle 1, waren es 610 Juden aus Komarówka, 800 aus Wohyn und 1019 aus Czemierniki.

5 Johannes R., HW, S. 1810f; Kurt D., HW, S. 1621; Anton B., HW, S. 2705f.

6 Paul M., HW, S. 2659.

7 Laut Brustin-Berenstein, Tabelle 10: 1724 aus Adamów, 460 aus Stanin gmina, 446 aus Ulan gmina und 213 aus Wojcieszków.

8 YVA, TR-10/710 (Landgericht Dortmund, 8 Ks 1/70, Urteil gegen Josef Bürger): S. 10, 16 (im folgenden als «Urteil gg. Bürger» zitiert).

9 Zu Schätzungen über die Zahl der Einsatzkräfte von Sicherheitspolizei und Gendarmerie im Kreis Radzyń siehe ZStL, 8 AR-Z 236/60 (Ermittlungen zur KdS-Außenstelle Radzyń), 1: S. 28 (Braumüller), S. 113 (Bürger), S. 120 (Käser); 2: S. 176–179 (Reimer), S. 209f (Brämer), S. 408 (Behrens), S. 420 (Kambach); 4: S. 550 (Schmeer), S. 715 (Avriham); und Sonderband (Aussagen von Rumminger, Schoeja und Waldner), ohne Seitenzählung.

10 Brustin-Berenstein, Tabelle 10.

11 Helmuth H., HW, S. 317–20, 991; Heinz B., HW, S. 823; Heinrich E., HW, S. 2176; Richard G., G, S. 389.

12 Heinrich S., HW, S. 1573f; Max D., HW, S. 2536.

13 Alfred H., HW, S. 45, 279f.

14 Kurt D., HW, S. 1266, 2966f, 4391; Paul M., HW, S. 2663.

15 Alfred H., HW, S. 45, 280ff.

16 Peter Ö., HW, S. 1790; Walter L., G, S. 189f; Friedrich P., G, S. 244.

17 Kurt D, HW, S. 1268, 2968, 4390.

18 Friedrich P., G, S. 244.

19 August Z., HW, S. 3367f, G, S. 288.

20 Alfred H. (HW, S. 45, 282) sagte zunächst aus, daß 6000–10000 Juden deportiert worden seien, korrigierte seine Schätzung jedoch später auf nur noch 1000. Kurt D. (HW, S. 1621) nannte ebenfalls die Zahl von 1000. Alle Zeugen stimmen allerdings darin überein, daß die Ordnungspolizisten bei ihrem Einsatz Anfang Oktober von einer Hilfswilligeneinheit unterstützt wurden. Es ist sehr unwahrscheinlich, daß man zu einer so kleinen Aktion einen größeren Trupp Hilfswilliger geschickt hätte, wenn bereits eine ganze Kompanie Ordnungspolizei zur Verfügung stand. Daß die Zahl der Deportierten so gering war, ist auch deshalb unwahrscheinlich, weil in den vorangegangenen Wochen viele tausend Juden in Międzyrzec konzentriert worden waren.

21 Helmuth H., HW, S. 991; Stephan J., HW, S. 1041 ff; Tauba T., HW, S. 1069; Friedrich S. 1585.
22 Kurt D., HW, S. 1270 f, 2970 f, 4391; Max F., HW, S. 1389 f; Johannes R., HW, S. 1012; Franz K., HW, S. 2479.
23 Lucia B., G, S. 595 f; Brief von Hoffmann vom 5. Mai 1943, HW, S. 512.
24 Julius Wohlauf, HW, S. 752, 762 ff.
25 Heinrich H., HW, S. 972; Rudolf B., HW, S. 406 f; Max D., HW, S. 1347.
26 August Z., G, S. 286; Konrad H., G, S. 404 f; Wilhelm K., G, S. 568.
27 Wilhelm Gs., HW, S. 2466.
28 Urteil gg. Bürger, S. 18.
29 Alfred K., G, S. 579.
30 Urteil gg. Bürger, S. 20; Aviram J., HW, S. 1059 f; Gedali G., HW, S. 1080; Friedrich Bm., HW, S. 2100; Hans K., HW, S. 2262 f. Laut Hans K. erschoß Jurich den Vorsitzenden des Judenrats im Streit um eine Nähmaschine.
31 Urteil gg. Bürger, S. 20.
32 Georg W., HW, S. 1731 f.
33 Brustin-Berenstein, Tabelle 10, führt für den November nur eine Erschießungsaktion (200 Juden) in Łuków auf. Die Aussagen der Polizisten lassen jedoch darauf schließen, daß es zwei gegeben hat. Im Urteil gg. Bürger, S. 20 f, werden zwei Exekutionsaktionen in Łuków, am 11. und 14. November, mit jeweils 500 Opfern bestätigt, so daß in diesem seltenen Fall die Zahl der Opfer von einem deutschen Gericht höher veranschlagt wird, als in anderen Quellen angegeben ist.
34 Die einzige wesentliche Ausnahme bildete Buchmann (Heinz B., HW, S. 822, 824, 3942, 4417). Er behauptete in den sechziger Jahren, keine von ihm befehligte Einheit habe Juden erschossen: Nach Józefów habe er – abgesehen von der Ghettoräumung in seinem Stationierungsort Radzyń, bei der ihm aber keine Aufgabe übertragen worden sei – keinen weiteren Einsatz gegen Juden miterlebt, und außerdem sei er am 4. November, also eine Woche vor den ersten Exekutionen in Łuków, nach Hamburg zurückgekehrt. Angesichts der eindeutigen Aussagen verschiedener Stabsangehöriger, die sich sehr deutlich an die Vorgänge erinnern konnten und die B. zum Teil gut kannten, weil manche im Radzyń und Łuków mit ihm eine Zeitlang zusammengewesen waren, scheint es so zu sein, daß er den Vorfall entweder unbewußt verdrängt oder den Ermittlungsbeamten gegenüber absichtlich verheimlicht hat.
35 Heinrich H., G, S. 456.
36 Heinrich H., G, S. 455 f; Hans Pz. HW, S. 3525.
37 Hans S., G, S. 328; Ernst S., G, S. 330; Paul F., HW, S. 2242.
38 Heinrich H., G, S. 456 f; Hans Pz., HW, S. 3525; Henry J., G, S. 411 f.
39 Hans S., G, S. 330; Ernst S., G, S. 334 f; Paul F., HW, S. 2243.
40 Henry J., G, S. 413 f.
41 Heinz B., HW, S. 648, 824 f, 2438, 2441, 4417.

Kapitel 13

1 Hoffmanns «Beschwerde» vom 3. Mai 1943, HW, S. 509.
2 Bruno G., HW, S. 2026.
3 Erwin H., HW, S. 1168; Martin D., HW, S. 1602; August W., HW, S. 2043.
4 Alfred S., HW, S. 298; Erwin H., HW, S. 1169; Martin D., HW, S. 1602; Peter C., HW, S. 1865; August W., HW, S. 2043 f.
5 Martin D., HW, S. 1602; August W., HW, S. 2043 f.
6 August W., HW, S. 2045.
7 Erwin H., HW, S. 1169; Wilhelm J., HW, S. 1323; Georg L., HW, S. 1427; Friederick V., HW, S. 1542; Martin D., HW, S. 1603; Peter C., HW, S. 1865; Bruno G., HW, S. 2025; August W., HW, S. 2044 f.
8 Martin D., HW, S. 1605.
9 Friederick V., HW, S. 1542.
10 Martin D., HW, S. 1605 f.
11 Alfred S., HW, S. 299; Georg L., HW, S. 1428; Martin D., HW, S. 1603; Bruno G., HW, S. 2025 f; August W., HW, S. 2045, 3305 f.
12 Amandus M., HW, S. 1631 f
13 Friederick V., HW, S. 1592.
14 August W., HW, S. 2045.
15 Hoffmanns «Beschwerde» vom 3. Mai 1943, HW, S. 513; Wolfgang Hoffmann, HW, S. 2304, 2925.
16 Friederick V., HW, S. 1541; Martin D., HW, S. 1605 f, 3212 f, 3319; Erwin N., HW, S. 1693 f, 3319 f; Wilhelm K., HW, S. 1776, 3345–3349; Bruno G., HW, S. 2030 f, 3301, 3347; Bruno R., HW, S. 2086; Erwin H., HW, S. 1167.
17 Brief Hoffmanns vom 30. Januar 1943, HW, S. 523 f.
18 Brief Trapps vom 23. Februar 1943, HW, S. 517.
19 Hoffmanns «Beschwerde» vom 3. Mai 1943, HW, S. 509–15.
20 Rheindorf am 2. Juli 1943 an den Polizeipräsidenten von Hamburg, HW, S. 538 f.
21 Wolfgang Hoffmann, HW, S. 788 f.

Kapitel 14

1 YVA, TR-10/970 (Staatsanwaltschaft Hamburg, 147 Js 8/75, Anklage gegen Arpad Wigand): S. 81–92. Siehe auch Christopher R. Browning, «Genocide and Public Health: German Doctors and Polish Jews, 1939–41», *Holocaust and Genocide Studies* 3, 1/1988, S. 21–36.
2 YVA, TR-10/970 (Staatsanwaltschaft Hamburg, 147 Js 8/75, Anklage gegen Arpad Wigand): S. 92–99; Ferdinand H., HW, S. 3257 f; *Diensttagebuch*, S. 456.

3 YVA, TR-10/542 (Staatsanwaltschaft Augsburg, 7 Js 653/53, Anklage gegen Günther Waltz).

4 Heinrich S., HW, S. 1573.

5 Kurt D., HW, S. 1623.

6 Arthur S., HW, S. 1164.

7 Georg L., HW, S. 1429; Friedrich B., HW, S. 1552; Paul H., HW, S. 1653; Johannes R., HW, S. 1812; Bruno G., HW, S. 2030; August W., HW, S. 2048; Heinrich E., HW, S. 2177; Heinrich B., HW, S. 2206; Hans K., HW, S. 2261 f; Wilhelm K., HW, S. 2379; Anton B., HW, S. 2708; Ernst Hr., HW, S. 2731; Martin D., HW, S. 3213; Walter L., G, S. 192; Friedrich P., G, S. 247; Hugo S., G, S. 474; Alfred K., G, S. 580.

8 Erwin G., HW, S. 4400.

9 Paul H., HW, S. 1653.

10 Georg L., HW, S. 1428ff.

11 Peter Ö., HW, S. 1794; Otto H., HW, S. 2227; Hans K., HW, S. 2261.

12 Alfred S., HW, S. 302.

13 Heinrich H., HW, S. 975f; Rudolf B., HW, S. 408; Heinrich E., HW, S. 2178; Hans K., HW, S. 2261; Karl S., G, S. 664.

14 Rudolf B., HW, S. 403; Franz G., HW, S. 1192.

15 Wilhelm K., HW, S. 1174, 2379; Bruno G., HW, S. 2033f.

16 Alfred S., HW, S. 300f. («Dieme» ist ein norddeutscher Ausdruck für [Heu-] Haufen. – *Anm. d. Übers.*)

17 Martin D., HW, S. 1600; Erwin N., HW, S. 3321 f.

18 Friedrich Bm., HW, S. 2101; Hans K., HW, S. 2263f.

19 Friedrich Bm., HW, S. 2102.

20 Zur 1. Kompanie siehe Arthur S., HW, S. 1164; Max F., HW, S. 1531; Friedrich Bm., HW, S. 2101; Heinrich E., HW, S. 2175; Hans K., HW, S. 2262–66; Hans Pz., HW, S. 3256; Friedrich B., HW, S. 3531; Alfred K., G, S. 580; Ernst R., G, S. 612; Karl S., G, S. 663. Zur 2. Kompanie siehe Rudolf B., HW, S. 403, 407f; Adolf B., HW, S. 442f; Max D., HW, S. 1346; Heinrich S., HW, S. 1573; Erwin G., HW, S. 1641 f; Peter Ö., HW, S. 1743f; Wilhelm G., HW, S. 2153–56; Helmuth H., HW, S. 2207; Otto H., HW, S. 2206f; Walter Z., HW, S. 2267f; Georg K., HW, S. 2639f, 3344f; Anton B., HW, S. 2708–11; Ernst Hr., HW, S. 2731; August Z., HW, S. 3066f, G, S. 286; Richard Gm., HW, S. 3545; Walter N., HW, S. 3553; Wolfgang H., HW, S. 3563f; Paul M., HW, S. 3935; Hermann Bg., G, S. 100f; Gustav M., G, S. 169; Walter L., G, S. 192; Friedrich P., G, S. 248. Zur 3. Kompanie siehe Karl E., HW, S. 897; Walter F., HW, S. 903; Martin D., HW, S. 1600f, 1609, 3321; Erwin N., HW, S. 1689, 1693ff; Richard M., HW, S. 1890; Bruno P., HW, S. 1916, 1924; Arthur R., HW, S. 1938f; Bruno G., HW, S. 2030–34; August W., HW, S. 2046ff, 3304; Alfred S., HW, S. 2067; Friedrich S., HW, S. 2072f; Herbert R., HW, S. 2111 f.

21 Erwin N., HW, S. 1693.
22 Bruno P., HW, S. 1917.
23 Hans Kl., HW, S. 3565.
24 Wolfgang H., HW, S. 3564.
25 Lucia B., G, S. 598.
26 Ernst Hn., G, S. 511.
27 Adolf B., HW, S. 2532.
28 Heinrich B., HW, S. 3615.
29 Walter Z., HW, S. 2629.
30 Otto-Julius S., HW, S. 4577f.
31 Adolf B., HW, S. 442f.
32 Gustav M., G, S. 169. Ein anderer Polizist (Hero B., HW, S. 890) schrieb den Umstand, daß er nur ein einziges Mal zu einem Einsatz gegen Juden herangezogen wurde, ebenfalls seinem Ruf als politisch unzuverlässige und streitsüchtige Person zu.
33 Heinrich F., G, S. 445f.
34 Hugo S., G, S. 474.
35 Bruno P., HW, S. 1925.
36 Arthur R., HW, S. 1938f.
37 Martin D., HW, S. 3213.
38 Henry J., G, S. 415.
39 Friedrich P., G, S. 248.
40 YVA, 0-53/121 II w (Mai 1943); 0-53/122 X I (Juni 1943); 0-53/122 X II (Juli und August 1943); 0-53/123 Y I (September und Oktober 1943).
41 YVA, 0-53/115/2-170, 673–725. Siehe auch YVA, TR-10/970 (Staatsanwaltschaft Hamburg, 147 Js 8/75, Anklage gegen Arpad Wigand): S. 103–07.
42 ZStL, Ord. 410, 994–996, 498, 500f (Wochenberichte der 5. Kompanie des Reserve-Polizeibataillons 133, Polizeiregiment 24, 7. November bis 12. Dezember 1942).

Kapitel 15

1 Verfügung vom 28. Oktober 1942 in: *Faschismus – Ghetto – Massenmord*, Berlin 1960, S. 342ff.
2 Karl E., HW, S. 896.
3 Jakob A., HW, S. 1064.
4 Auszüge aus den Lebenserinnerungen von Feiga Cytryn und J. Stein in: ZStL, 8 AR-Z 236/60 (im folgenden zitiert als Fall KdS Radzyń), 1: S. 6–7.
5 Aussage von Lea Charuzi, Fall KdS Radzyń, festgehalten in einem Band mit verschiedenen Zeugenaussagen, S. 30.
6 Johannes R., HW, S. 1811; Karl M., HW, S. 2660; Wilhelm K., G, S. 106ff.

7 Aussage von Rywka Katz, Fall KdS Radzyń, festgehalten in einem Band mit verschiedenen Zeugenaussagen, S. 18.

8 Weitere deutsche Darstellungen bei Herbert F., HW, S. 1389; August Z., G, S. 287ff. Zu jüdischen Berichten siehe Berl C., HW, S. 1094; Rywka G., HW, S. 1113f; sowie Fall KdS Radzyń, Moshe Feigenbaum, 1: S. 4–5; Liowa Friedmann, 1: S. 10; Band mit verschiedenen Zeugenaussagen, Feigenbaum, S. 6; Rywka G., S. 24; Moshe Brezniak, S. 18; Mortka Lazar, S. 28. Zur Beteiligung von Einsatzkräften aus Trawniki siehe ZStL, II 208 AR 643/71 (Staatsanwaltschaft Hamburg, 147 Js 43/69, Anklage gegen Karl Streibel; im folgenden zitiert als Trawniki-Anklage), S. 104.

9 In bezug auf die Zielorte der Deportationstransporte von Anfang und Ende Mai gibt es widersprüchliche Zeugenaussagen. Die vorliegende Darstellung stützt sich auf Brustin-Berenstein, Tabelle 10.

10 Trawniki-Anklage, S. 104; Jakob A., HW, S. 1063.

11 Vermerk vom 21. Mai 1963, HW, S. 1348; Arthur S., HW, S. 1165; Otto-Julius S., HW, S. 1955; Friedrich Bm., HW, S. 2105; Heinrich E., HW, S. 2161; Joseph P., HW, S. 2756; Otto I., HW, S. 3522; Ernst Hn., G, S. 505.

12 Herbert R., HW, S. 2112; Karl G., HW, S. 2201; Ernst Hr., HW, S. 2715.

13 Georg L., HW, S. 1430; Erwin G., HW, S. 1644; Friedrich B., HW, S. 3143. BDC-Akten zu Friedrich B., Hermann F., Erwin G., Ernst Hr., Erwin N., Ernst R. und Walter Z.

14 Heinrich H., HW, S. 973; Bruno D., HW, S. 1880.

15 Rudolf B., HW, S. 409.

16 Aktenvermerk von Himmler vom 2. Oktober 1942, Anklage gegen Hoffmann und Wohlauf, S. 320ff.

17 Trawniki-Anklage, S. 104ff.

18 Zum «Erntefest»-Massaker siehe Helge Grabitz und Wolfgang Scheffler, *Letzte Spuren: Ghetto Warschau – SS-Arbeitslager Trawniki – Aktion Erntefest*, Berlin 1988, S. 262–72, 328–34; Jozef Marszalek, *Majdanek: The Concentration Camp in Lublin*, Warschau 1986, S. 130–34; ZStL, 208 AR-Z 268/59 (Staatsanwaltschaft Wiesbaden, 8 Js 1145/60, Anklage gegen Lothar Hoffmann und Hermann Worthoff, Fall KdS Lublin): S. 316–31, 617–35, 645–51; Trawniki-Anklage, S. 159–97; YVA, Tr-10/1172 (Landgericht Düsseldorf, Urteil gegen Hachmann und andere; im folgenden zitiert als Majdanek-Urteil): S. 456–87.

19 Werner W. (Verbindungsoffizier des KdO beim SSPF Lublin), HW, S. 600f.

20 Majdanek-Urteil, S. 459; Marszalek, S. 130; Grabitz und Scheffler, S. 328f.

21 Majdanek-Urteil, S. 459; Werner W., HW, S. 601f.

22 Helmuth H., HW, S. 2206.

23 Rudolf B., HW, S. 409f; Herbert F., HW, S. 1392; Martin D., HW, S. 1610.

24 Zur Anzahl der am 3. November 1943 in Majdanek erschossenen Juden

siehe ZStL, II 208 AR-Z 74/60 (Staatsanwaltschaft Hamburg, 141 Js 573, Anklage gegen August Birmes): 126–29; Majdanek-Urteil, S. 456f, 471.

25 Rudolf B., HW, S. 410; Herbert F., HW, S. 1392; Martin D., HW, S. 1610; Paul H., HW, S. 1655; Bruno R., HW, S. 1856; Bruno P., HW, S. 1928; Otto H., HW, S. 2229; Wilhelm Kl., G, S. 109.

26 Fritz B., HW, S. 804f; Otto H., HW, S. 2228f.

27 Heinrich B., HW, S. 467f.

28 ZStL, 208 AR-Z 268/59 (Staatsanwaltschaft Wiesbaden, 8 Js 1145/60, Anklage gegen Lothar Hoffmann und Hermann Worthoff, Fall KdS Lublin): 633–35.

29 Heinrich Bl., HW, S. 468; Alfred L. HW, S. 1354; Martin D., HW, S. 1610; Bruno R., HW, S. 2856; Wilhelm Kl., G, S. 109.

30 Alfred L., HW, S. 1354; Johannes L., HW, S. 1444; Bruno R., HW, S. 1856; Bruno P., HW, S. 1928.

31 Martin D., HW, S. 1611ff.

32 Wilhelm Gb., HW, S. 2155.

33 Karl E., HW, S. 900.

34 Johannes L., HW, S. 1445; Eduard D., HW, S. 433f.

35 Wilhelm K., HW, S. 1777f.

Kapitel 16

1 Wolfgang Hoffmann, HW, S. 768; Kurt D., HW, S. 1224.

2 Heinrich Bl., HW, S. 469.

3 Wolfgang Hoffmann, HW, S. 790, 2922ff.

4 Heinz B., HW, S. 649, 825; Arthur K., HW, S. 61.

Kapitel 17

1 Wolfgang Hoffmann, HW, S. 780.

2 Heinz B., HW, S. 826.

3 Bruno P., HW, S. 1919.

4 Lucia B., G, S. 597.

5 Wolfgang Hoffmann, HW, S. 2299.

6 Walter H., G, S. 602.

7 Bruno P., HW, S. 1925f.

8 Wolfgang Hoffmann, HW, S. 2921.

9 Kurt D., HW, S. 2886f.

10 Alfred K., G, S. 582; Ernst R., G, S. 608, 612d; Georg S., G, S. 635.

11 Hermann Bn., HW, S. 3067, 3214f, 3512, 3515; Rudolf B. und Alfred B., HW, S. 3514.

12 Erwin G., HW, S. 2503; Alfred B., HW, S. 2520.
13 August Z., HW, S. 3368.
14 Erwin G., HW, S. 1640, 2504; Conrad M., HW, S. 2682; Anton B., HW, S. 2710; Kurt D., HW, S. 4338; Hermann Bg., G, S. 101.
15 Bruno D., HW, S. 1876; Anton B., HW, S. 4347; Kurt D., HW, S. 4337; Wilhelm Gb., HW, S. 2149.
16 Rudolf G., HW, S. 2491.
17 Ernst Hd., HW, S. 3088f.
18 Georg W., HW, S. 1733.
19 Gerhard K., HW, S. 3083.
20 Friedrich Bm., HW, S. 2097.
21 Karl G., HW, S. 2200.
22 Erwin N., HW, S. 1690.
23 Friedrich Bm., HW, S. 2103; Hellmut S., G, S. 652.
24 Hans K., HW, S. 2265.
25 Friedrich P., G, S. 247; Wilhelm K., G, S. 517f; Walter N., HW, S. 3354.
26 Oskar P., HW, S. 1742.
27 Wilhelm J., HW, S. 1322; Friederick V., HW, S. 1540; Emil S., HW, S. 1737; Ernst Hr., HW, S. 2717.
28 Wolfgang Hoffmann, HW, S. 2294.
29 Rudolf B., HW, S. 407; Friedrich B., HW, S. 1592; Martin D., HW, S. 1609; Heinrich E., HW, S. 2171; Georg K., HW, S. 2640; August Z., G, S. 285; Karl S., G, S. 663.
30 Gustav M., G, S. 169.
31 Bruno P., HW, S. 1924.
32 Bruno P., HW, S. 1918f.
33 Wilhelm J., HW, S. 1324.
34 Friedrich Bm., HW, S. 2104; Anton B., HW, S. 2709f; August Z., HW, S. 3367, G, S. 286.
35 Bruno G., HW, S. 3301; Hans K., HW, S. 2265.
36 August Z., HW, S. 3365, 3367.
37 Anton B., HW, S. 2710f.

Kapitel 18

1 John W. Dower, *War Without Mercy: Race and Power in the Pacific War*, New York 1986, insbesondere S. 3–15 («Patterns of a Race War») und S. 33–73 («War Hates and War Crimes»).
2 Der polnische Name der Stadt ist Bydgoszcz. In den ersten Kriegstagen wurden einige dort lebende «Volksdeutsche» umgebracht, daraufhin kam es im folgenden Monat unter der deutschen Besatzung zu zahlreichen Exekutionen und Vertreibungen von Polen. Siehe Krausnick und Wilhelm,

S. 55–65; Tadeuz Esman und Wlodjimierz Jastrzebski, *Pierwsje Miesiac Okupacji Hitlerowkiej w Bydgoszcz*, Bydgoszcz 1967.

3 Ein Beispiel für die offene Sanktionierung von Massakern ist die Verleihung des *Navy Cross* und des *Army Distinguished Service Cross* an den Kommandanten des US-amerikanischen Unterseeboots *Wahoo*, nachdem er seine Leute über eine Stunde lang mit Maschinengewehren auf im Meer treibende japanische Soldaten hatte schießen lassen. Siehe Dower, S. 330, Anm. 94.

4 Dower, S. 11.

5 Bei Richard Rubenstein, *The Cunning of History* (New York 1978), und Zygmunt Bauman, *Modernity and the Holocaust* (Ithaca 1989) [dt.: *Dialektik der Ordnung: Die Moderne und der Holocaust*, Hamburg 1992, übers. v. Uwe Ahrens], ist im einzelnen dargelegt, welche Implikationen Hilbergs Werk in dieser Hinsicht hat. Hannah Arendt schildert in *Eichmann in Jerusalem. Ein Bericht von der Banalität des Bösen* (Reinbek 1983, übers. v. Brigitte Granzow) Eichmann als «banalen Bürokraten», als Rädchen im bürokratischen Getriebe. Zwar ist Eichmann sicherlich nicht das beste Beispiel für einen «banalen Bürokraten», dennoch ist dieser Begriff zum Verständnis vieler Holocaust-Täter hilfreich. Hilberg und andere haben deutlich dokumentiert, in welchem Maße normale Bürokraten den Holocaust dadurch ermöglichten, daß sie Funktionen, die für den planmäßigen Massenmord unerläßlich waren, genauso routinemäßig ausübten wie ihre übrigen beruflichen Pflichten. Das Böse war nicht banal – die Täter waren es zweifellos. Es war genau diese Verständnislücke «between the unspeakable horror of the deeds and the undeniable ludicrousness of the man who perpetrated them» (p. 54), die Arendt mit ihrem Begriff der «Banalität des Bösen» zu schließen versuchte.

6 Hans-Heinrich Wilhelm, unveröffentlichtes Manuskript.

7 Bettina Birn, *Die Höheren SS- und Polizeiführer*, Düsseldorf 1986, S. 363 f; ZStL, II 208 AR-Z 74/60 (Staatsanwaltschaft Hamburg, 141 Js 573/60, Anklage gegen Birmes): S. 62–65.

8 Sereny, S. 83–88.

9 T. W. Adorno, u. a., *The Authoritarian Personality*, New York 1950, S. 1–10 [gekürzte deutsche Fassung in: *Der autoritäre Charakter*. 2 Bde., Frankfurt a. M. 1968/69].

10 Adorno u. a., *The Authoritarian Personality*, S. 222–79.

11 Bauman, S. 168.

12 John M. Steiner, «The SS Yesterday and Today: A Sociopsychological View», in: Joel E. Dimsdale (Hrsg.), *Survivors, Victims, and Perpetrators; Essays on the Nazi Holocaust*, Washington 1980, S. 431–34, 443.

13 Erwin Staub, *The Roots of Evil: The Origins of Genocide and Other Group Violence*, Cambridge 1989, S. 18, 128–41.

14 Staub, S. 26, 126.

15 Bauman, S. 180ff.
16 Craig Haney, Curtis Banks und Philip Zimbardo, «Interpersonal Dynamics in a Simulated Prison», *International Journal of Criminology and Penology* 1/1983, S. 69–97.
17 Haney, Banks und Zimbardo, «The Stanford Prison Experiment», Diaserie und Audiocassette.
18 Gustav M., G, S. 169f; Heinz B., HW, S. 2439f.
19 Herbert Jäger, *Verbrechen unter totalitärer Herrschaft*, Frankfurt a. M. 1982, 81f., 95–122, 158ff.
20 Stanley Milgram, *Das Milgram-Experiment. Zur Gehorsamsbereitschaft gegenüber Autorität* (übers. v. Roland Fleissner) Reinbek 1985, S. 17. Zu Reaktionen auf Milgrams Experimente siehe Arthur G. Miller, *The Obedience Experiments: A Case Study of Controversy in the Social Sciences*, New York 1986.
21 Milgram, S. 30–42.
22 Milgram, S. 48–59, 73–91, 113ff, 134–144.
23 Milgram, S. 158–172. (Dieses als «agentic state» bezeichnete Phänomen wird in der deutschen Milgram-Ausgabe mit dem Begriff «Agens-Zustand» nur unzureichend wiedergegeben. – *Anm. d. Übers.*)
24 Milgram, S. 172–78.
25 Milgram, S. 23, 204f.
26 Milgram, S. 26, 204f.
27 Milgram, S. 134–37.
28 Stanley Milgram, «Group Pressure and Action Against a Person», *Journal of Abnormal and Social Psychology* 9/1964, S. 137–43.
29 Milgram, *Das Milgram-Experiment*, S. 166.
30 Milgram, *Das Milgram-Experiment*, S. 204.
31 Bernd Wegner, *Hitlers Politische Soldaten: Die Waffen-SS 1939–1945*, Paderborn 1982; Krausnick und Wilhelm.
32 BA, R 19/467 (Anweisungen des RFSS und Chefs der Deutschen Polizei vom 27. Oktober 1942 und 6. April 1943, unterzeichnet von Winkelmann).
33 BA, R 19/308 (Ausbildungsrichtlinien der Polizeibataillone vom 23. Januar 1940).
34 BA, R 19/308 (Ausbildungsrichtlinien der Polizeireserve bei der Schutzpolizei des Reiches und der Gemeinden vom 6. März 1940).
35 BA, R 19/308 Ausbildung der Ordnungspolizeiverbände und der Reservepolizisten im Revierdienst vom 20. Dezember 1940).
36 BA, R 19/308 (sechstägiger Offizierslehrgang).
37 BA, R 19/308 (Stabsplan zur nationalsozialistischen Schulung vom 14. Januar 1941).
38 BA, R 19/308 (Durchführungsbestimmungen zur weltanschaulichen Schulung der Ordnungspolizei in Kriegszeiten vom 2. Juni 1940).
39 YVA, 0-53/121 W I (KdO, Polizeiregiment 25, mit «Peter» unterzeichnete

Weihnachts- und Neujahrsgrüße sowie Ehrungen vom 17. Dezember 1942).

40 BA, RD 18/15-1 (Gruppe A) und 2 (Gruppe B): *Politischer Informationsdienst, Mitteilungsblätter für die weltanschauliche Schulung der Orpo.*

41 BA, RD 18/15-1, Gruppe A, Folge 16, 10. Juni 1941.

42 BA, RD 18/15-1, Gruppe A, Folge 27, 1. Dezember 1941.

43 BA, RD 18/15-2, Gruppe B, Folge 22, 20. September 1942.

44 BA, RD 18/42, *Schriftenreihe für die weltanschauliche Schulung der Ordnungspolizei*, Heft 5, 1941.

45 BA, RD 18/16, Heft 4, 1942; RD 18/19, Sonderheft, 1942.

46 BA, RD 19/41, Heft 4–6, 1943.

47 BA, RD 19/305, (Richtlinien des Chefs der Ordnungspolizei zur Partisanenbekämpfung vom 17. November 1941).

48 Bruno D., HW, S. 2992.

49 Gustav M., G, S. 169.

50 Primo Levi, *Die Untergegangenen und die Geretteten*, München/Wien 1990, S. 33 ff.

Namenregister

Aus Datenschutzgründen eingeführte Pseudonyme werden bei erstmaligem Gebrauch durch ein Sternchen (*) kenntlich gemacht. Vgl. S. 17 f des Vorworts.

Menschenrechte

Klemens Ludwig (Hg.)
Osttimor - Der zwanzigjährige Krieg *Mit einem Porträt der Friedensnobelpreisträger José Ramos Horta und Bischof Belo*
(rororo aktuell 22207)

Bahman Nirumand (Hg.)
Die kurdische Tragödie *Die Kurden - verfolgt im eigenen Land*
(rororo aktuell 13075)

Ken Saro-Wiwa
Flammen der Hölle *Nigeria und Shell: Der schmutzige Krieg gegen die Ogoni*
(rororo aktuell 13970)
Ken Saro-Wiwa wurde im November 1995 in Nigeria erhängt. Dies ist das letzte Buch des Schriftstellers, Bürgerrechtlers und Umweltschützers, der 1994 mit dem Alternativen Nobelpreis ausgezeichnet wurde. Es dokumentiert die Geschichte seines Volkes, der im Nigerdelta lebenden Ogoni, den Widerstand gegen die Zerstörung seiner Lebensgrundlagen durch das Militärregime in Nigeria und die multinationalen Ölkonzerne, allen voran Shell.

Rainald Simon
Der chinesische Gulag *Lager, Gefängnisse, staatliche Repression und politische Opposition*
(rororo aktuell 13799)
China ist die derzeit politisch aggressivste Großmacht. Neuerdings nach außen – immer schon im Innern. Dieser Band versammelt alle verfügbaren Informationen über das größte Gefängnis- und Lagersystem der Welt.

rororo aktuell

Wei Jingsheng: Mein Leben für die Demokratie
Herausgegeben von Shan Wei-Blank, Urban Hsü, Thomas Weyrauch und der Redaktion der Zeitschrift *Geist der Freiheit*
(rororo aktuell 13941)
Dieser Band enthält die wichtigsten Texte Wei Jinghengs, er zeichnet die Lebensgeschichte des mutigen Menschenrechtlers nach, informiert über die Entwicklung der Demokratiebewegung in China und über die systematischen Menschenrechtsverletzungen.

Die Reihe *rororo aktuell* wird herausgegeben von Frank Strickstrock. Ein Gesamtverzeichnis aller lieferbaren Titel finden Sie in der *Rowohlt Revue*. Vierteljährlich neu. Kostenlos in Ihrer Buchhandlung.

Zeitgeschehen

Hartwig Bögeholz
Die Deutschen nach dem Krieg. Eine Chronik *Befreit, geteilt, vereint: Deutschland 1945 bis 1995*
(rororo aktuell 13564)

Richard Herzinger / Hannes Stein
Endzeit-Propheten oder Die Offensive der Antiwestler *Fundamentalismus, Antiamerikanismus und Neue Rechte*
(rororo aktuell 13561)

Thomas Leif / Joachim Raschke
Rudolf Scharping, die SPD und die Macht *Eine Partei wird besichtigt*
(rororo aktuell 13519)

Jürgen Nowak
Europas Krisenherde *Nationalitätenkonflikte vom Atlantik bis zum Ural - Ein Handbuch*
(rororo aktuell 13422)

Werner Raith
Der Korruptionsschock *Demokratie zwischen Auflösung und Erneuerung. Das Beispiel Italien*
(rororo aktuell 13517)

Erwin K. Scheuch / Ute Scheuch
Cliquen, Klüngel und Karrieren *Über den Verfall der politischen Parteien - eine Studie*
(rororo aktuell 12599)
Bürokraten in den Chefetagen *Deutsche Karrieren: Spitzenmanager und Politiker heute*
(rororo aktuell 13518)

rororo aktuell

Jürgen Streich
Die neuen Atommächte *Wer sie sind und was sie wollen*
(rororo aktuell 13178)

Peter Struck
Schulreport *Zwischen Rotstift und Reform oder Brauchen wir eine andere Schule?*
(rororo aktuell 13562)

Ein Gesamtverzeichnis der Reihe *rororo aktuell* finden Sie in der *Rowohlt Revue*. Jedes Vierteljahr neu. Kostenlos in Ihrer Buchhandlung.

3100/7

aktuell ESSAY

Johannes Beck
Der Bildungswahn
(aktuell Essay 13421)
«Bildungsnotstand» – dieser populäre und vielzitierte Begriff führt in die Irre, sofern er die Aufmerksamkeit lediglich auf die anachronistisch gewordenen «Lernvollzugsanstalten» bündelt. Zu diagnostizieren ist vielmehr ein moralischer Notstand unserer Gesellschaft. Die immer wieder beklagte Bildungskrise ist in Wahrheit eine Art Bildungswahn: Die totalitär gewordene Pädagogisierung sämtlicher Lebensverhältnisse.

Alain Finkielkraut
Die Niederlage des Denkens
(aktuell Essay 12413)

Antonia Grunenberg
Antifaschismus – ein deutscher Mythos
(aktuell Essay 13179)
In unserem Jahrhundert der Ideologien war Antifaschismus eine der bewegendsten politisch-ideologischen Kräfte. Für viele bleibt er das einzige Erbe der jüngeren Geschichte, das zählt. Doch dieses Erbe ist ein Mythos. Die Geschichte des Antifaschismus ist von totalitären Visionen, Denkblockaden, Gewalt und beschädigten Helden geprägt. Eine demokratische Kultur muß sich diesem Mythos stellen.

Gunter Hofmann
Willy Brandt – *Porträt eines Aufklärers aus Deutschland*
(aktuell Essay 12503)

rororo aktuell

Walter Janka
Schwierigkeiten mit der Wahrheit
(aktuell Essay 12731)

Joachim Kahl
Das Elend des Christentums
Erweiterte Neuausgabe
(aktuell Essay 13278)

Sonja Margolina
Rußland: Die nichtzivile Gesellschaft
(aktuell Essay 13424)

Peter Nádas/Richard Swartz
Zwiesprache *Vier Tage im Jahr 1989*
(aktuell Essay 13277)
Von ungewohnter Brüderlichkeit zeugt dieses Zwiegespräch, das eine Fülle überraschender Einsichten eröffnet.

Bahman Nirumand
Leben mit den Deutschen *Briefe an Leila*
(aktuell Essay 12404)